卓越会计人才培养实践

——一流专业建设本科生优秀科研成果汇编
（2019）

张敦力　主　编
王　华　石　劲　陈小凌　副主编

中国财经出版传媒集团
中国财政经济出版社

图书在版编目（CIP）数据

卓越会计人才培养实践：一流专业建设本科生优秀科研成果汇编.2019 / 张敦力主编. ——北京：中国财政经济出版社，2019.12

ISBN 978-7-5095-9308-0

Ⅰ.①卓… Ⅱ.①张… Ⅲ.①会计学-文集 Ⅳ.①F230-53

中国版本图书馆 CIP 数据核字（2019）第 232201 号

责任编辑：武志庆　　　　责任校对：胡永立
封面设计：陈宇琰

卓越会计人才培养实践——一流专业建设本科生优秀科研成果汇编（2019）
ZHUOYUE KUAIJI RENCAI PEIYANG SHIJIAN——YILIU ZHUANYE JIANSHE BENKESHENG YOUXIU KEYAN CHENGGUO HUIBIAN（2019）

中国财政经济出版社 出版

URL: http://ckfz.cfeph.cn
E-mail: cfeph@cfeph.cn

（版权所有　翻印必究）

社址：北京市海淀区阜成路甲28号　邮政编码：100142
营销中心电话：010-88191537
天猫网店：中国财政经济出版社旗舰店
网址：https://zgczjjcbs.tmall.com
北京密兴印刷有限公司印刷　各地新华书店经销
787×1092毫米　16开　13.75印张　311 000字
2019年12月第1版　2019年12月北京第1次印刷
定价：63.00元
ISBN 978-7-5095-9308-0
（图书出现印装问题，本社负责调换）
本社质量投诉电话：010-88190744
打击盗版举报热线：010-88191661　QQ：2242791300

卓越会计人才培养实践

——一流专业建设本科生优秀科研成果汇编（2019）

主　编：张敦力
副主编：王　华　石　劲　陈小凌

编委会学术顾问：邹进文，中南财经政法大学副校长、教授
编 委 会 主 任：张敦力，中南财经政法大学会计学院院长、教授
编 委 会 副 主 任：殷修林，中南财经政法大学会计学院党委书记、研究员
　　　　　　　　　李志生，中南财经政法大学教务部部长、教授
　　　　　　　　　王　华，中南财经政法大学会计学院副院长、教授

编委会成员（按照拼音排序）：
　　曹玉珊，江西财经大学会计学院副院长、教授
　　李　京，《中国会计报》副总编辑
　　李银香，湖北工业大学经济管理学院、教授
　　王景升，东北财经大学会计学院副院长、教授
　　笑　雪，《会计之友》杂志社总编
　　尹祚田，湖北省注册会计师协会秘书处秘书长
　　张　瑾，《财会月刊》杂志社副主编
　　张　琦，中南财经政法大学财务部部长、政府会计研究所所长、教授
　　周慧玲，ACCA（特许会计师公会）中国区教育及学员发展主管

主办单位：
　　中南财经政法大学会计学院

协办单位（按照拼音排序）：
　　《财会月刊》杂志社
　　《会计之友》杂志社
　　《中国会计报》期刊社
　　ACCA（特许会计师公会）
　　中南财经政法大学教务部

序一

国以才立，业以才兴。习近平总书记指出，党和国家事业发展对高等教育的需要比以往任何时候都更加迫切，对科学知识和卓越人才的渴求比以往任何时候都更加强烈。教育部党组书记、部长陈宝生指出，本科教育居于人才培养的核心地位、教育教学的重要地位。聚焦人才培养、全面振兴本科教育，已经形成了广泛共识，汇聚了强大力量，呈现出良好开局。

本科生是高素质专门人才培养的最大群体。2018年10月12日，我校传达全国教育大会暨教育部"双一流"建设现场推进会的精神，清醒认识到我校正处于"双一流"学科建设道路的重要阶段，提出坚持特色发展，打造学科特色，通过深化改革去强化、凝练学科发展特色。我校"双一流"学科建设时刻牢记"人才培养是本，本科教育是根"，时刻鼓励本科生通过高起点、深层次、多领域、最前沿的学术交流平台，时刻保障本科生快速成长为一流人才。

本科阶段是学生世界观、人生观、价值观形成的关键阶段。我校鼓励大学生积极开展社会实践，认真投入科学研究，这是对大学精神的一种践行，也是对学问本质的一种品味，更是对大学使命的一种承诺。为培养一流人才、建设一流本科教育，本次本科生学术论坛鼓励大学生积极投身学术实践活动，理解学术研究的精神，并把这种精神贯穿于大学学习实践的各个方面，将其视作个人成长的航标和通向"国民表率、社会栋梁"目标的必经之路。我校历来鼓励大学生静心读书，因为"读书破万卷，下笔如有神"；始终要求大学生勤于实践，因为"纸上得来终觉浅，绝知此事要躬行"；全面培养大学生醉心研讨，因为"没有正确的调查就没有发言权"。

可喜的是，我校会计学院能够率先创新本科教学方法，加强科研育人、实践育人，创新培养高素质本科人才。"明日之星"本科学术论坛定位于本科生最高水平的年度学术盛会，倾力搭建本科学生实践创新与学术交流合作的平台，进一步加强研究型学习制度体系建设，推动落实本科人才培养路线图，吸引了来自6个学院约300位作者，127篇投稿，现场宣读论文14篇。作者们从课题背景、研究思路、研究方法，研究结论等方面做了阐述，论文答辩翔实而精彩。14篇论文既紧扣时事热点，又充分结合生活实际，呈现了很强的专业素养和较强的创新意识，赢得了评审专家一致好评。"明日之星"本科学术论坛的成功举办，充分鼓励了大学生开展社会实践，参加科学研究，积极参与一流本科生的培养。

"本科学子共话学术热点，助力一流本科教育。"党的十九大报告提出建设"人才强国"。作为本科生最高水平的年度学术盛会，"明日之星"本科学术论坛能够以识才的慧眼、爱才的诚意、聚才的良方，集聚一流人才到"财会人才高地""人才强国"的建设中来。本次论坛已成为财会学子提升自我、相互交流的人才平台，全面提高学生执行力、充分锻炼学生组织力、全力培养学生思考力、深入激发学生创造力，全面形成用学术理论和创新思维解决现实经济问题的综合能力，加速成长为学术研究及实践创新的潜在引领者。

"以本科为本，论学术之志，求科研之明"，本次本科生学术论坛是会计学院品牌活动——大学生学术文化节的重要组成部分，旨在进一步在全院学生中营造浓厚的学术氛围，提高学生的专业素养，引领同学们在研究中发现，在发现中思考，在思考中求知，在求知中快乐，充分展示了一流本科生的风采，全面分享了精彩绝伦的知识盛宴。

中南财经政法大学副校长、教授　邹进文
2018年10月17日

第一届"明日之星"本科生学术论坛获奖名单

序号	论文名	第一作者	第二作者及其他	获得奖项
1	企业内部薪酬差距与企业创新	王沛哲	无	特等奖
2	绿色委员会与企业环境行为	李咏红	无	一等奖
3	炒作还是发展：兜底式增持动机及效果评价	赵葆颖	无	一等奖
4	战略差异度的危与机——基于中国上市公司的实证研究	王梦婷	余文秀、涂可灏	一等奖
5	企业社会责任信息披露与股价崩盘风险	郭欣	无	二等奖
6	"新消费"下智能便利店盈利模式研究——基于缤果盒子与盒马鲜生的对比	朱秀莉	岳小圣、陈颖春、毛忆萌	二等奖
7	"智慧税务"背景下，网络主播虚拟货币收入涉税问题研究——以斗鱼TV为例	陆甜美	杨萌、杨晨芸、贾新苗	二等奖
8	不同契合程度的内容营销对品牌资产的影响——以百雀羚为例	贾云蕾	智瑞欣、刘辉、莫茜茜、谢祥慧	二等奖
9	绿色产品研发的经济后果——基于格力光伏空调的案例研究	张寅	无	二等奖
10	财务视角下数字家庭医生企业盈利模式研究——以平安好医生为例	王宇飞	周思敏、廖素菲	三等奖
11	降杠杆背景下国企市场化债转股实施效果研究——以中国铝业为例	许霞萱	李青、李雅雯	三等奖
12	中部地区基金小镇监管风险研究——以咸宁贺胜桥基金小镇为例	吴佳琪	李咏红、林纤纤、黄梓晨、张思睿	三等奖
13	技术创新水平与企业绩效的关系探究	王军彦	无	三等奖
14	体育比赛赞助对企业绩效影响探究	凌子曦	无	三等奖

序二

习近平总书记在全国教育大会上指出,教育是国之大计、党之大计,培养德智体美劳全面发展的社会主义建设者和接班人是教育的根本任务。2018年5月,习近平总书记在北京大学师生座谈会上讲话中指出,要坚持"以本为本",推进"四个回归",加快建设高水平本科教育、全面提高人才培养能力,造就堪当民族复兴大任的时代新人。2018年6月,教育部党组书记、部长陈宝生指出,高教大计、本科为本,本科不牢、地动山摇。人才培养是大学的本质职能,本科教育是大学的根和本,在高等教育中是具有战略地位的教育,是纲举目张的教育。高等教育战线要树立"不抓本科教育的高校不是合格的高校""不重视本科教育的校长不是合格的校长""不参与本科教育的教授不是合格的教授"的理念,坚持"以本为本",把本科教育放在人才培养的核心地位、教育教学的基础地位、新时代教育发展的前沿地位。

教育是人才强国的第一要务,科研实践是基于教育、实现创新的必要途径。2019年12月,教育部办公厅公布2019年度国家级一流本科专业建设点名单,我校13个专业入选,会计学院的所有本科专业均入选一流专业的"双万计划",也是全校唯一的所有专业入选一流专业建设的学院。会计学院以会计学专业与财务管理专业的一流专业建设为契机,积极引导本科生参与科研实践活动,培养学生的科研能力,增强专业知识的深入理解与运用,帮助他们挖掘自身优势,明确未来发展方向。"双一流"建设肩负着两种责任:一种是尽可能多地从现有学生中发现资质优异者;另一种是尽可能地创造优越条件,为他们提供接受精英式教育的机会,提高他们的素质和能力,为他们日后作出创造性的贡献奠定基础。面临疫情大考,会计学院一直聚焦一流本科生培养思考和探索,获得了多家媒体关注,例如,《中国会计报》于2020年5月1日报道:"中南大会计学院开启云学模式";《楚天都市报》于2020年4月15日报道:"在汉高校的第一场!中南大举行本科生论文'云答辩'"等教学创新成果。

培养拔尖创新人才是"双一流"建设的重要任务之一,也是需要重点突破的关键环节。会计学院率先创新一流本科专业建设,加强本科教学方法改革,全面运用科研育人、实践育人等方式,创新培养高素质本科人才。第一届本科生学术论坛吸引了来自6个学院约300位作者,127篇投稿,现场宣读论文14篇。第二届本科生学术论坛吸引了来自4个学院约200位作者,80余篇投稿,现场宣读论文13篇。在疫情大考的期间,师生共渡难关,同心科研,投稿论文既紧扣社会热点,又充分结合经济实际,呈现了很强的专业素养和较强的创新意识,赢得了评审专家一致好评。"明日之星"本科学术论坛的再次成功举办,充分鼓励了大学生开展社会实践,参加科学研究,积极参与一流本科生的培养,也获得了多家媒体关注。《中南财经政法大学学报》于 2018 年 11 月 10 日报道:"会计学院举办本科学术论坛提升本科教学质量";《会计之友》于 2019 年第 1 期报道:"'明日之星'本科生学术论坛召开";《中国会计报》于 2020 年 6 月 5 日报道:"高校信息化,停课不停研";《楚天都市报》于 2020 年 5 月 30 日报道:"停课不停研,高校举行线上学术论坛"等。

正值疫情期间,我校本科生通过"停课不停学,停课不停研",在线下开展科研活动,查阅国内外相关文献,在线上组队开展研讨交流,通过线上答辩,师生坚定了战胜疫情的信心和努力学习的决心,更加坚定地成为全民抗疫的"践行者""参与者"。本次学术论文论坛,师生齐聚线上,共同交流成为疫情新形势下促进科研的好方式,提高了专业水平和科研素养,进一步展现一流本科生深入实践、不断探索的靓丽风采。作者们纷纷表示,疫情当头,作为当代大学生要有责任担当意识和家国情怀,要用奋斗的青春、创新的思维、科研的决心,全面彰显中南大的责任担当。

正如美国麻省理工学院校长查尔斯·威斯特所说:"仅仅培养从事科学研究的专家,并非我们的目的;我们办学的宗旨是发现鼓励学生提前步入科学尖端,造就一代又一代领导科学最新潮流的先锋",本次学术论坛也得到了我校楚天学者的充分肯定、支持和参与,澳大利亚麦考瑞大学应用金融系石劲教授和美国伊利诺伊大学香槟校区陈小凌教授一致认为:坚持内生性的改革创新是加快推进一流本科专业建设的关键,本次本科生学术论坛是会计学院一流专业建设的重要活动,充分展示了一流本科生的风采,体现了老师积极参与本科教育活动的意愿和相关投入。会计学院坚持人才培养、学术团队、科研创新"三位一体",凸显一流专业特色和人才培养特色,以人才培养为中心,加强科研实践和创新创业教育,支撑引领专业建设,培养一流人才。唯愿专业的兴趣萌芽,在本科生心中种下一颗种子,严谨的学术精神,助力学术多元化发展,助推一流本科生培养。

第二届编委会
2020 年 5 月 25 日

第二届"明日之星"本科生学术论坛获奖名单

序号	论文名称	作者	获得奖项
1	企业短贷长投行为与股价崩盘风险分析	张亚楠	特等奖
2	"一带一路"倡议实施与企业"去金融化"——基于 A 股上市公司的研究	孙丽颖、殷曼清、常汝钦、莫海崧、李玲慧	一等奖
3	实体企业金融化是否加剧了经营风险——基于利润追逐动机的视角	叶耐德	一等奖
4	宏观经济环境与分析师评级变动价值效应	龚教伟、许泽铨	二等奖
5	突发性全球危机下上汽五菱的软着陆措施有效吗?——基于股票市场的经验数据	赵奕卓	二等奖

续表

序号	论文名称	作者	获得奖项
6	5s 比 0s 更冒险吗？——CEO 出生年代与公司风险承担	顾同予	二等奖
7	资管新规背景下中小商业银行同业存单融资风险研究——以包商银行为例	刘瑞俊	二等奖
8	短视频平台用户变现与用户忠诚度的协调——参与行为视角下对抖音的研究	姚雨思、刘若薇、贾薇、谭斯予	二等奖
9	增值税改革背景下企业实际税负分析——以建筑业为例	张瀚月、高珊珊、杨博	三等奖
10	高管婚变与盈余管理	王佳宾	三等奖
11	条条大路通罗马：企业创新与海外并购	冯文清	三等奖
12	CEO 丑闻的经济后果研究	刘思远	三等奖
13	审计费用会受到年报问询函监管的影响吗	王钰	三等奖

目 录

第一部分　第二届"明日之星"本科学术论坛部分获奖论文

企业短贷长投行为与股价崩盘风险分析 …………………………………………（3）
"一带一路"倡议实施与企业"去金融化"——基于A股上市公司的研究 …（19）
实体企业金融化是否加剧了经营风险？——基于利润追逐动机的视角 ………（32）
宏观经济环境与分析师评级变动价值效应 ………………………………………（47）
突发性全球危机下上汽五菱的软着陆措施有效吗？——基于股票市场的经验
　　数据 ………………………………………………………………………………（59）
5s比0s更冒险吗？——CEO出生年代与公司风险承担 ………………………（72）
资管新规背景下中小商业银行同业存单融资风险研究——以包商银行为例 …（85）
短视频平台用户变现与用户忠诚度的协调——参与行为视角下对抖音的研究
　　………………………………………………………………………………………（98）
增值税改革背景下企业实际税负分析——以建筑业为例 ………………………（114）
条条大路通罗马：企业创新与海外并购 …………………………………………（126）
审计费用会受到年报问询函监管的影响吗 ………………………………………（144）

第二部分　中南财经政法大学会计学院2018年大学生创新创业项目成果介绍

DR-IPO双轨制背景下独角兽企业归A的障碍性因素分析及优化路径探究 …（161）
结构性去杠杆背景下地方政府融资平台发展瓶颈与风险研究——以上海国盛
　　集团为例 …………………………………………………………………………（163）
"PPP+乡村振兴"背景下农产品城乡对接模式现状及对策研究 ………………（165）
大智移云下，互联网企业的业财一体化财务管理模式的探究——以阿里巴巴
　　为例 ………………………………………………………………………………（167）
乡村振兴战略背景下，人才定点帮扶效果调查研究——以武汉"能人回乡
　　工程"为例 ………………………………………………………………………（169）
互联网+背景下文化产业的营利模式创新——基于哔哩哔哩公司的研究 ……（171）
精准扶贫背景下PPP模式捆绑开发机制的效果及优化研究——以特困县内乡县
　　与上市公司牧原股份合作扶贫为例 ……………………………………………（172）

低成本制造业发展转型与模式构建 (174)

环保税对高污染行业收益及转型升级影响探析 (175)

在线短租交易平台的商业模式和服务质量探究——以"小猪短租"为例 (177)

货币基金网络直销"T+0到账"运营风险和应对策略研究 (179)

风险视角下养老地产REITs融资模式本土化可行性研究 (181)

游戏化营销中游戏元素的效果及作用机制研究——以蚂蚁森林为例 (183)

患者直销模式在中端药市场应用的可行性研究——基于鲁宾斯坦恩模型的思想 (185)

新收入准则对房地产行业的影响及应对——以碧桂园集团为例 (187)

C2B模式下以拼多多为例的商业模式分析及改善意见 (189)

新零售背景下生鲜电商的发展路径优化——以盒马鲜生为例 (191)

扶贫攻坚背景下远程医疗平台运行效果分析及其完善建议探讨——以湘南山区为例的现状调查 (193)

基于双一流学科建设背景下财经类专业拔尖创新实验班培养模式的研究——以我校拔创班和上财金融实验班为例 (195)

区块链背景下现代农业的发展性研究分析 (196)

区块链技术与会计行业变革研究 (198)

互联网背景下农村普惠金融减贫效果的实证研究——以武汉城市圈为例 (200)

网络视频平台的发展瓶颈研究——以部分国内平台为例 (202)

IPO新政背景下对新经济企业回归A股的研究——以百度为例 (203)

裁员背景下商业银行运营模式探究及创新思维——基于中间业务和无人智能化的视角 (205)

第一部分
第二届"明日之星"本科学术论坛
部分获奖论文

企业短贷长投行为与股价崩盘风险分析

张亚楠

会计学院会计基地班1601班　指导老师：杨国超

一、导论

短贷长投是指企业将短期贷款融资获得的资金用于长期项目投资的行为，是一种典型的债务期限错配行为（钟凯等，2016；刘海明和曹廷求，2018）。由于短期贷款的期限和项目投资的期限不匹配，企业往往无法在债务到期时获得足够的投资收益来偿还债务，因此需要在短期贷款到期后同银行协商续贷，而在此过程中企业会面临较高的续贷风险，如果银行决定对企业抽贷断贷，企业很可能陷入流动性危机。现实中企业因短贷长投而陷入危机的情况并不少见：2004年，曾经是中国最大的民营企业的德隆因采取短贷长投这种激进的投融资模式发生股价崩盘；2018年，三胞集团因短贷长投陷入困局，不得不剥离大量业务以求"断臂"自救；在2019年的复旦大学管理学院新年论坛上，针对诸多企业短贷长投使自身陷入危机的情况，福耀集团董事长曹德旺表示，企业的危机不能责怪政府，归根结底是企业自身短贷长投引火烧身[①]。由此可见，企业的短贷长投行为会为企业日后的发展埋下隐患，不利于企业的持续经营，也不利于实体经济的稳定。

基于此，本文拟采用实证研究的方法，探究企业短贷长投的危害及成因，具体地，本文将层层递进地检验以下几个命题：第一，企业的短贷长投行为是否显著增加了企业未来的股价崩盘风险？第二，导致企业出现短贷长投行为的可能原因是什么？第三，针对不同产权性质和不同规模的公司，企业的短贷长投行为与股价崩盘之间的关系是否存在差异？第四，短贷长投与股价崩盘之间的关系是否受到企业外部治理机制的影响？第五，国家出台的禁止企业短贷长投行为的政策是否起到了实质性效果？

---

① 引自复旦大学管理学院新年论坛演讲内容。

二、理论分析和研究假设

（一）短贷长投与股价崩盘风险

当前学界已有不少文献探究了企业的短贷长投行为。钟凯等（2016）探究货币适度水平与短贷长投现象，其研究认为，短贷长投是企业对金融抑制的应对机制，该行为显著降低了公司业绩。Chen et al.（2019）研究表明市场时机是企业进行短贷长投的主要原因，然而企业不但没有降低其债务融资成本，反而恶化了企业的业绩表现和风险水平。刘海明和曹廷求（2018）探究续贷限制对微观企业的经济效应，其研究发现，续贷限制会增加短贷长投企业的流动性风险。

以上研究指出企业短贷长投行为会造成企业流动性风险和陷入财务困境的成本增加，这一现象的主要原因在于短期贷款的续贷问题。短贷长投企业在短期贷款到期后需要与银行进行协商续贷，而这个过程中银行可能会出于风险控制的考虑对其不看好的企业"抽贷""断贷"，这些企业可能不得不终止其长期投资项目来偿还贷款，造成企业的巨大损失。在这种情况下，为避免被"抽贷""断贷"，企业存在强烈动机去隐瞒企业内部的坏消息，营造企业经营状况良好的假象，以获得银行的续贷，因此，短贷长投企业的管理层信息隐藏行为很可能更为严重。

而管理层信息隐藏是导致企业出现股价崩盘的关键，学界称其为管理层信息隐藏假说，该假说的主要内容是：由于管理层的薪酬和晋升与企业经营状况存在紧密关联，管理层存在强烈动机隐藏企业经营过程中出现的坏消息，当坏消息累积到一定地步，就会释放到资本市场上，引发股价崩盘。本文将在该假说基础上探究企业短贷长投与股价崩盘风险之间的关系。本文认为，对于短贷长投的企业，管理层会考虑短期贷款到期后的续贷问题，考虑到"抽贷""断贷"对企业的重大打击，管理层有强烈动机隐藏企业内部的坏消息，导致企业股价崩盘的风险更高。基于此，我们提出 H1 假设：

H1：短贷长投企业的股价崩盘风险显著更高。

（二）融资约束与短贷长投

已有研究从企业的现金持有、创新投入、投资活动等角度探究了融资约束对企业的影响，而这些大多属于融资约束的间接影响，融资约束对企业最直接的影响体现在融资活动上。当宏观经济增速放缓、经济增长面临更多不确定性、信贷政策收紧时，银行往往会提高其贷款发放的标准，尽可能控制信贷风险，而控制风险的一个有效方法就是向企业发放短期贷款。相对于长期贷款，短期贷款有利于银行更好的实现对企业的监督（陈耿等，2015），银行可以在短期贷款到期后对企业进行再评估，综合考量后决定是否给予企业续贷，以最大可能的降低贷款违约风险。融资约束越严重，企业获得长期贷款的可能性越低，只能使用短期贷款为其长期投资项目融资，因此更可能出现短贷长投行为。基于此，我们提出 H2 假设：

H2：融资约束是导致企业短贷长投的重要原因。

(三) 产权性质、企业规模与外部治理机制

相对于国有企业和大企业，非国有企业和规模相对较小的企业在向银行等金融机构借款时会面临更为严重的信贷歧视（陈耿等，2015；饶品贵和姜国华，2013；林毅夫李永军，2001）。国有企业拥有众多的政治资源，且有政府的隐性担保和隐性"兜底"，因此在信贷市场上占据优势地位，银行等金融机构更愿意为其提供贷款（陈耿等，2015；罗党论和甄丽明，2008）。因此相对于非国企，银行等金融机构向国有企业提供贷款的风险更低，更愿意向国有企业提供长期贷款，而对非国企则更倾向于提供短期贷款，造成非国有企业短贷长投的可能性更高。且在政策和补贴方面，非国有企业相比国有企业获得的政府补贴和政策倾斜都显著更少，一旦被"抽贷""断贷"也没有政府为其"兜底"，其更容易陷入流动性危机和财务困局，这使非国有企业存在更强烈的动机隐瞒企业内部的坏消息，从而增加企业的股价崩盘风险。基于此，我们提出 H3a 假设：

H3a：短贷长投与股价崩盘风险的正相关关系在非国有企业样本中更为显著。

小企业相对于大企业会遭遇更严重的信贷歧视，其抗风险能力也更低（林毅夫和李永军，2001）。大企业的经营管理模式一般都比较完善，营利能力强且相对稳定，可以通过正常的生产经营获得稳定的现金流来偿还贷款的本金和利息，发生债务违约的可能性更低，因此银行等金融机构更愿意将贷款发放给大企业。而对于小企业，银行等金融机构更愿意对其发放短期贷款来控制风险，这就导致小企业更为严重的短贷长投行为。而小企业的抗风险能力和危机处理能力更差，流动性风险更高，更容易陷入财务危机，因此存在强烈动机隐瞒企业内部的坏消息。且小企业的公司治理和信息透明度相对大企业而言更差，这就便利了小企业进行坏信息隐藏。基于此，我们提出 H3b 假设：

H3b：短贷长投与股价崩盘风险的正相关关系在小企业样本中更为显著。

外部治理机制对于企业的经营和发展具有积极意义（梁权熙和曾海舰，2016；叶康涛等，2007）。良好的外部治理机制可以对企业的生产经营和投融资活动起到有效的监督作用，避免企业过度投资和盈余管理，良好的外部治理机制还可以发挥对大股东的监督作用，抑制大股东的资金占用行为和对企业的掏空。比较常见的外部治理机制有分析师和会计师事务所，一个企业的分析师覆盖次数越多，说明该企业的信息透明度越高；企业聘用的会计师事务所越可靠，企业财务报表的可信度就越高，企业信息越透明。而企业的信息透明度越高，企业隐藏坏消息就越困难，其股价崩盘的可能性更低。基于此，我们提出 H3c 假设：

H3c：短贷长投与股价崩盘风险的正相关关系在外部治理机制差的企业中更为显著。

三、研究设计

(一) 数据来源和样本选择

本文数据主要来源于 CSMAR 数据库。本文选取 2003—2017 年中国 A 股上市公司数据作为研究样本，剔除金融类上市公司样本 548 个，剔除资产为 0 的样本 12 个，剔除资不

抵债的样本518个,剔除主要变量存在缺失的样本3188个,最终得到27558个公司年度样本观测值。为控制离群值对实验结果造成的偏差,本文对所有的连续型变量在1%和99%的水平上进行了缩尾处理。本文各年度样本描述性统计如表1所示。

表1　样本描述性统计

年度	短贷长投企业	样本量	短贷长投企业占比(%)
2003	360	1132	31.80
2004	419	1183	35.42
2005	454	1247	36.41
2006	347	1229	28.23
2007	300	1309	22.92
2008	512	1416	36.16
2009	295	1464	20.15
2010	391	1580	24.75
2011	753	1921	39.20
2012	768	2223	34.55
2013	720	2391	30.11
2014	636	2395	26.56
2015	574	2510	22.87
2016	494	2717	18.18
2017	722	2841	25.41
Total	7745	27558	28.10

(二) 变量定义

1. 股价崩盘风险变量定义

本文借鉴 Chen et al. (2001) 和 Kim et al. (2011) 等文章的做法,采用两种指标度量股价崩盘风险,分别是负收益偏态系数 (Negative Coefficient of Skewness,简称 NCSKEW) 和收益上下波动比率 (Down-to-Up Volatility,简称 DUVOL),这两个指标的具体估算过程如下:

第一步,从股票 i 的周收益率中剔除市场影响的部分,以获得股票 i 每周的特定收益率 $W_{i,t}$,具体计算方法如式 (1) 和式 (2) 所示:

$$r_{i,t} = \alpha_i + \beta_1 r_{m,t-2} + \beta_2 r_{m,t-1} + \beta_3 r_{m,t} + \beta_4 r_{m,t+1} + \beta_5 r_{m,t+2} + \varepsilon_{i,t} \quad 式(1)$$

$$W_{i,t} = \ln(1 + \varepsilon_{i,t}) \quad 式(2)$$

式 (1) 中,$r_{i,t}$ 为每一年度股票 i 在第 t 周的个股收益率,$r_{m,t}$ 为所有股票在第 t 周经流通市值加权的平均收益率,$\varepsilon_{i,t}$ 为式 (1) 回归的残差项。通过回归式 (1) 获得残差,然后将残差项代入式 (2) 进行计算,就能得到股票 i 第 t 周经过市场调整后的特定收益率 $W_{i,t}$。

第二步,构建股价崩盘风险的两个度量指标。第一个指标是股票 i 第 t 周特定收益率的负偏度（Negative Coefficient of Skewness），计算方法如下：

$$NCSKEW_{i,t} = -\frac{n(n-1)^{3/2}\sum W_{i,t}^3}{(n-1)(n-2)(\sum W_{i,t}^3)^{3/2}} \quad \text{式（3）}$$

其中，n 为股票 i 在第 t 年的交易周数。NCSKEW 数值越大，表示偏态系数负的程度越严重，股票崩盘风险越大。

第二个指标是股价上升和下降阶段波动性的差异（Down-to-Up Volatility）。首先，根据股票 i 第 t 周的特定收益率（$W_{i,t}$）是否大于年平均收益率（W_i）将股票收益数据分为上升阶段和下降阶段两个子样本，并分别计算两个子样本中股票特定收益率的标准差，然后使用如下模型计算 $DUVOL_{i,t}$：

$$DUVOL_{i,t} = \ln\left[\frac{(n_u-1)\sum_{down}W_{i,t}^2}{(n_d-1)\sum_{up}W_{i,t}^2}\right] \quad \text{式（4）}$$

其中，n_u 是股票 i 处于上升阶段的周数，n_d 是股票 i 处于下降阶段的周数。DUVOL 的数值越大，代表收益率分布更倾向于左偏，股价崩盘风险越大。

2. 短贷长投变量定义

短贷长投是指企业用短期贷款为长期投资项目融资的行为，该行为属于典型的债务期限错配。在短贷长投变量的定义上，本文借鉴钟凯等（2016）的做法，采用如下方式定义短贷长投：第一，计算企业当期进行长期投资支出的现金，以（"构建固定资产、无形资产和其他长期资产支付的现金" + "取得子公司及其他营业单位支付的现金净额"）来表示；第二，计算企业当期通过非短期融资手段获得的所有现金，包括长期债务融资、权益融资、经营活动现金流、处置长期资产回收的现金等，以（长期借款本期增加额 + 应付债券本期增加额 + 所有者权益本期增加额 + 经营活动产生的现金流量净额 + 处置固定资产、无形资产和其他长期资产收回的现金净额 + 处置子公司及其他营业单位收到的现金净额）表示；第三，用企业当期进行长期投资支出的现金减去企业当期通过非短期融资手段获得的所有现金，差额即为企业对长期投资进行短期债务融资的部分，将该数值用上一期总资产平滑，得到短贷长投代理变量 SFLI1，该变量数值越大，表示企业内部存在越严重的短贷长投行为。

其他变量定义见表 2。

表 2　　　　　　　　　　　　　　变量定义表

变量名	变量定义
$NCSKEW_{t+1}$	负收益偏态系数（Negative Coefficient of Skewness），计算方法见式 3，衡量股价崩盘风险的大小
$DUVOL_{t+1}$	收益上下波动比率（Down-to-Up Volatility），计算方法见式 4，衡量股价崩盘风险的大小
SFLI1	短贷长投代理变量：计算方法见短贷长投变量定义，衡量企业短贷长投的程度
DUM SFLI1	SFLI1 的哑变量：当 SFLI1 大于 0 时取 1，否则取 0
SOE	是否国有企业：是则取 1，否则取 0

续表

变量名	变量定义
CEO Duality	董事长和总经理是否两职合一：是则取1，否则取0
Analysts Coverage	分析师覆盖次数
EQ	盈余质量：调整Jones模型（Dechow et al.，1995）回归残差的绝对值，数值越大，代表企业当年盈余质量越差
RET	平均周收益率：同年周个股回报率的平均值
Sigma	收益波动：同年周个股回报率的标准差
OTurnover	月均超额换手率：当年月均换手率与上一年月均换手率之差
LEV	杠杆率：总负债除以总资产
ROA	盈利能力：净利润除以总资产
MB	市值账面比：公司市场价值与账面价值之比
SIZE	规模：公司资产总额（元）的自然对数

（三）模型设定

首先，为验证企业的短贷长投行为是否显著增加了企业未来一期的股价崩盘风险，本文参考Chen et al.（2001）、Kim et al.（2011）和谢德仁等（2016）等人的研究，建立式（5）：

$$NCSKEW_{t+1}/DUVOL_{t+1} = \beta_0 + \beta_1 SFLI + \beta_2 NCSKEW_t/DUVOL_t + \beta_3 SOE + \beta_4 CEO\ Duality + \beta_5 Analysts\ Coverage + \beta_6 EQ + \beta_7 RET + \beta_8 Sigma + \beta_9 OTurnover + \beta_{10} LEV + \beta_{11} ROA + \beta_{12} MB + \beta_{13} SIZE + \sum Year + \sum Industry + \varepsilon \quad 式（5）$$

式（5）采用普通最小二乘法（Ordinary Least Square，简称OLS）估计且使用异方差稳健的标准误计算参数显著性。式（5）中因变量为企业未来一期的股价崩盘风险，自变量是短贷长投代理变量和其他一系列公司层面的控制变量。本文认为企业的短贷长投行为会增加股价崩盘风险，因此，本文预期式（5）中短贷长投前系数β_1显著为正。

本文控制变量的选取参考了Chen et al.（2001）和Kim et al.（2011）等的做法，具体包括：本期的股价崩盘变量（NCSKEW/DUVOL）、是否国企（SOE），是否两职合一（CEO Duality），分析师覆盖（Analysts Coverage），盈余质量（EQ），平均周收益率（RET），收益波动（Sigma），超额换手率（OTurnover），杠杆率（LEV），营利能力（ROA），市值账面比（MB），规模（ASSETS），以及行业和年度固定效应[①]。

（四）变量描述性统计

表3列示了本文主要变量的描述性统计结果。根据表3可知，两种方式度量的股价崩

[①] Chen J, Hong H, Stein J C. Forecasting crashes: trading volume, past returns, and conditional skewness in stock prices. Journal of Financial Economics, 2001, 61(3): 345–381.

盘风险 $NCSKEW_{t+1}$ 和 $DUVOL_{t+1}$ 的均值分别为 -0.2140 和 -0.1320，而标准差分别高达 0.8020 和 0.3280，这说明不同股票的股价崩盘风险存在较高的异质性；变量 DUM SFLI1 的均值为 0.2810，说明样本期内大约 28.10% 的观测值表现为短贷长投。其他变量的描述性统计结果如表 3 所示。

表 3　　　　　　　　　　　变量描述性统计

变量	样本量	平均值	标准差	最小值	中位数	最大值
$NCSKEW_{t+1}$	27558	-0.2140	0.8020	-2.0840	-0.2780	1.9520
$DUVOL_{t+1}$	27558	-0.1320	0.3280	-0.9100	-0.1370	0.7060
NCSKEW	27558	-0.1880	0.8180	-2.0790	-0.2560	1.9690
DUVOL	27558	-0.1200	0.3310	-0.9020	-0.1240	0.7220
SFLI1	27558	-0.1080	0.2540	-1.6710	-0.0642	0.3010
DUM SFLI1	27558	0.2810	0.4500	0	0	1
SOE	27558	0.4970	0.5000	0	0	1
CEO Duality	27558	0.1990	0.3990	0	0	1
Analysts Coverage	27558	6.1960	8.4310	0	3	38
EQ	27558	0.0614	0.0631	0.0007	0.0422	0.3380
RET	27558	0.0044	0.0124	-0.0205	0.0021	0.0427
Sigma	27558	0.0664	0.0263	0.0264	0.0602	0.1570
OTurnover	27558	-0.0007	0.2300	-0.6230	-0.0003	0.6570
LEV	27558	0.4620	0.2070	0.0548	0.4670	0.9090
ROA	27558	0.0383	0.0582	-0.1830	0.0348	0.2150
MB	27558	2.0400	1.8680	0.2110	1.4690	10.800
SIZE	27558	21.880	1.2560	19.330	21.720	25.740

四、实证结果

（一）短贷长投对股价崩盘风险影响

短贷长投企业面临的续贷问题使企业存在更强的坏消息隐瞒动机，因此本文预期，短贷长投企业的股价崩盘风险更高。企业短贷长投行为与未来一期股价崩盘风险的回归结果如表 4 所示。表 4 中各项回归的因变量是未来一期的股价崩盘风险，自变量是本文定义的短贷长投代理变量。本文参照 Chen et al. (2001) 和 Kim et al. (2011) 等文章的做法对公司层面的相关变量进行控制，且控制了行业和年度固定效应。从表 4 中可以看出，SFLI1 变量的回归系数均在 5% 的显著性水平上显著为正，DUM SFLI1 变量的回归系数也至少在 5% 的显著性水平上显著为正，这证实短贷长投与股价崩盘风险之间存在显著的正相关关系，验证了本文的假设：即企业的短贷长投行为会显著增加企业未来面临的股价崩盘风险。

表 4　　　　　　　短贷长投与股价崩盘风险间关系的回归分析

变量	(1) NCSKEW$_{t+1}$	(2) DUVOL$_{t+1}$	(3) NCSKEW$_{t+1}$	(4) DUVOL$_{t+1}$
SFLI1	0.0408**	0.0189**		
	(2.11)	(2.32)		
DUM SFLI1			0.0352***	0.0118**
			(3.25)	(2.54)
控制变量	控制	控制	控制	控制
截距	0.2215	0.8172***	0.2177	0.8208***
	(1.63)	(14.50)	(1.61)	(14.66)
行业、年度	控制	控制	控制	控制
N	27558	27558	27558	27558
Adj. R^2	0.153	0.103	0.153	0.103

(二) 融资约束与短贷长投

融资约束可能是导致企业短贷长投的关键原因。当企业面临融资约束时，企业可能无法获得与长期投资项目相匹配的长期贷款，只能通过短期融资支持长期投资（陈耿等，2015）。为探究融资约束是否是造成企业短贷长投的重要原因，本文设计式（6）进行回归分析，其中因变量为短贷长投代理变量（SFLI1），我们关注的自变量为融资约束代理变量（MoneyPolicy / LoanDemand / LoanPermit / LoanDemandtoPermit）。这 4 个变量均手工搜集于中国人民银行官网①公布的银行家问卷调查报告，分别代表货币政策感受指数、贷款总体需求指数、银行贷款审批指数，以及贷款总体需求指数与银行贷款审批指数的比值。

$$SFLI1 = \beta_0 + \beta_1 MoneyPolicy/LoanDemand/LoanPermit/LoanDemandtoPermit + \beta_2 SOE + \beta_3 CEO\,Duality + \beta_4 Analysts\,Coverage + \beta_5 EQ + \beta_6 RET + \beta_7 Sigma + \beta_8 OTurnover + \beta_9 LEV + \beta_{10} ROA + \beta_{11} MB + \beta_{12} SIZE + \sum Year + \sum Industry + \varepsilon \quad 式(6)$$

融资约束与企业短贷长投行为的回归结果如表 5 所示。从回归结果中可以看出，企业的短贷长投行为与当年的货币政策感受指数呈负相关，与贷款总体需求指数呈正相关，与银行贷款审批指数呈负相关，与贷款总体需求指数和银行贷款审批指数的比值呈正相关。所有的回归结果均在 1% 的显著性水平上显著。该结果证实了我们的假设，即融资约束是导致企业短贷长投行为的重要原因。

表 5　　　　　　　企业短贷长投行为成因分析——融资约束

变量	(1) SFLI1	(2) SFLI1	(3) SFLI1	(4) SFLI1
MoneyPolicy	-0.0013***			
	(-7.80)			

---

① 中国人民银行官网网址：http://www.pbc.gov.cn。

续表

变量	(1) SFLI1	(2) SFLI1	(3) SFLI1	(4) SFLI1
LoanDemand		0.0015*** (7.79)		
LoanPermit			−0.0020*** (−4.51)	
LoanDemandtoPermit				0.0302*** (5.04)
控制变量	控制	控制	控制	控制
截距	1.0137*** (24.35)	0.8007*** (15.23)	1.2685*** (23.25)	1.0705*** (18.22)
行业、年度	控制	控制	控制	控制
N	26426	26426	20042	20042
Adj. R^2	0.237	0.237	0.229	0.229

(三) 分组检验

1. 产权性质与公司规模

非国企相对于国企，没有政府的隐性"兜底"，其被抽贷、断贷而陷入危机的可能性更高，存在更强的坏消息隐瞒动机，因此本文预期，非国企的短贷长投行为更可能造成企业股价崩盘。回归结果如表6所示，由回归结果可知，短贷长投行为与股价崩盘风险之间的正相关关系仅在非国有企业样本中显著。该结果印证了我们的假设：即非国有企业短贷长投更可能造成企业股价崩盘。

表6 分组检验——产权性质

变量	(1) $NCSKEW_{t+1}$	(2) $DUVOL_{t+1}$	(3) $NCSKEW_{t+1}$	(4) $DUVOL_{t+1}$
	国企		非国企	
SFLI1	0.0092 (0.30)	0.0003 (0.02)	0.0685*** (2.73)	0.0285*** (2.70)
控制变量	控制	控制	控制	控制
截距	0.5292*** (2.90)	0.8245*** (10.88)	−0.3942* (−1.80)	0.7055*** (7.74)
行业、年度	控制	控制	控制	控制
N	13693	13693	13865	13865
Adj. R^2	0.134	0.118	0.177	0.086

相对于大企业，小企业更容易受到银行等金融机构的信贷歧视，且风险承受能力更差，更容易出现经营不善、陷入流动性危机；且小企业的信息不透明程度更高，这就增加

了小企业隐瞒其真实生产经营状况的可能性。综上，本文预期，小企业的短贷长投行为更可能造成企业股价崩盘。回归结果如表7所示。由回归结果可得，短贷长投与股价崩盘风险之间的正相关关系仅在小企业样本中显著，从而验证了我们的假设。

表7 分组检验——公司规模

变量	(1)	(2)	(3)	(4)
	$NCSKEW_{t+1}$	$DUVOL_{t+1}$	$NCSKEW_{t+1}$	$DUVOL_{t+1}$
	企业规模大		企业规模小	
SFLI1	0.0088	0.0039	0.1019***	0.0383***
	(0.33)	(0.36)	(3.55)	(3.09)
控制变量	控制	控制	控制	控制
截距	0.7545***	1.0190***	-0.8488***	0.6118***
	(3.42)	(11.35)	(-2.87)	(4.78)
行业、年度	控制	控制	控制	控制
N	13710	13710	13848	13848
Adj. R^2	0.127	0.116	0.200	0.090

2. 外部治理机制

分析师作为企业一种重要的外部治理机制，在监督企业行为方面发挥了积极作用。分析师覆盖次数越高，说明该公司的信息透明度越高，管理层信息隐藏的可能性更低，因此本文预期，短贷长投与股价崩盘风险之间的正相关关系更多体现在分析师覆盖次数低的样本中。回归结果如表8所示，在分析师覆盖次数低的组别中，企业的短贷长投行为显著增加了企业未来面临的股价崩盘风险，而这一关系在分析师覆盖次数高的组别中并不显著。该结果印证了我们的预期。

表8 分组检验——分析师覆盖次数

变量	(1)	(2)	(3)	(4)
	$NCSKEW_{t+1}$	$DUVOL_{t+1}$	$NCSKEW_{t+1}$	$DUVOL_{t+1}$
	分析师覆盖次数高		分析师覆盖次数低	
SFLI1	0.0065	0.0050	0.0633**	0.0315***
	(0.22)	(0.41)	(2.46)	(2.89)
控制变量	控制	控制	控制	控制
截距	0.4926**	0.8534***	-0.1397	0.7613***
	(2.49)	(10.51)	(-0.68)	(8.94)
行业、年度	控制	控制	控制	控制
N	12440	12440	15118	15118
Adj. R^2	0.135	0.118	0.176	0.101

普华永道（PwC）、德勤（DTT）、毕马威（KPMG）、安永（EY）是当前认可度和可信度较高的四大会计师事务所，由这四大会计师事务所审计的企业报表可信度更高，信息

透明度更高，预期股价崩盘的可能性更低。回归结果如表9所示，由非四大会计师事务所审计的组别中企业短贷长投行为显著增加了企业未来的股价崩盘风险，而在由四大审计的组别中这一关系不再显著，该结果印证了本文的预期。

表9　　　　　　　　　　　　分组检验——是否四大审计

变量	(5) NCSKEW$_{t+1}$	(6) DUVOL$_{t+1}$	(7) NCSKEW$_{t+1}$	(8) DUVOL$_{t+1}$
	四大审计		非四大审计	
SFLI1	0.1393 (1.45)	0.0584 (1.36)	0.0445** (2.25)	0.0181** (2.19)
控制变量	控制	控制	控制	控制
截距	0.7500 (1.41)	1.1016*** (5.20)	-0.0491 (-0.33)	0.7689*** (12.54)
行业、年度	控制	控制	控制	控制
N	1645	1645	25913	25913
Adj. R^2	0.145	0.203	0.157	0.097

（四）稳健性检验

1. 短贷长投的其他定义方式

本文使用的短贷长投代理变量借鉴了钟凯等（2016）的定义方法，考虑到该指标可能存在测量偏差问题，本文还定义了其他短贷长投的测量方式。

SFLI2是在SFLI1基础上进行修正的变量，在SFLI1的定义中（详见表2），本文使用本期所有者权益的增加额作为企业当期通过权益融资获得的资金，但这部分增加额与经营活动产生的现金流存在重叠；且忽略了股利和分红的问题。因此，本文在SFLI1定义的基础上，将"所有者权益本期增加额"替换为"吸收权益性投资收到的现金"，然后再减去股利分红的部分，以更好的度量权益性融资部分。DUM SFLI2是SFLI2的哑变量，当SFLI2大于0时取1，否则取0。SFLI3是Chen et al.（2019）文中对短贷长投的一种度量方式。SFLI3的定义为：当企业本期短期贷款的增加额大于企业本期流动资产的增加额，且本期长期投资的增加额大于本期长期借款的增加额，且本期长期投资的增加额大于0时，SFLI3取1，否则取0。

使用短贷长投的其他定义方式再与股价崩盘风险代理变量进行回归，回归结果如表10所示。可以看到，在所有的回归中，短贷长投代理变量前的系数均至少在5%的显著性水平上显著，说明本文的主要结论不受短贷长投定义方式的影响，证明了本文结论的稳健性。

表10　　　　　　　　　　稳健性检验——短贷长投的其他定义方式

变量	(1) NCSKEW$_{t+1}$	(2) DUVOL$_{t+1}$	(3) NCSKEW$_{t+1}$	(4) DUVOL$_{t+1}$	(5) NCSKEW$_{t+1}$	(6) DUVOL$_{t+1}$
SFLI2	0.0755** (2.40)	0.0258** (1.97)				

续表

变量	(1) $NCSKEW_{t+1}$	(2) $DUVOL_{t+1}$	(3) $NCSKEW_{t+1}$	(4) $DUVOL_{t+1}$	(5) $NCSKEW_{t+1}$	(6) $DUVOL_{t+1}$
DUM SFLI2			0.0448***	0.0147***		
			(4.87)	(3.78)		
SFLI3					0.0357***	0.0130***
					(3.50)	(3.02)
控制变量	控制	控制	控制	控制	控制	控制
截距	0.2264*	0.8234***	0.1931	0.8130***	0.2270*	0.8229***
	(1.67)	(14.68)	(1.43)	(14.52)	(1.68)	(14.72)
行业、年度	控制	控制	控制	控制	控制	控制
N	27558	27558	27558	27558	27558	27558
Adj. R^2	0.153	0.102	0.154	0.103	0.153	0.103

2. 内生性问题

考虑到短贷长投企业和非短贷长投企业在公司特质方面可能本身就存在很多差异，而这些差异也可能影响企业的股价崩盘风险，本文使用倾向得分匹配法（Propensity Score Matching，简称 PSM），来解决这一内生性问题。具体地，借鉴 Shipman et al.（2017）的方法进行匹配：首先，以是否为短贷长投企业（DUM SFLI1）为因变量，以滞后一期的式（5）中所有的控制变量以及年度和行业虚拟变量为自变量，进行 Logit 回归，并获得每个观测值的倾向性得分；然后，分别采用 1∶1 匹配、半径匹配（半径 = 0.005）和核匹配法确定新的非短贷长投组样本，并将其和短贷长投组样本合并在一起，组成新的样本再重新进行回归。

匹配后实验组与对照组样本事前差异如图 1 所示。图 1 左侧为匹配前实验组样本（短贷长投企业）和对照组样本（非短贷长投企业）各自的倾向得分，可以看出，匹配前两者之间存在较大差异。图 1 右侧为匹配后两组的倾向得分，可以看出，此时两条线近乎重合，说明匹配后的实验组与对照组差异显著减少，匹配效果良好。

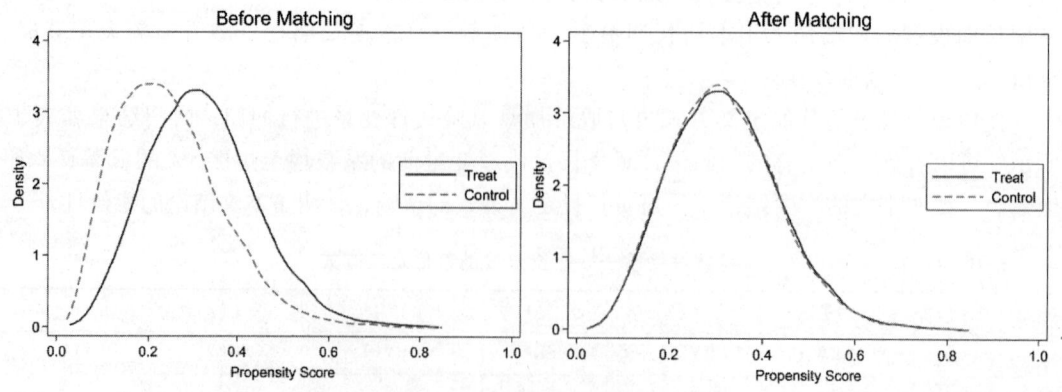

图 1　倾向得分匹配效果图

PSM 回归结果如表 11 所示。第（1）列、第（2）列是 1:1 匹配的样本回归结果，第（3）列、第（4）列是半径为 0.005 的半径匹配样本回归结果，第（5）列、第（6）列是核匹配样本回归结果。由表 11 可知，无论采用何种匹配方式，短贷长投与股价崩盘风险之间的关系均显著为正，说明本文主要结论不受内生性问题的影响。

表 11　　　　　　　　内生性问题解决——倾向得分匹配（PSM）

变量	(1)	(2)	(3)	(4)	(5)	(6)
	$NCSKEW_{t+1}$	$DUVOL_{t+1}$	$NCSKEW_{t+1}$	$DUVOL_{t+1}$	$NCSKEW_{t+1}$	$DUVOL_{t+1}$
	1:1 匹配		半径匹配（r=0.005）		核匹配	
SFLI1	0.1052***	0.0240*	0.0448**	0.0169**	0.0447**	0.0169**
	(3.49)	(1.82)	(2.23)	(2.00)	(2.23)	(2.00)
控制变量	控制	控制	控制	控制	控制	控制
截距	0.4417**	0.8681***	0.1863	0.8202***	0.1931	0.8197***
	(2.09)	(9.75)	(1.32)	(14.04)	(1.37)	(14.04)
行业、年度	控制	控制	控制	控制	控制	控制
N	11754	11801	25545	25542	25556	25553
Adj. R^2	0.170	0.105	0.147	0.103	0.147	0.103

五、进一步分析

2010 年 2 月 12 日，中国银行监督管理委员会下发《流动资金贷款管理暂行办法》（以下简称《办法》），在《办法》第一章总则第九条中规定："流动资金贷款不得用于固定资产、股权等投资，不得用于国家禁止生产、经营的领域和用途。"该条款明确禁止企业的短贷长投行为。为探究这一政策该条款的具体实施效果，本文使用双重差分模型（Difference-in-Difference Model，简称 DID），设计式（7）和式（8），探究政策前后企业短贷长投行为和股价崩盘风险的变化。

$$SFLI = \beta_0 + \beta_1 year2010 \times t5Treated + \beta_2 year2010 + \beta_3 t5Treated + \beta_4 SOE + \beta_5 CEO\ Duality + \beta_6 Analysts\ Coverage + \beta_7 EQ + \beta_8 RET + \beta_9 Sigma + \beta_{10} OTurnover + \beta_{11} LEV + \beta_{12} ROA + \beta_{13} MB + \beta_{14} SIZE + \sum Year + \sum Industry + \varepsilon \quad 式（7）$$

$$NCSKEW_{t+1}/DUVOL_{t+1} = \beta_0 + \beta_1 year2010 \times t5Treated + \beta_2 year2010 + \beta_3 t5Treated + \beta_4 NCSKEW_t/DUVOL_t + \beta_5 SOE + \beta_6 CEO\ Duality + \beta_7 Analysts\ Coverage + \beta_8 EQ + \beta_9 RET + \beta_{10} Sigma + \beta_{11} OTurnover + \beta_{12} LEV + \beta_{13} ROA + \beta_{14} MB + \beta_{15} SIZE + \sum Year + \sum Industry + \varepsilon \quad 式（8）$$

DID 模型的使用主要关注两方面：第一，政策前后：本文设定 year2010 为是否政策后年度，当年度为 2010 年及以后时取 1，否则取 0；第二，实验组与对照组：《办法》的推行是全国统一的，但我们仍然可以找出受政策影响更深的样本作为实验组，受影响较小的作为对照组，参考刘海明和曹廷求（2018），我们认为在政策前更依赖于短期借款融资的企业受影响更大，具体的，本文使用各企业改革前 5 年（2005—2009 年）短期贷款占总资产比例的平均值作为划分标准,当企业的该比值处于中位数以上时划分为实验组,t5Treated 取 1,低于中位数时划分为对照组,t5Treated 取 0。

式(7)拟探究政策是否显著降低了企业的短贷长投行为,我们重点关注的是 year2010 × t5Treated 交乘项前面的系数 β_1。《办法》颁布后,企业的短贷长投行为应该会显著降低,因此我们预期 β_1 显著为负。式(7)回归结果如表 12 的第(1)列、第(2)列所示,实验组相对于对照组在 2010 年后短贷长投行为显著减少,印证了我们的预期。

表 12　　　　　　　　　进一步分析:2010 年政策 DID

变量	(1) SFLI1	(2) DUM_SFLI1	(3) $NCSKEW_{t+1}$	(4) $DUVOL_{t+1}$
year2010 × t5Treated	-0.0258***	-0.2046***	-0.0605***	-0.0213**
	(-4.43)	(-5.00)	(-3.04)	(-2.53)
year2010	0.0462***	0.0820	-0.2228***	-0.2236***
	(3.91)	(1.28)	(-6.56)	(-13.59)
t5Treated	0.0036	0.1286***	0.0695***	0.0181***
	(0.81)	(3.95)	(4.63)	(2.79)
控制变量	控制	控制	控制	控制
截距	0.8004***	2.3976***	0.3132**	0.8340***
	(15.74)	(8.19)	(2.13)	(13.71)
行业、年度	控制	控制	控制	控制
N	22121	22121	22121	22121
Adj. R^2	0.262		0.141	0.109
Pseudo R^2		0.196		

式(8)旨在探究《办法》颁布后企业的股价崩盘风险是否显著降低,回归结果如表 12 的第(3)列、第(4)列所示,实验组相对于对照组在政策实施后股价崩盘风险显著降低。该结果表明,该政策的出台不仅抑制了企业的短贷长投行为,同时降低了企业发生股价崩盘的可能性。

六、研究结论

本文以 2003—2017 年中国 A 股非金融上市公司为研究对象,探究企业短贷长投行为及其危害。本文研究发现:

第一,企业的短贷长投行为显著增加了企业的股价崩盘风险,该结论在考虑内生性问题和进行一系列稳健性分析后仍然成立;第二,原因分析表明,造成企业短贷长投的重要原因是企业存在融资约束,当年的货币政策越紧缩、贷款总体需求越多、银行贷款审批越少时,企业越有可能短贷长投;第三,分组回归发现,非国有企业、小企业和外部治理机制差的企业的短贷长投行为对股价崩盘风险的影响更为明显;第四,进一步分析发现,中国银监会2010年发布的《流动资金贷款管理暂行办法》显著减少了企业的短贷长投行为,且政策后企业的股价崩盘风险也有显著降低。

本文研究的理论贡献在于:本文首次从股价崩盘风险的角度探究了企业短贷长投行为的危害,且本文创新性的以"贷款总体需求指数"和"银行贷款审批指数"作为融资约束的代理变量。本文研究的政策贡献在于:本文对《办法》的政策效果进行了客观检验,证实了该政策的有效性,为政策制定者制定相关政策法规提供了重要借鉴。

参考文献

[1] 曹丰,鲁冰,李争光,等. 机构投资者降低了股价崩盘风险吗?[J]. 会计研究,2015(11).

[2] 陈耿,刘星,辛清泉. 信贷歧视、金融发展与民营企业银行借款期限结构[J]. 会计研究,2015(4).

[3] 梁权熙,曾海舰. 独立董事制度改革、独立董事的独立性与股价崩盘风险[J]. 管理世界,2016(3).

[4] 林毅夫,李永军. 中小金融机构发展与中小企业融资[J]. 经济研究,2001(1).

[5] 刘海明,曹廷求. 续贷限制对微观企业的经济效应研究[J]. 经济研究,2018,53(4).

[6] 罗党论,甄丽明. 民营控制、政治关系与企业融资约束——基于中国民营上市公司的经验证据[J]. 金融研究,2008(12).

[7] 潘越,戴亦一,林超群. 信息不透明、分析师关注与个股暴跌风险[J]. 金融研究,2011(9).

[8] 饶品贵,姜国华. 货币政策、信贷资源配置与企业业绩[J]. 管理世界,2013(3).

[9] 谢德仁,郑登津,崔宸瑜. 控股股东股权质押是潜在的"地雷"吗?——基于股价崩盘风险视角的研究[J]. 管理世界,2016(5).

[10] 叶康涛,陆正飞,张志华. 独立董事能否抑制大股东的"掏空"?[J]. 经济研究,2007(4).

[11] 钟凯,程小可,张伟华. 货币政策适度水平与企业"短贷长投"之谜[J]. 管理世界,2016(3).

[12] Chen J, Hong H, Stein J C. Forecasting crashes: trading volume, past returns, and conditional skewness in stock prices. Journal of Financial Economics, 2001, 61 (3): 345 – 381.

[13] Chen L, Li Y, Wang Y, et al. The Long – term Use of Short – term Debt around the World. SSRN Electronic Journal, 2019.

[14] Dechow P M, Sloan R G, Sweeney A P. Detecting Earnings Management. The Accounting Review, 1995, 70 (2): 193-225.

[15] Kim J, Li Y, Zhang L. CFOs versus CEOs: Equity incentives and crashes. Journal of Financial Economics, 2011, 101 (3): 713-730.

[16] Shipman J E, Swanquist Q T, Whited R L. Propensity Score Matching in Accounting Research. The Accounting Review, 2017, 92 (1): 213-244.

"一带一路"倡议实施与企业"去金融化"

——基于 A 股上市公司的研究

孙丽颖　殷曼清　常汝钦　莫海崧　李玲慧

CPAC1801　注会 1802　法 1815　财政 1802　注会 1802　指导老师：王嘉鑫

一、研究背景与意义

（一）研究背景

1. 项目背景

20 世纪 90 年代以后，美、英等市场主导了世界金融体系，与过往的金融体系相比，过度金融化是其重要的特征。2008 年后，中国的金融行业增速十分迅猛，由图 1（杜勇、张欢绘）可知，2014 年中国上市公司（非金融、非房地产行业）平均金融资产持有量约为 3 亿元，而在 6 年前年，这一数据仅仅只是 0.97 亿元，不到 1 亿元。总的来说，2008—2014 年，中国的上市公司持有的金融资产总规模呈十分明显的上升趋势，我国企业的金融化进程也跟随世界的步伐迅猛增长。

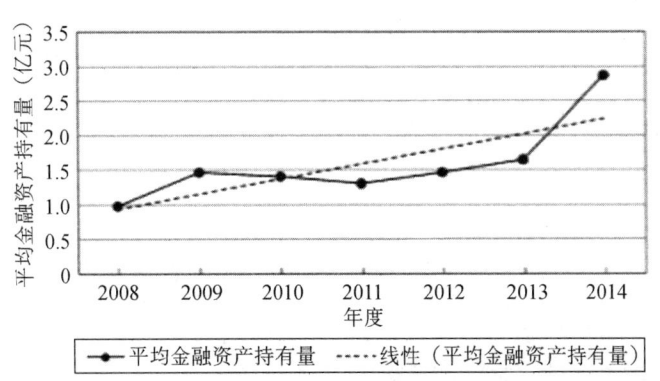

图 1　中国上市公司平均金融资产持有量

（图表数据来源："金融化对实体企业未来主业发展的影响：促进还是抑制"）

2015年，中国的GDP增值中金融行业贡献了8.4%，已超过同期美国等金融化程度较高的发达经济体，而与之形成鲜明对比的实体经济部门，由于面临产能过剩、产品处于产业链低端等问题发展缓慢，实体经济与虚拟经济之间出现了严重的结构失衡。不少学者对于社会上出现的影子银行、金融体系复杂性增加等现象表示忧虑，并提出我国需要在宏观调控和经济管理政策组合中实行一定的"去金融化"策略。2017年10月18日第十九次全国代表大会报告也提出：必须大力发展实体经济。

基于以上分析，我们有必要对非金融企业的金融化程度展开研究，防范过度金融化的不利影响，从而更好地建设现代化经济体系，保障我国经济社会的平稳运行。

"一带一路"倡议是党中央在2013年提出的一项重大倡议，目的是打造一个沿线国家互利共惠的区域经济体。2020年是"一带一路"倡议提出的第7年，是全面推进的第5年。截至今年，"一带一路"倡议的实施是否达到了将更多金融资源配置到实体经济领域的目的呢？本文将部分2009—2018年的A股主板上市公司作为本文的研究样本，将属于同花顺"一带一路"概念板块的企业划分为支持企业（处理组）和不属于同花顺"一带一路"概念板块的非支持企业（对照组）进行比较。本文选择2013年10月"一带一路"倡议的正式提出作为标志性事件，以非金融企业在金融渠道的获利占企业总盈利的比率下降作为去金融化特征的切入点，研究"一带一路"倡议是否促进企业实现"去金融化"，助力实体经济稳定发展。

2. 概念界定

（1）"一带一路"倡议。"一带一路"是"丝绸之路经济带"和"21世纪海上丝绸之路"的简称，其目的在于建立开发性金融机构，并以此为中心，辐射西、北、南三个地带，加快与周边国家和区域的基础设施互通互联建设。"一带一路"倡议不是排他性、封闭性中国"小圈子"，而是一个开放包容的合作倡议，是一种新型的体现丝绸之路文化内涵的理念。

自1978年邓小平同志拉开改革开放序幕以来，中国的改革开放事业取得了巨大的成就，但也出现了产能过剩、高度依存国外油气矿产资源、工业和基础建设地区发展不均衡等问题，各方面措施的系统集成迫在眉睫。当前，中国边境地区整体状况正处于自开放以来的较好时期，周围各国与我国合作的意愿普遍上升。因此，在对外开放为基本国策的时代背景下，推进"一带一路"倡议不但为中国坚持改革开放打下坚实的基础，也增强了与世界各国的互利合作，在"一带一路"倡议构建的新型框架下，中国愿意也能够承担更多责任义务，担当起作为大国的使命，为人类和平发展做出更大的贡献。表1为2013年以来"一带一路"倡议的发展大事记。

表1　　　　　　　　　　　　　"一带一路"大事记

时间	发展历程
2013年9-10月	中国国家主席习近平在出访中亚和东南亚国家期间，先后提出共建"丝绸之路经济带"和"21世纪海上丝绸之路"的重大倡议
2013年12月	习近平在中央经济工作会议上提出，推进丝绸之路经济带建设
2014年2月	政府工作报告中提出抓紧建设"一带一路"

续表

时间	发展历程
2015年2月	"一带一路"建设工作领导小组成员亮相
2015年3月	中国政府特制定并发布《推动共建丝绸之路经济带和21世纪海上丝绸之路的愿景与行动》
2015年12月	亚洲基础设施投资银行正式成立
2017年5月	"一带一路"国际合作高峰论坛开幕
2017年7月	亚洲金融合作协会成立
2018年1月	《"一带一路"特别说明》发布,标志着一带一路倡议延伸至拉美
2018年11月	首届中国国际进口博览会开幕
2019年4月	中国在北京主办第二届"一带一路"国际合作高峰论坛,习近平主席发表了四次讲话,阐述如何高质量推进"一带一路"
2019年5月	亚洲文明对话大会举行,这是继第二届"一带一路"国际合作高峰论坛、北京世界园艺博览会之后,中国举办的又一场重要外交活动,是具有标志性意义的国际盛会,将进一步推动亚洲和世界各国文明交流互鉴,在取长补短中实现共同进步
2019年8月	中国自贸试验区增加至18个——中国继续扩大开放
2019年9月	中哈签署政府间关于落实"丝绸之路经济带"建设与"光明之路"新经济政策对接合作规划的谅解备忘录

(2)企业"去金融化"。非金融企业减少金融领域的投资,而把更多资本配置在实体经济上的行为被称为"去金融化"。实践表明,"金融化"达到一定程度后,会对经济发展产生消极作用。这背后的原因在于社会财富的产生不直接来源于"金融化"的过程,而来自实体经济中产生的利润。实体经济中"挤出效应"等现象也会因过度金融化而形成,主要表现为资金、人才等要素过多集中于金融行业,虚拟经济迅猛发展而实体经济增速缓慢甚至倒退。

因此,"去金融化"便意味着在微观层面将与实体企业关系不大的金融业务从企业中剥离,宏观层面则要求由过度金融化逐渐过渡到产融协调发展(佘运九和严力群,2018)。从定义可知,"去金融化"是非金融企业降低金融渠道投资而增加企业实体投资的过程,企业来自金融渠道的盈利占总利润比重不断减少。"去金融化"是经济转型的重要一环,从微观的企业角度看,企业"去金融化"有利于规避投资风险、加速企业转型;从整个宏观经济看,"去金融化"有利于促进实体经济和虚拟经济均衡发展,助推经济转轨并增加就业。因此,如何合理适度地推动"去金融化"进程是目前需要考虑的一个重要问题。

几年前,人们普遍认为金融业具有促进经济增长、减轻贫困和社会不平等程度等重要作用。直到近几年这一理论才开始受到挑战。有学者认为,过度金融化的负面影响可能集中在两个方面,第一,资产性收入长期以来在国民中分配极不均衡,过度金融化会使贫富收入差距在原有基础上进一步扩大。1980年以后,全世界收入最高的1%人口拥有的资产增加就证明了这一点。第二,过度金融化扭曲价格机制,导致价格波动性增加,特别是日常商品的金融化。普通商品,如猪肉、大蒜等,一旦有投机资金进入,其资本品的特征就会凸显出来，甚至转化成完全的金融产品，商品的价格几乎由其投资价值决定。此外，过度金融化使资本话语权得到强化，进一步分裂资本家和工人阶级的脆弱关系，影响社会稳定和谐。2008 年的金融危机让不少学者开始思考此次危机的原因，其中有学者认为，经济金融化导致虚拟经济过度发展，直接诱导了此次金融危机的发生。

关于"去金融化"这一问题，我们可借鉴国外发达经济体的优秀经验。美国是最早推行"去金融化"的国家。2008 年全球金融危机，美国金融遭受了巨大损失。为重塑美国金融市场，使经济重回"新常态"，2010 年 7 月，美国政府开始了"大萧条"以来最严厉的金融监管和改革。自此，美国政府和相关机构开始逐步推进"去金融化"进程。一系列"去金融化"政策对重塑美国金融市场、促进美国经济恢复发挥了不可小觑的作用。表 2 为美国 2008 年以来的"去金融化"政策。

表 2　　　　　　　　　　　美国"去金融化"政策进程

时间	出台政策	政策意义
2010 年 7 月 21 日	新《多德－弗兰克华尔街改革与消费者保护法案》	20 世纪 30 年代以来美国一项最全面的金融监管改革法案，美国金融业自身调整的开端
2009 年初	实行重组计划，重新定位金融服务业，缩小业务范围，集中运营	改变业务方向，使利润更加集中于基础产业
2016 年 12 月 14 日至 2018 年 12 月 19 日	美联储加息	美国经济渐渐复苏，逐步引领全球"去金融化"

（二）研究意义

1. 理论意义

（1）将"一带一路"宏观经济政策与企业微观行为有机联系，丰富当前的理论研究。本文以"一带一路"倡议为大背景，以 A 股上市公司"去金融化"为研究视角，分析"一带一路"这一宏观政策对微观企业"去金融化"的促进作用。这一研究将宏观政策与企业微观行为之间有机联系起来，有利于厘清这一倡议对企业"去金融化"的影响及作用机理，一定程度上丰富了当前这一领域的理论研究，也为"一带一路"倡议带来的正面微观经济效果提供了证据支持。

（2）对企业推进"去金融化"影响因素研究有所贡献。近几年，我国在宏观调控和经济管理政策组合中，存在着鼓励企业"去金融化"的倾向。引导企业"脱虚向实"，让金融真正为实体经济服务的重要性日益凸显。小组通过联系"一带一路"和企业"去金融化"的趋势，探究前者对后者的影响，全面揭示了"一带一路"倡议出台→政策利好支持→企业"去金融化"得到推动的政策传导机制，对企业"去金融化"的研究有所贡献。

2. 现实意义

（1）为企业进一步"去金融化"提供方法和建议。自"一带一路"倡议实施以来，政府和相关机构制定并落实了一系列优惠政策，不仅减轻了企业的税负，降低了企业的经营成本，大大增加了企业的税后现金流，而且显著减轻了企业的融资约束，有助于企业的科技创新水平的提高。在本文的实证分析部分，我们对部分"一带一路"概念板块中A股上市公司的数据进行双重差分回归分析，依据实证分析结论，为企业因势利导，优化目前的资金使用模式、改进现有管理机制提供有效建议。

（2）有利于政府更有效地完善政策，充分发挥政策引领、宏观调控的作用。本课题小组通过发放问卷和电话访谈，充分汲取了民众对"一带一路"倡议实施的看法和建议，观察到企业"去金融化"过程中存在的痛难点，有利于促进政府进一步加强政策落实，鼓励各金融机构为"一带一路"企业提供更大力度的资金支持，协同助力实现资金融通。同时，有助于政府根据分析现有问题、建立和完善相应制度规范，通过规划、协调各类企业"去金融化"的政策和进程，在宏观上保证资金"脱虚向实"的可行性，进一步扩大"一带一路"效应。

二、研究假设

"一带一路"倡议作为我国深化对外开放、提升综合国力的重大倡议，自推行以来就受到了各级政府、相关机构和职能部门的支持，如银行业、证券交易所、国家税务机关等。本课题将基于企业"融资约束""经营成本""研发创新"三条分析主线，提出假设。

现有文献表明，中国的地方政府很大程度上决定了当地银行信贷投放的方向和规模（张新民等，2017），企业融资约束能否降低也部分取决于政府响应倡议的积极程度。根据已有研究，受"一带一路"政策支持的企业可以获得更多银行贷款以及融资和信贷支持，其融资成本显著降低。这一举措可以有效减少信贷资金流入金融和房地产等虚拟领域，引导社会资金"脱虚向实"，推动企业"去金融化"；除此之外，降低企业税负能大大促进企业"去金融化"（徐超等，2019）。伴随"一带一路"倡议的深入推进，国家税务总局也积极响应党中央和国务院的有关部署，建立健全相关政策法规，对"一带一路"企业给予了诸多税收优惠政策，如增值税免税及零税率、出口退税等。这一举措有效缓解了企业的现金流压力，降低企业的经营成本，使企业能更多投资于生产性行业，从而降低企业的金融化程度；与此同时，"一带一路"倡议的实施为企业创造了巨大的海外投资市场，企业对外直接投资便利度增加（王桂军和卢潇潇，2019）。一方面，企业得以利用沿线国家特有优势加大研发创新，促进企业转型升级。另一方面，本土和海外市场的双重竞争压力也能倒逼企业提高自主创新能力，加快核心技术的研发升级，从而推动"去金融化"的进程。

根据以上分析，本文提出假设H1："一带一路"倡议的实施可以促进企业"去金融化"，达到振兴实体经济的目的。

三、实证结果与分析

本节将从实验设计与数据来源、模型的建立、实证检验这三个方面来阐述"一带一路"倡议对企业"去金融化"的影响，其中实验设计与数据来源主要是对处理组和对照组的选择进行描述，模型的建立主要是对双重差分模型和 PSM – DID 模型进行解释，实证检验部分则是运用双重差分模型检验"一带一路"倡议对企业"去金融化"的影响，再通过 PSM – DID 方法检验该模型的稳健性，以避免系统偏误的产生。

（一）实验设计与数据来源

本文将借鉴徐思等（2019）识别"一带一路"企业的方法，基于同花顺提供的"一带一路"概念板块，判别微观企业是否受到了"一带一路"倡议的影响。本文选取我国 2009—2018 年 A 股上市公司中同花顺"一带一路"概念股公司作为样本，并做以下筛选：（1）剔除金融类公司样本；（2）剔除 ST 类样本；（3）剔除公司财务数据缺失的样本；（4）剔除公司所有者权益小于 0 的样本。本文的财务数据均将从同花顺（IFIND）和锐思（RESSET）数据库获得并进行交叉核对。本文最终选取了 219 家 A 股上市公司，共计 840 个观测值；其中处理组 135 家，控制组 84 家。关于处理组和控制组的选取，本文选取受"一带一路"倡议影响的非金融企业为处理组，未受"一带一路"倡议影响的非金融企业为对照组。本文还选取了相关的控制变量，变量名称及具体计算方法如表 3 所示。

表 3   变量及其含义

变量类型	变量名称	变量含义	计算方法
解释变量	t	政策变量	t = 1，2014 年及之后的年份；t = 0，2014 年以前的年份
	treat	分组变量	treat = 1，处理组；treat = 0，对照组
	did	交互变量	t × treat
被解释变量	y	金融化指数	金融化指数
控制变量	x_1	企业规模	企业总资产的自然对数
	x_2	资产负债率	总负债/总资产
	x_3	企业会计业绩	净利润/股东权益
	x_4	企业性质	x_4 = 1，国有企业；x_4 = 0，非国有企业

本文对表 3 中的被解释变量和控制变量进行了简单的描述性统计，并对各变量在处理组和控制组的均值及差异进行了显著性检验，具体结果见表 4。从表 4 可看出，除企业会计业绩（x_3）和企业性质（x_4）外，处理组和控制组两组数据在 10% 的显著性水平下，均有显著性差异。其中，控制组企业的金融化指数（y）和企业的资产负债率（x_2）要高于处理组，而控制组企业的企业规模（x_1）要低于处理组。故初步判定"一带一路"倡议对企业"去金融化"有一定的影响，具体分析见下文。

表 4   主要变量的描述性统计及处理组、控制组均值差异

变量	观测值	均值	标准差	最小值	最大值	两组均值差异		
						控制组	处理组	控制组 – 处理组
y	840	0.0313	0.0745	0.0000	0.9455	0.0378 (0.0043)	0.0246 (0.0025)	0.0132** (0.0051)

续表

变量	观测值	均值	标准差	最小值	最大值	两组均值差异		
						控制组	处理组	控制组－处理组
x_1	840	22.9510	1.5836	19.0183	28.5235	22.8190 (0.0756)	23.0768 (0.0784)	－0.2577** (0.1091)
x_2	840	0.5599	0.3459	0.0103	8.6118	0.5789 (0.0228)	0.5419 (0.0084)	0.0370* (0.0239)
x_3	840	0.0929	0.4067	－4.0009	10.1471	0.1096 (0.0284)	0.0769 (0.0042)	0.0327 (0.0281)
x_4	840	0.7024	0.4575	0.0000	1.0000	0.6829 (0.0230)	0.7209 (0.0217)	－0.0380 (0.0316)

在对照组和处理组均值差异中，括号内为标准误差，**，*分别代表5%，10%的显著性水平。

（二）模型的建立

本文根据非金融A股上市公司是否受到"一带一路"倡议影响，将其分为处理组和对照组，其中处理组为受"一带一路"倡议影响的非金融企业，控制组为未受到"一带一路"倡议影响的非金融企业。再根据所在年份是否为2014年，将2014年以前年份划分为"一带一路"倡议以前，2014年及以后年份划分为"一带一路"倡议以后，则本文根据这两个标准将所选样本划分为"一带一路"倡议前的处理组和控制组，倡议后的处理组控制组。设置两个虚拟变量treat和t，treat=1表示处理组，即受"一带一路"倡议影响的非金融企业；treat=0表示控制组，即不受"一带一路"倡议影响的非金融企业；t=1表示2014年及以后，即"一带一路"倡议以后；t=0表示2014年以前，即"一带一路"倡议以前。故本文按照设定建立双重差分模型，如式（1）所示：

$$y_t = \beta_0 + \theta_1 t_t + \theta_2 treat_t + \theta_3 (t_t \times treat_t) + \sum_j \alpha_j x_{jt} + \varepsilon_t \quad \text{式（1）}$$

式（1）中y_t为被解释变量，t_t为政策变量，$treat_t$为分组变量，$t_t \times treat_t$为交互变量，x_{jt}为可观测到的控制变量，ε_t为误差项（t=2009，2010，…，2018；j=1，2，3，4）。本文将对式（1）的原理作如下解释，见表5。从表5中，可以看出处理组企业在"一带一路"倡议前后变化幅度为$\beta_2 + \beta_3$，这表示"一带一路"倡议和其他政策对被解释变量的影响；控制组企业在"一带一路"倡议前后变化幅度为β_2，这里仅有其他政策的影响，没有包含"一带一路"倡议的影响。处理组与控制组相减，得到仅属"一带一路"倡议对被解释变量的影响，即"一带一路"倡议对非金融企业金融化程度改变的净程度，用β_3表示。这是本文使用双重差分法研究的重点。如果"一带一路"倡议的提出降低了非金融企业的金融化程度，即提高了去金融化水平，那么β_3系数应该显著为负。

表5 双重差分模型原理

样本	"一带一路"倡议提出前	"一带一路"倡议提出后	差值
处理组	$\beta_0 + \beta_1$	$\beta_0 + \beta_1 + \beta_2 + \beta_3$	$\beta_2 + \beta_3$
控制组	β_0	$\beta_0 + \beta_2$	β_2
DID	β_1	$\beta_1 + \beta_3$	β_3

(三) 平行趋势检验

在使用双重差分模型时，要求处理组和控制组同时满足共同趋势假设，即若"一带一路"倡议不存在，处理组和控制组的被解释变量y_t的变化趋势随时间变化不存在系统性偏误。本文借鉴已有文献的普遍做法，采用动态 DID 的方法检验平行趋势是否满足，具体结果见图 2。从图 2 的估计结果可看出，在"一带一路"倡议提出的前三年，处理组和控制组的金融化指数并不存在显著差异，这表明处理组和控制组满足平行趋势假设。"一带一路"倡议提出后的动态效应表明，"一带一路"倡议的提出降低了非金融企业的金融化程度，即提高了企业"去金融化"水平，且这一效应在"一带一路"倡议提出后的 3 年内持续存在。

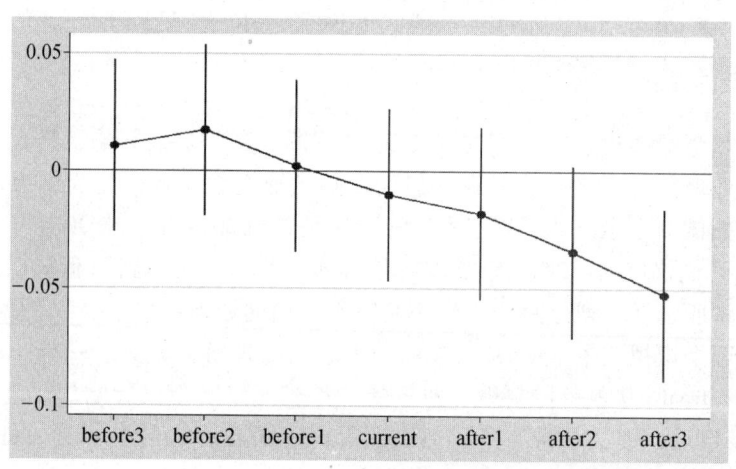

图 2　金融化指数平行趋势分析与动态效应检验

(四) 实证结果分析

本文通过建立双重差分模型来分析"一带一路"倡议的实施对企业"去金融化"是否有影响，具体结果见表 6。表 6 中模型（1）和模型（2）的主要区别是在模型中是否加入了控制变量。从模型（1）和模型（2）的运行结果来看，"一带一路"倡议的实施显著降低了企业的金融化水平，具有明显的"去金融化"作用。另外，从模型（2）中还可以看出企业的性质（x_4）对企业"去金融化"有显著影响，即"一带一路"倡议的提出更有利于降低国有企业的金融化水平。而企业规模（x_1）、企业的资产负债率（x_2）和企业会计业绩（x_3）对企业的"去金融化"无显著影响。

表 6　"一带一路"倡议对企业"去金融化"的影响

变量	模型（1）	模型（2）
t	0.0290*** (0.0072)	0.0289*** (0.0073)

续表

变量	模型（1）	模型（2）
treat	0.0400*** (0.0071)	0.0406*** (0.0071)
did	-0.0537*** (0.0101)	-0.0534*** (0.0100)
x_1	—	-0.0004 (0.0018)
x_2	—	-0.0035 (0.0074)
x_3	—	-0.0058 (0.0062)
x_4	—	-0.0247*** (0.0059)
$\overline{R^2}$	0.0369	0.0580
观测值	840	840

注：括号内为标准误差，*** 为代表1%的显著性水平。

（五）稳健性检验

由于上述双重差分模型可能会受到内生性问题的影响，为了防止产生系统偏误，本文将采用PSM-DID方法对上述实证进行稳健性检验。其基本思路为：先通过"一带一路"倡议政策变量对其他控制变量进行Logit回归，在倾向得分匹配后检验变量是否在处理组和控制组之间的分布地更加均衡，如无显著区别，则对匹配后的数据再次进行PSM-DID分析。倾向得分匹配后各控制变量Logit回归结果如表7所示。从表7可以看出，倾向得分匹配后，控制变量在处理组和对照组中的分布较为均匀，各变量的均值在两组间无显著性差异。从图3中也可看出，各控制变量的标准差范围在匹配后有所缩小。

表7　　　　　倾向得分匹配后各控制变量的Logit回归结果

控制变量	均值		处理组-控制组	|t|	p>|t|
	处理组	控制组			
x_1	22.950	22.656	0.294	0.03	0.980
x_2	0.5446	0.5086	0.036	0.47	0.639
x_3	0.0767	0.0411	0.0356	1.73	0.083
x_4	0.7143	0.7286	-0.0143	-0.46	0.645

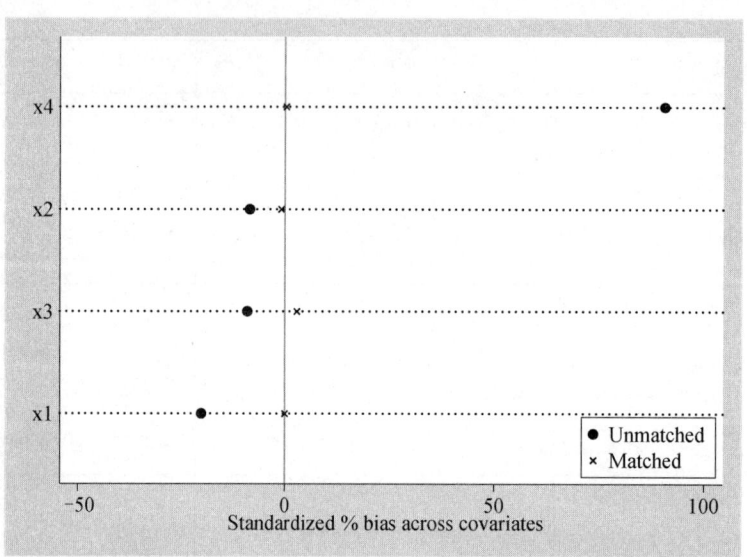

图 3　倾向得分匹配前后各控制变量标准化偏差变化图

从表 8 可以看出，前文的双重差分模型分析结果是稳健的，也可以看出"一带一路"倡议实施前后处理组和控制组之间的差异及变化，进而可分析出"一带一路"倡议对企业"去金融化"的影响。从表 8 可看出，在"一带一路"倡议提出之前，处理组的金融化指数明显高于控制组；"一带一路"倡议提出之后，处理组企业的金融化指数得到明显下降，而控制组的金融化指数有所提升，说明"一带一路"倡议的实施确实降低了非金融企业的金融化程度，达到了企业"去金融化"的效果。

表 8　"一带一路"倡议背景下企业"去金融化"的 PSM – DID 分析结果

	金融化指数
"一带一路"倡议前	
控制组	0.0101
处理组	0.0501
处理组 – 控制组	0.0400***
	(0.0084)
"一带一路"倡议后	
控制组	0.0391
处理组	0.0255
处理组 – 控制组	– 0.0136***
	(0.0057)
DID	– 0.0536***
	(0.0096)

四、研究结论与建议

（一）研究结论

本文将视线聚焦于"一带一路"倡议与企业"去金融化"的因果关系，借助"一带一路"倡议准自然实验捕捉企业金融化程度的变动，运用双重差分模型检验"一带一路"倡议对企业"去金融化"的影响及其作用路径。从微观视角选取上市公司为样本进行分析，本文得到了如下基本结论：①"一带一路"倡议的实施显著降低了企业的金融化水平，具有明显的"去金融化"作用。且在采用平行趋势检验控制可能存在的内生性问题、PSM－DID 模型检验模型稳健性避免系统偏误性产生后，这一结论仍然成立。②受企业特征与行业特征影响，"一带一路"倡议对各企业"去金融化"程度的效果具有系统性差异。具体来说，企业性质、行业特征对企业"去金融化"有显著影响，即"一带一路"倡议的实施对国有企业、新兴优势行业效果更大、更明显，对民营企业、非新兴优势行业则无显著作用。而企业规模、企业的资产负债率和企业会计业绩对企业"去金融化"无显著影响。③作用路径分析表明，"一带一路"倡议主要从"融资约束""经营成本""研发创新"三方面来引导社会资金脱虚向实，加快企业转型升级，推动企业"去金融化"的进程。第一，受倡议支持企业融资环境改善，融资成本显著降低，有效减少了信贷资金流入虚拟领域；第二，受倡议支持企业税负有所降低，有效缓解了企业现金流压力，降低了企业的经营成本，使企业能更多投资于生产性行业，从而降低企业的金融化程度；第三，本土和海外市场的双重竞争压力倒逼受倡议支持企业提高自主创新能力，加快核心技术的研发升级，推动了"去金融化"的进程。

（二）建议

在"一带一路"背景下，本文研究结果对于遏制企业"脱实向虚"、促进实体经济振兴具有重要现实意义。基于研究结论，本文提出如下建议：

1. 对企业而言

（1）优化资金使用模式，改进现有管理机制。"一带一路"倡议为企业提供了前所未有的发展新机遇，企业应该因势利导，将所获资金支持充分利用在"一带一路"倡议所鼓励的方向，主动参与"一带一路"项目投资，对接广大发展中国家的发展需求，开拓企业市场空间，加快产品"走出去"的步伐，进而推动企业"去金融化"。

（2）加强科技人才培养，提高研发创新能力。"一带一路"倡议的实施为企业创造了巨大的海外投资市场，企业对外直接投资便利度增加，但本土与海外的双重竞争压力也迫使企业不得不加快提高自主创新能力，培育新型科技人才，为企业的可持续发展提供源源不断的动力。

（3）把握好"去金融化"的尺度。由于"去金融化"使企业在营利变现上没有传统金融投资来得快，为防止企业陷入现金流断裂、资金周转不足的困境，企业应把握好"去金融化"的程度，扎实走好"去金融化"的道路。

2. 对政府而言

（1）加强政策落实，增强税收优惠等政策的可持续性。"一带一路"项目多为基建工程，前期投入大、建设周期长，企业单靠自有资本难以维系，因而更需要政府加强政策落实，增强税收优惠等政策的力度与可持续性，真正让企业在"走出去"的进程中少些后顾之忧，为其转型升级，积极响应国家号召，更扎实地推进"去金融化"进程营造一个有利的宏观环境。

（2）完善相关法律法规，规范企业行为。新政策的不断推出和实施，导致税法更新演变频繁，部分企业在税收征管、监管方面仍存在法律缺位的问题。为防止企业利用法律漏洞滥用政策，为自身谋取不当得利的行为发生，政府迫切需要完善相关法律法规，创新税收征管机制，创建新型监管模式，为企业发展营造一个公平的竞争环境。

（3）根据企业与行业特征，制定差异化政策，全面引导不同类型企业"去金融化"。本文分组回归分析表明，"一带一路"倡议对不同类型的企业存在异质性作用，因而政府需从计划和实践方面规划和协调不同特征的企业与行业，制定差异化政策支持与制度规范，方能积极发挥政策引领和组织协调的作用，优化资源配置，全面、均衡地实现实体经济振兴与企业"去金融化"。

3. 对金融机构而言

（1）制定适度宽松的信贷政策，加强信贷资金监管。本文研究表明，过于严苛的信贷政策与过高的融资成本都会影响"一带一路"倡议有效实施及企业"去金融化"效果。因此，政府应制定适度宽松的信贷政策，营造良好的融资环境，削减各种附加和限制条件，为企业"去金融化"扫清障碍。与此同时，应进一步加强信贷资金监管，防止用于实体经济的资金支持流向虚拟领域，助长"脱实向虚"之风。

（2）加强融资项目债务风险的评估论证，加强对企业债务可持续性的重视。考虑到"一带一路"沿线国家多为发展中国家，政治风险较大，市场环境相对复杂，金融机构应加强对相关企业项目融资的可行性评估及风险论证，合理规划融资期限及融资份额，强化跟踪评估监督，及时规范资金的正确流向，确保金融体系能够长期、稳定地支持"一带一路"倡议，为企业"去金融化"提供可靠保证。

参考文献

[1] 张茉楠. 美联储加息后或将全球去金融化 [N]. 华夏时报，2015 - 07 - 30 (019).

[2] 佘运九，严力群. 去金融化：理论、风险及实施策略 [J]. 中国经贸导刊（中），2018 (26)：61 - 63.

[3] 李超. GE 去金融化 [J]. 中国外资，2009 (4)：84 - 85.

[4] 冯一凡. 美国"去金融化"[J]. 新理财（政府理财），2010 (8)：24 - 25.

[5] 徐超，庞保庆，张充. 降低实体税负能否遏制制造业企业"脱实向虚"[J]. 统计研究，2019，36 (6)：42 - 53.

[6] 徐思，何晓怡，钟凯. "一带一路"倡议与中国企业融资约束 [J]. 中国工业

经济, 2019 (7): 155 - 173.

[7] 彭俞超, 韩珣, 李建军. 经济政策不确定性与企业金融化 [J]. 中国工业经济, 2018 (1): 137 - 155.

[8] 彭俞超, 黄志刚. 经济"脱实向虚"的成因与治理: 理解十九大金融体制改革 [J]. 世界经济, 2018, 41 (9): 3 - 25.

[9] 陈胜蓝, 刘晓玲. 公司投资如何响应"一带一路"倡议?——基于准自然实验的经验研究 [J]. 财经研究, 2018, 44 (4): 20 - 33.

[10] 王桂军, 卢潇潇. "一带一路"倡议可以促进中国企业创新吗? [J]. 财经研究, 2019, 45 (1): 19 - 34.

[11] 杜勇, 张欢, 陈建英. 金融化对实体企业未来主业发展的影响: 促进还是抑制 [J]. 中国工业经济, 2017 (12): 113 - 131.

[12] 文春晖, 任国良. 虚拟经济与实体经济分离发展研究——来自中国上市公司2006—2013年的证据 [J]. 中国工业经济, 2015 (12): 115 - 129.

[13] 李建军, 李俊成. "一带一路"基础设施建设、经济发展与金融要素 [J]. 国际金融研究, 2018 (02): 8 - 18.

[14] 卢伟, 李大伟. "一带一路"背景下大国崛起的差异化发展策略 [J]. 中国软科学, 2016 (10): 11 - 19.

[15] 王桂军, 卢潇潇. "一带一路"倡议可以促进中国企业创新吗? [J]. 财经研究, 2019, 45 (1): 19 - 34.

[16] Guangming Gong, Si Xu, Xun Gong. On the Value of Corporate Social Responsibility Disclosure: An Empirical Investigation of Corporate Bond Issues in China [J]. Journal of Business Ethics, 2018, 150 (1).

[17] Donghua Chen, Oliver Zhen Li, Fu Xin. Five - year plans, China finance and their consequences [J]. China Journal of Accounting Research, 2017, 10 (3).

实体企业金融化是否加剧了经营风险?

——基于利润追逐动机的视角

叶耐德

金融学院金融学 CFA1601

一、引言

近年来,随着中国经济步入了结构性转型的"阵痛期","僵尸企业"、产能过剩、供需结构失衡等问题滋生,实体部门的投资回报率与金融和房地产行业渐行渐远。如图 1 所示,我们基于沪深两市的非金融、非房地产企业的财务数据,测度了 2006—2019 年实体企业金融资产收益率与实体资产收益率的平均水平[①];不难看出,实体资产收益率平均水平在 2010 年达到顶峰,随后呈现下降趋势;而金融资产收益率平均水平自 2011 年开始保持上扬态势,在 2014 年超过实体资产回报率,此后几乎一直处于领先。虚拟经济与实体经济间的利差诱使部分实体企业减少了对主营业务的投资,转而热衷于投资金融资产、参与"影子银行"链条。

资本涌向高利润行业是其逐利天性的本质体现(张成思,2019),但是过度金融化会阻碍企业生产效率的提升(胡海峰等,2020)、降低实业投资率、弱化货币政策提振实体经济的效果(张成思和张步昊,2016)、加剧"去工业化"和资产泡沫化产生的矛盾(谢家智等,2014),因此实体企业金融化导致的负面后果需要引起警惕。习近平总书记在 2017 年 10 月党的十九大报告中提出:"要深化金融体制改革,增强金融服务实体经济能力,健全金融监管体系,守住不发生系统性金融风险的底线。"在实体企业金融化愈发深

---

① 借鉴张成思和张步昊(2016),金融资产收益率等于金融收益与金融资产之比,金融收益为投资收益、公允价值变动损益与其他综合收益之和,金融资产等于货币资金、交易性金融资产、衍生金融资产、可供出售金融资产、持有至到期投资、投资性房地产、应收股利、应收利息和短期投资净额之和;实体资产收益率等于经营收益与经营资产之比,其中,经营收益采用营业收入扣除营业成本、营业税及附加、期间费用和资产减值损失,经营资产用总资产扣除金融资产得到。此外,为避免极端值的影响,我们对测算出的金融资产收益率和实体资产收益率采取上下 1% 的温氏缩尾。

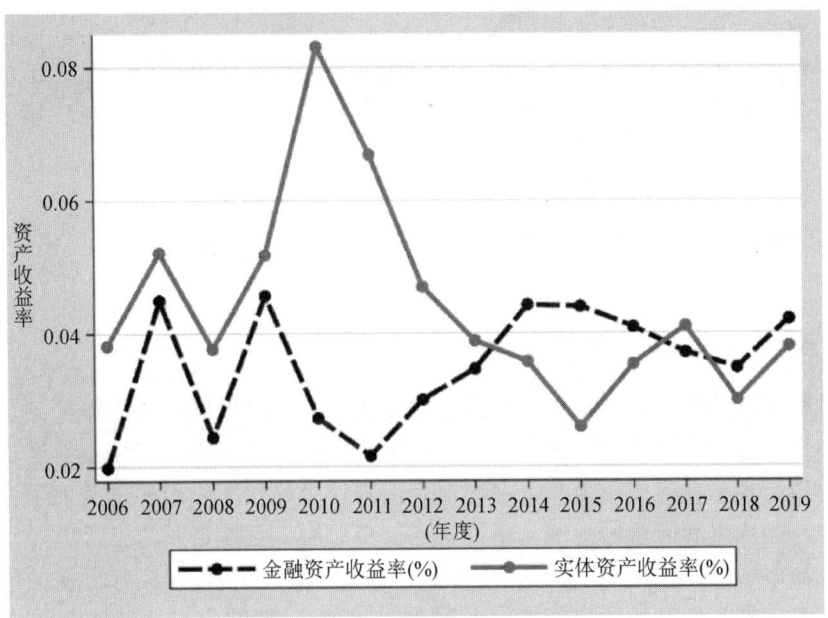

图 1　金融收益率与经营收益率走势

数据来源：国泰安数据库。

化的背景下，金融系统与实体经济的联动越来越紧密，金融资产中隐藏的风险是否会通过企业金融化传染至实体经济部门？金融资产投资对企业主营业务的"挤出作用"是否会危及实体经济的平稳运行？

杜勇等（2017）认为，实体企业金融化一方面能够发挥盘活资金、增加企业营运资本的"蓄水池"效应（Reservoir Effect），另一方面也具有挤占主营业务资源、抑制主业发展的"挤出"效应（Crowding Out Effect）。张成思和郑宁（2019）则认为，中国实业部门进行金融资产投资主要出于风险规避与利润率驱动两大动因。所以，在不同视角下观察实体企业金融化的经济后果，可能会得出不尽相同的结论。本文从实体企业利润追逐动机的视角出发，探讨实体企业金融化对企业经营风险的影响及其传导路径、作用程度的异质性。

和本文的主题较为接近的是李建军和韩珣（2019）的研究，他们考察了非金融企业从事影子银行业务对经营风险的影响，重点关注的是工商企业直接充当信用中介带来的经济后果，而企业从事影子银行业务并不完全等同于企业金融化，并且相较于用 Z 指数代理企业的经营风险，本文使用企业收益的波动性这一动态指标衡量经营风险，在理论上更为合理。本文可能的贡献在于：第一，验证了利润追逐动机下企业金融化对经营风险的推升作用，并且，本文以放松贷款利率管制为背景进行倍差法、使用同行业同地区企业的金融化水平均值作为工具变量来缓解模型内生性后，发现该结论依然稳健。第二，检验了利润追逐动机下企业金融化影响经营风险的渠道，包括削弱企业产品市场竞争力和持续经营能力、加剧企业的融资约束，同时，在一定程度上拓宽了微观企业金融化经济后果的研究。第三，探讨了利润追逐动机下企业金融化影响经营风险的异质性，具体而言，对于非国有企业、小规模企业、持有的金融资产和实体资产收益率差距相对更大的企业，金融化对其经营风险的推升作用更强；而在较低的经济政策不确定性和紧缩的货币政策状态下，金融化对实体企业经营风险的推升作用更强。

本文剩余部分的结构安排如下：第二部分为文献回顾与研究假设，第三部分为研究设计，第四部分为实证分析，第五部分为机制分析，第六部分做进一步讨论，第七部分是对全文的总结并提出政策建议。

二、文献回顾与研究假设

（一）实体企业金融化的动机

基于已有文献的观点，本文认为实体企业金融化的动因可以概括为以下三个方面。第一，某些特定的金融资产能够作为企业主营业务的风险管理工具。实体企业通过交易利率衍生品、货币衍生品及信用衍生品等金融衍生工具，缓解利率、汇率以及大宗商品价格的潜在波动对产品成本和需求的影响，从而实现套期保值，平抑企业的经营风险（宋军和陆旸，2015；胡海峰等，2020）。第二，金融资产相对固定资产而言具有更强的流动性，具有较低的调整成本和较高的变现能力（戴静等，2020），能够充当营运资金的"蓄水池"。根据预防性储蓄理论，实体企业可以通过出售金融资产获得相对充裕的现金流，进而应对可能发生的财务困境与流动性危机，降低了企业的经营风险（彭俞超等，2018）。第三，实体企业出于投机动机持有金融资产。根据股东价值理论的观点（Froud et al., 2000），公司治理着眼于股东短期价值的最大化，使企业投资倾向于投机或套利，而在经济金融化的格局下，金融资产的回报率普遍高于实物资产（Demir, 2009），金融资产收益率与实体资产收益率的差距驱动了实体企业的金融化行为（张成思，2019）。

由于在前两个动机下，实体企业均为降低企业的经营风险进行金融资产投资，二者的关系较为明显，因此本文关注的是第三个动机，即探讨利润追逐动机下，金融化对实体经济经营风险的影响。下文中提及的金融化均指代实体企业在投机动机下的金融资产投资水平。

（二）研究假设

实体企业为追逐短期利润而进行金融资产投资，会占用企业主营业务的资源，抑制企业的研发创新（谢家智等，2014；刘贯春，2017），降低企业对实物资本的投资（张成思和张步昊，2016），对实体企业的挤出发展产生"挤出效应"（杜勇等，2017）。从人力资本的角度来看，金融利润挤占了产业利润，阻碍了员工劳动收入的增长，加剧了企业内部的收入差距（Palley, 2013），不利于产品生产效率与提供服务质量的提升。实体企业对实物资本与人力资本的投资不足将导致企业产品市场竞争力的下滑以及市场份额的萎缩，进而加剧企业的经营风险。并且，基于股东价值论的观点，即使金融资产投资取得了可观的收益，也很难对企业的主营业务产生"反哺效应"（王红建等，2016），这是因为：实业投资的回收期长、不确定性高，企业的大股东与管理人员出于自身利益仍然会持续投资短期收益高的金融与房地产业，形成"金融资产投资—获得金融利润—金融资产投资"的闭合循环。这种短视性的投资模式使企业放弃了长期经营战略，不利于企业主营业务的持续性发展,企业的经营风险将随之上升。

综上,本文提出假设 1a 与假设 1b。

假设 1a:实体企业出于利润追逐动机的金融化水平越高,企业的产品市场竞争力越弱,进而导致经营风险越高。

假设 1b:实体企业出于利润追逐动机的金融化水平越高,企业的持续经营能力越弱,进而导致经营风险越高。

从企业财务的角度分析:基于委托—代理理论的观点,第一类代理问题与第二类代理问题均会导致实体企业的大股东与管理者出于对金融资产高收益的追求,有动力通过银行信贷获得金融投资的资金,实现金融资产与债务之间的套利(Palley,2007);此外,金融资产的高收益率能够粉饰企业的营利能力,使企业更容易获得银行的信贷资金。因此,实体企业金融化会推升企业的债务水平(刘贯春,2018)。而资本资产定价理论表明,高收益资产的背后是风险收益的高不确定性,这将导致资产持有者未来现金流的大幅波动(Aalbers,2008)。负债水平的提升与未来现金流的高度不确定性将削弱企业稳定偿还债务及给付利息的能力,加剧了企业的融资约束,提高了企业融资链条断裂、陷入财务困境的可能性,进而推升了企业的经营风险。

综上,本文提出假设 1c。

假设 1c:实体企业出于利润追逐动机的金融化水平越高,企业的融资约束越严重,进而导致经营风险越高。

基于上述分析,本文提出假设 1d。

假设 1d:实体企业出于利润追逐动机的金融化水平越高,其经营风险越高。

三、研究设计

(一) 模型设定

为检验金融资产投资对企业经营风险的推升作用,本文设定了如下计量模型。

$$Risk_{it} = \alpha_0 + \beta_1 Fin_{it} + \sum_{j=1}^{n} \alpha_j CV_{it} + YEAR_t + \mu_i + \varepsilon_{it} \quad 式(1)$$

在基准模型中:本文采用企业收益的波动性衡量企业的经营风险($Risk_{it}$);企业金融化(Fin_{it})指标是核心解释变量,本文重点关注其系数估计值 β_1 的符号;CV 为一系列控制变量;$YEAR_t$ 为时间固定效应,用以控制随时间变化而不随个体变化的宏观因素;μ_i 为个体固定效应,用以控制随个体变化而不随时间变化的个体异质性;ε 为随机误差项。

(二) 变量选取

1. 企业经营风险的度量

当前学界对企业经营风险的测度方法主要包括:Atlman 提出的 Z 指数(史金艳等,2019;李建军和韩珣,2019)、收益波动性(余明桂等,2013;翟胜宝等,2014;彭俞超和黄志刚,2018)以及股价收益的波动性。由于 Atlman 的 Z 指数是一个静态的指标,在衡量企业未来经营状况的波动上具有天然的劣势，而我国股市的不成熟意味着股价收益的波动性可能无法很好地反映企业经营的基本面，因此本文最终选择了收益波动性作为企业经营风险的代理变量。具体而言，本文使用企业资产收益率（ROA）的波动性衡量经营风险，其中，资产收益率是指企业息税前利润与年末总资产的比值，我们将该值减去当年企业所在行业的平均值进行调整，最后计算得到第（t-1）年到第（t+1）年3年间企业经调整后资产收益率的标准差。

2. 企业金融化的度量

已有文献通常采用金融资产配置（金融资产与总资产的比值）和金融渠道获利（金融投资产生的利润占营业利润的比重）来度量企业的金融化水平，本文认为选取金融渠道获利作为代理变量更切合主题。原因在于：第一，金融资产持有份额为存量指标，类似度量企业预防性储蓄行为的静态指标，而金融渠道获利刻画了企业当期利润的构成，更适合被用于描述企业的利润追逐动机，否则企业会出于预防性储蓄动机选择长期持有这类金融资产（刘贯春等，2018）；第二，对于本文而言，主题是"企业的经营风险是否被加剧"，与之对应的应该是动态的金融化指标；第三，如果使用金融资产配置作为金融化的代理变量，可能会忽略金融资产的特征信息，例如，公司A与公司B均持有100万元的金融资产，但是公司A持有的是100万元的交易性金融资产，而公司B持有的是100万元的投资性房地产，很显然两家公司持有金融资产的流动性与收益性存在着很大差距，给企业经营风险带来的影响可能截然不同，然而在这种指标测度下两家企业的金融化水平却是相同的。因此使用金融渠道获利占营业利润的比重度量企业金融化相对而言更为合理。

我们定义金融渠道获利包括非金融企业的投资收益、公允价值变动损益以及其他综合收益（张成思和张步昊，2016），并利用息税前利润[①]对其进行标准化（刘贯春等，2018），具体操作方法为金融渠道获利减去息税前利润的余额除以息税前利润的绝对值。

3. 其他控制变量选取

根据余明桂等（2013）、翟胜宝等（2014）以及李建军和韩珣（2019）的研究，本文在模型中控制了以下变量：托宾Q值（TobinQ）、企业资产收益率（ROA）、企业规模（Size）、财务杠杆（Lev）、企业年龄（Age）、董事会人数（Board）、是否两职合一（Dual）、股权集中度（Top10）以及所有制性质（SOE）。各个变量的详细定义与测度见表1。

表1　　　　　　　　　　　变量定义

变量名称	变量标识	变量定义
经营风险	Risk	企业收益的波动性
企业金融化程度	Fin	（金融渠道收益－息税前利润）/｜息税前利润｜
托宾Q值	TobinQ	（流通股市值＋非流通股股数×每股市值＋负债合计）/资产总计
企业资产收益率	ROA	息税前利润/资产总计
企业规模	Size	企业总资产的对数值

[①] 之所以采用息税前利润而非营业利润进行标准化，是因为考虑到利息收入冲减财务费用的情形，使用营业利润可能并不合适，下文也采用了这种标准化方式进行稳健性检验。

续表

变量名称	变量标识	变量定义
企业财务杠杆	Lev	企业总负债与总资产的比值
企业年龄	Age	观测年份减去企业成立年份加1后的对数值
企业董事会人数	Board	企业董事会人数加1后的对数值
是否两职合一	Dual	如果公司董事长和总经理由一人兼任,该值取1,否则取0
股权集中度	Top10	企业前十大股东持股比例(%)
所有制性质	SOE	如果企业的实际控制人为国有单位,则取1,否则取0

本文的原始样本是2006—2019年中国沪深A股的非金融企业与非房地产企业,由于需要利用前一年与后一年的数据计算企业的经营风险,因此最终参与基准模型回归的数据的观测期在2007—2018年,我们剔除了ST类、已退市以及观测期不满10年的样本,最终获得1586家企业在2007—2018年的17123个观测值,同时我们对连续变量进行了上下1%的缩尾处理。数据来自国泰安数据库(CSMAR)和CNRDS数据库。受篇幅限制未报告描述性统计结果。

四、实证分析

(一) 基准模型估计结果与分析

表2第(1)列单独考察了企业金融化水平对经营风险的影响,Fin的系数估计值为0.0171,且在1%的水平上显著,说明企业对金融渠道获利的依赖程度越高,企业的经营风险越高。第(2)列至第(4)列依次加入本文设定的控制变量、行业固定效应[①]、时间固定效应,Fin的系数估计值均在1%的水平上为正。第(5)列、第(6)列展示的是在考虑控制变量的情形下,依次加入个体固定效应与时间固定效应的系数估计结果,核心解释变量系数估计值的符号与显著性仍然未变。

由于第(4)列(加入控制变量、行业固定效应、时间固定效应)估计结果调整后的R^2最高,我们依据该结果进行分析。Fin的系数估计值为0.0109,该估计结果在1%的水平上显著,说明当控制其他变量不变时,企业金融化水平每上升1个单位,其经营风险会增加0.0109个单位。假设1得到验证。

表2 基准模型估计结果

变量	(1) Risk	(2) Risk	(3) Risk	(4) Risk	(5) Risk	(6) Risk
Fin	0.0171***	0.0120***	0.0113***	0.0109***	0.0069***	0.0071***
	(0.0011)	(0.0009)	(0.0009)	(0.0009)	(0.0010)	(0.0010)

---

① 本文依据中国证监会在2012年颁布的《上市公司行业分类指引》中的二级分类对企业所在行业进行划分。

续表

变量	(1) Risk	(2) Risk	(3) Risk	(4) Risk	(5) Risk	(6) Risk
TobinQ		0.0086*** (0.0008)	0.0074*** (0.0008)	0.0100*** (0.0008)	0.0022** (0.0011)	0.0045*** (0.0013)
ROA		-0.0064 (0.0208)	-0.0065 (0.0206)	-0.0356* (0.0209)	0.0039 (0.0214)	-0.0083 (0.0214)
Size		-0.0109*** (0.0007)	-0.0118*** (0.0007)	-0.0083*** (0.0007)	-0.0257*** (0.0031)	-0.0222*** (0.0031)
Lev		0.0850*** (0.0054)	0.0846*** (0.0053)	0.0760*** (0.0053)	0.1020*** (0.0125)	0.0963*** (0.0122)
Age		-0.0029* (0.0017)	-0.0040*** (0.0016)	0.0021 (0.0018)	0.0128* (0.0066)	0.0315** (0.0128)
Board		-0.0026 (0.0038)	-0.0038 (0.0037)	-0.0069* (0.0037)	-0.0090 (0.0083)	-0.0108 (0.0082)
Dual		-0.0018 (0.0016)	-0.0001 (0.0015)	0.0007 (0.0015)	0.0013 (0.0031)	0.0017 (0.0031)
Top10		0.0002*** (0.0000)	0.0001*** (0.0000)	0.0001*** (0.0000)	0.0002 (0.0001)	0.0002* (0.0001)
SOE		-0.0062*** (0.0013)	-0.0087*** (0.0013)	-0.0109*** (0.0013)	-0.0168* (0.0089)	-0.0180** (0.0088)
常数项	0.0563*** (0.0010)	0.2428*** (0.0153)	0.2900*** (0.0163)	0.2097*** (0.0178)	0.5489*** (0.0535)	0.4335*** (0.0632)
行业固定效应	否	否	是	是	否	是
时间固定效应	否	否	否	是	否	是
个体固定效应	否	否	否	否	是	是
样本量	17123	17123	17123	17123	17123	17123
调整后的R^2	0.028	0.122	0.248	0.261	0.087	0.095

注：括号内为聚类到公司层面的稳健标准误；*、**和***表示10%、5%和1%的显著性水平；下表同。

（二）稳健性检验

1. 更换经营风险的代理变量

借鉴余明桂等（2013a，2013b）、李建军和韩珣（2019）的做法，采用经年份和行业调整后的资产收益率（ROA）从第 t 年到第（t+2）年的标准差作为经营风险的代理变量，记作 Risk2。采用经年份和行业调整后的资产收益率从第（t-1）年到第（t+1）年的极差作为企业经营风险的代理变量，记作 Risk3。此外，考虑到标准差可能还包括了企业收益的上行波动，为了分离出企业收益的下行风险，本文采用经年份和行业调整后的资产收益率从第（t-1）年到第（t+1）年的半方差的平方根作为经营风险的代理变量，记作 Risk4 具体计算公式如下。其中 Ave 表示 adjROA 的均值，n 等于从第 (t-1) 年到第 (t+1) 年 adjROA 小于平均值的样本个数。

$$Risk4_{it} = \sqrt{\frac{1}{n} \times \sum_{adjROA < Ave}(Ave - adjROA)^2} \qquad 式（2）$$

从经营风险代理变量更换后的系数估计结果可以看出，无论用何种变量衡量企业的经营风险，Fin 的系数估计值依然保持在 1% 的水平上为正。我们的结论依然稳健。

2. 更换金融化水平的代理变量

根据张成思和张步昊（2016），企业通过金融渠道取得的收益可分为广义口径和狭义口径，本文在基准回归中采用的是广义口径下，企业通过金融渠道获利，利用息税前利润标准化后的值作为企业金融化水平的代理变量。而在狭义口径下，企业通过金融渠道获利包括非金融企业的投资收益、公允价值变动损益、净汇兑收益扣除对联营和合营企业的投资收益。本文使用息税前利润对狭义口径下的金融渠道获利进行标准化，作为企业金融化水平的代理变量，记作 Fin2。借鉴杨筝等（2019），使用广义口径下金融渠道获得收益与营业收入的比值衡量企业的金融化水平，记作 Fin3。此外，参考张成思和张步昊（2016）的做法，使用营业利润分别对广义口径和狭义口径下的金融渠道获利进行标准化，分别记作 Fin4 和 Fin5。

将企业金融化水平的代理变量更换后的系数估计结果表明，企业金融化水平的系数估计值在上述稳健性检验下依然保持在 1% 的水平上为正数。因此，本文得到的金融化推升企业经营风险的结论是合理的。

（三）内生性问题缓解

根据彭俞超和黄志刚（2018），企业的经营风险可能会反向决定企业的金融化水平，为了缓解模型的内生性问题，我们采用 PSM-DID 和 IV-2SLS/GMM2S 重新对利润追逐视角下企业金融化的水平与经营风险的关系进行检验。

1. 倾向得分匹配—双重差分法

2013 年 7 月 20 日，经国务院批准，中国人民银行决定全面放开金融机构贷款利率管制。贷款利率下限的放开，有利于促进商业银行之间的竞争，降低金融业的超额回报率（彭建刚等，2016），进而抑制了利润追逐动机下企业的金融化行为（杨筝等，2019）。本文认为取消贷款利率下限具有事前的不可预测性，并且影响深远，适宜作为本文研究所需的外生政策事件。

具体而言，本文采用双重差分法，将高金融化的企业作为受干预的实验组，控制样本组则为低金融化的企业。① 由于贷款利率管制放开的时间为 2013 年 7 月，考虑到政策影响

---

① 针对本文双重差分法的一个疑虑是：双重差分法假设存在一个只会影响干预组的外生冲击，而该冲击对控制组不存在影响，但是本文使用的贷款利率管制放开政策可能并不符合这一假设，因为该政策对全国所有企业都存在冲击。这种疑虑不无道理，但是根据王茂斌和孔东民（2016），社会经济生活中很难找到完全不受政策冲击的控制组。同时，目前很多学者将双重差分法用于识别干预组中不同群体受到的冲击（Ahern and Dittmar, 2012）。更为重要的是，此处使用双重差分法依赖的假设是：贷款利率管制放松的政策效应在不同金融化水平的企业存在变异性。这一假设较为合理。

的时滞性，我们选择2014年及其之后的时间作为事件后的时间窗口，而在2013年及其之前的时间作为事前影响窗口。同时，以2006年企业金融化水平的中位数作为分组依据，2006年金融化水平大于等于该值的企业划分进实验组，小于该值的企业划分进控制组。①

为了减轻样本选择偏误的问题，本文在采用双重差分法之前，首先使用倾向得分匹配法对实验组和控制组的样本进行匹配。② 具体而言，以企业的资产规模（Size）、财务杠杆（Lev）、经营绩效（ROA）、固定资产净额与总资产的比值（PPE）以及企业年龄（Age）作为协变量机型Probit回归，以预测值作为得分，最后采用最近邻域匹配的方法进行一对一匹配。匹配之后各变量在实验组与控制组不存在统计意义上的显著差异，且标准化偏差均小于2%，大部分协变量匹配后的标准化偏差都低于匹配前的水平（如图2所示）。

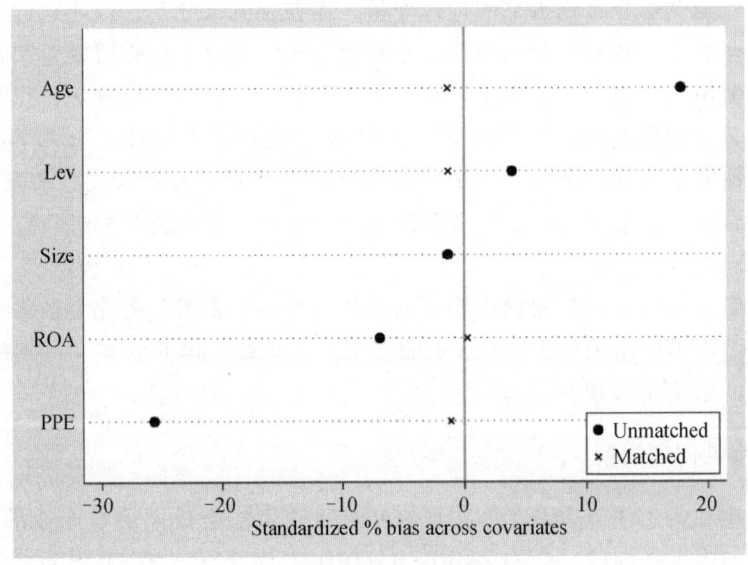

图2 各变量标准化偏差图示

受篇幅限制，本文未展示倍差法的回归结果，交乘项的系数估计值均在1%的水平上为负数，这表明其他变量保持不变时，利润追逐动机下企业的金融化水平越高，其经营风险将越高。这与我们在基准回归中得到的结论一致。③

2. 工具变量法

借鉴彭俞超等（2018）、胡海峰等（2020）的研究，本文选取同行业企业金融化水平的均值（记作FinIV1）、同省份企业金融化水平的均值（记作FinIV2）作为Fin的工具变量，在计算均值过程中剔除了本公司样本。因为一家企业的投资决策可能会受到同行业与同地区企业的影响，所以金融化水平具有关联性，而同行业或同地区企业的金融化水平不会对企业自身的经营风险产生直接影响。因此本文采用二阶段最小二乘法与二步最优广义

---

① 使用2006年企业金融化水平的中位数作为划分依据的好处在于：第一，2006年不在本文实证的观测期内，具有一定的外生性；第二，企业的资产配置和投资偏好具有惯性和路径依赖。

② 我们也使用了匹配后的样本对基准回归模型进行估计，核心解释变量的系数估计值在符号与显著性上没有出现根本变化。

③ 笔者也对控制组和实验组的经营风险进行了同趋势检验，篇幅限制未展示，感兴趣的读者可以找笔者索要。

矩估计进行检验。一阶段的回归结果均显示，工具变量对 Fin 的回归系数在 1% 的水平上为正，F 值为 69.23，因此排除了弱工具变量的问题。二阶段的回归结果表明，剔除内生性的核心解释变量 Fin 对 Risk 的回归结果在 1% 的水平上显著为正，与本文基准回归的结果一致。此外，Hansen's J 检验的 P 值均为 0.5136，说明至少在 10% 的水平上，我们无法拒绝工具变量与随机扰动项不相关的原假设。受篇幅限制，未展示工具变量法估计结果。

五、机制分析

（一）金融化、产品市场竞争力与企业经营风险

参考魏志华和朱彩云（2019）的研究，本文采用企业的市场份额来衡量其产品市场竞争力，计算公式为，市场份额 = 企业当年营业收入 / 当年行业内所有企业的营业收入总和。该值越大，意味着企业的产品或服务在市场中更受消费者的青睐，市场竞争力更强。

系数估计结果表明，Fin 的回归系数在 1% 的水平上显著为负，说明在其他变量保持不变时，金融化水平越高，企业的产品市场竞争力越弱。Fin 和 Share 的交乘项在 10% 的水平上显著为负，表明企业的金融化水平上升时，其产品市场竞争力越弱，经营风险越高。上述的回归结果表明，金融化水平的提升通过降低企业的产品市场竞争力，推升了企业的经营风险。

（二）金融化、持续经营能力与企业经营风险

参考胡海峰等（2020）的研究，本文采用企业营业收入的增长率作为企业持续经营能力的代理变量。Fin 的回归系数在 1% 的水平上显著为负，说明企业金融化水平的提升会削弱其持续经营的能力。Fin 与 Growth 的交乘项在 1% 的水平上显著为负，说明当企业的金融化水平上升时，持续经营能力的下降会推升企业的经营风险。上述的回归结果表明，金融化通过削弱企业的持续经营能力，推动了企业经营风险的上升。

（三）金融化、融资约束与企业经营风险

借鉴徐思等（2019）的研究，我们采用 KZ 指数衡量企业的融资约束，该指数越大，说明企业承担的融资约束越严重。结果表明，利润追逐动机下企业金融化的水平越高，那么其承担的融资约束将越严重。Fin 和 KZ 交乘项的回归系数显著为正，说明当企业金融化水平升高时，企业的融资约束越严重，其所承担的经营风险将越高。上述实证结果说明，金融化通过加剧企业的融资约束，促进了企业经营风险的上升。

六、进一步讨论

（一）金融化、所有制性质与企业经营风险

为了验证利润追逐动机下企业金融化对经营风险的影响在所有制性质上的异质性，我

们采用考虑个体固定效应和年度固定效应的双向固定效应模型,[①] 根据企业的所有制性质进行分组回归。回归结果显示：对国有企业而言，Fin 的回归系数为 0.0049，该估计结果在 1% 的水平上显著；对非国有企业而言，Fin 的回归系数为 0.0085，该估计结果在 1% 的水平上显著。上述回归结果说明，相较于国有企业，金融化对非国有企业经营风险的推升作用更强。这表明，由于多数处于上游市场的垄断地位，以及能够获得"预算软约束"的隐性支持，国有企业经营风险受金融化的影响相对更小。[②]

（二）金融化、企业规模与企业经营风险

本文采用双向固定效应模型检验金融化对企业经营风险的影响在企业规模上的异质性。我们将规模（Size）大于 75% 分位数的企业认定为大企业，同时，将规模（Size）小于 25% 分位数的企业认定为小企业。回归结果显示：对大企业而言，Fin 的回归系数为 0.0045，该结果在 1% 的水平上显著；对小企业而言，Fin 的回归系数为 0.0084，该结果在 1% 的水平上显著。这意味着，相较于大企业，金融化对小企业经营风险的促进作用更强。上述检验结果表明：凭借着完整的产业链、稳定的市场需求、明确的分工体系与完善的内控机制，规模较大企业的经营风险受金融化的冲击更小。

（三）金融化、收益率分化与企业经营风险

检验结果显示，当企业持有的金融资产与实体资产的收益率分化越严重时，金融化对企业经营风险的推升作用越强。这表明，企业持有资产的收益率差距越大，金融化对企业主营业务的"挤出效应"越强，同时金融资产的价格波动率越高，进而使企业的经营风险越高。

（四）金融化、经济政策不确定性与企业经营风险

本文利用金融化与经济政策不确定性的交互项来探讨经济政策不确定性如何影响金融化对企业经营风险的作用力度。本文采用 Huang and Luk（2018）开发的中国经济政策不确定性指数作为经济政策不确定性（EPU）的代理变量。回归结果显示，无论采用固定效应模型还是混合 OLS，Fin 与 EPU 交乘项的回归系数均显著为负数（分别在 1% 与 5% 的水平上显著），这表明经济政策不确定性的上升能够降低每单位金融化给企业带来的经营风险。

（五）金融化、货币政策状态与企业经营风险

为了检验货币政策状态如何影响金融化对企业经营风险的作用力度，本文依据货币政策宽松程度进行分组回归。借鉴刘莉亚等（2019），本文采用银行间市场隔夜回购利率的年度均值作为货币政策状态的代理变量，大于等于该序列值中位数的样本划分为货币政策紧缩状态，否则属于货币政策宽松状态。回归结果如显示，在货币政策宽松状态下，Fin

---

[①] 模型中的控制变量除不包含企业所有制性质（SOE）以外，和基准模型设定的控制变量一致。
[②] 回归报告受篇幅限制未在文章中展示。

的回归系数为 0.0057，而在货币政策紧缩状态下，Fin 的回归系数为 0.0071，系数估计结果均在 1% 的水平上显著，这表明在货币政策紧缩状态下，金融化对企业经营风险的推升作用更强。

七、结论和政策建议

基于 2007—2018 年中国沪深两市 A 股上市公司的经验数据，本文探讨了利润追逐动机下金融化与实体企业经营风险的关系。研究结果表明：①利润追逐动机下金融化会推升企业的经营风险，并且，我们以放松贷款利率管制为背景进行倍差法、使用同行业同地区企业的金融化水平均值作为工具变量来缓解模型内生性后，发现该结论依然稳健。②利润追逐动机下企业金融化通过削弱企业产品市场竞争力和持续经营能力、加剧企业的融资约束，推升了经营风险。③对不同特征、不同状态的企业来说，利润追逐动机下企业金融化对经营风险的作用程度不同，具体而言：对于非国有企业、小规模企业、持有的金融资产和实体资产收益率差距更大的企业，金融化对其经营风险的推升作用更强；而在较低的经济政策不确定性和紧缩的货币政策状态下，金融化对实体企业经营风险的推升作用更强。

本文的政策含义是：第一，在防控实体经济运行风险的过程中，监管部门应该重点关注实体企业对金融渠道获得收益的依赖程度，并通过降低税收等方式鼓励企业利用金融渠道获得收益对主营业务进行"反哺"，提高企业的全要生产率，促进实体经济的高质量发展，构建实体经济与金融系统间的良性互动；第二，稳步推进利率市场化改革，建设多层次、多元化的金融体系，促进金融行业内的良性竞争，降低金融行业的超额利润率，实现实体经济和金融体系利润率的均等化；第三，坚持推行稳健的货币政策，重视货币政策收紧对资产价格、系统性金融风险以及实体经济运行风险的影响；第四，货币当局和财政部门应当继续推行对非国有企业和小规模企业的定向支持政策，降低其融资成本和交易成本，优化营商环境，引导资金流向实物资本投资和研发创新，实现实体经济的"脱虚向实"，减轻实体经济的运行风险。

参考文献

[1] 陈国进，王少谦. 经济政策不确定性如何影响企业投资行为 [J]. 财贸经济，2016（5）：5-21.

[2] 戴静，刘贯春，许传华，等. 金融部门人力资本配置与实体企业金融资产投资 [J]. 财贸经济，2020，4（41）：35-49.

[3] 杜勇，邓旭. 中国式融资融券与企业金融化——基于分批扩容的准自然实验 [J]. 财贸经济，2020，2（41）：69-83.

[4] 杜勇，谢瑾，陈建英. CEO 金融背景与实体企业金融化 [J]. 中国工业经济，2019（5）：136-154.

[5] 杜勇，张欢，陈建英. 金融化对实体企业未来主业发展的影响：促进还是抑制 [J]. 中国工业经济，2017（12）：113-131.

[6] 胡海峰，窦斌，王爱萍. 企业金融化与生产效率 [J]. 世界经济, 2020, 1 (43)：70-96.

[7] 胡利琴，陈锐，班若愚. 货币政策、影子银行发展与风险承担渠道的非对称效应分析 [J]. 金融研究, 2016 (2)：154-162.

[8] 胡奕明，王雪婷，张瑾. 金融资产配置动机："蓄水池"或"替代"？——来自中国上市公司的证据 [J]. 经济研究, 2017, 1 (52)：181-194.

[9] 黄昕，平新乔. 行政垄断还是自然垄断——国有经济在产业上游保持适当控制权的必要性再探讨 [J]. 中国工业经济, 2020 (3)：81-99.

[10] 李建军，韩珣. 非金融企业影子银行化与经营风险 [J]. 经济研究, 2019, 8 (54)：21-35.

[11] 林毅夫，刘明兴，章奇. 政策性负担与企业的预算软约束：来自中国的实证研究 [J]. 管理世界, 2004 (8)：81-89, 127, 156.

[12] 刘贯春. 金融资产配置与企业研发创新："挤出"还是"挤入" [J]. 统计研究, 2017, 7 (34)：49-61.

[13] 刘贯春，刘媛媛，闵敏. 经济金融化与资本结构动态调整 [J]. 管理科学学报, 2019, 3 (22)：71-89.

[14] 刘贯春，刘媛媛，张军. 金融资产配置与中国上市公司的投资波动 [J]. 经济学（季刊）, 2019, 2 (18)：573-596.

[15] 刘贯春，张军，刘媛媛. 金融资产配置、宏观经济环境与企业杠杆率 [J]. 世界经济, 2018 (1)：148-173.

[16] 刘海明，李明明. 货币政策对微观企业的经济效应再检验——基于贷款期限结构视角的研究 [J]. 经济研究, 2020, 2 (55)：117-123.

[17] 刘莉亚，等. 僵尸企业与货币政策降杠杆 [J]. 经济研究, 2019, 9 (54)：73-89.

[18] 刘瑞明，石磊. 上游垄断、非对称竞争与社会福利——兼论大中型国有企业利润的性质 [J]. 经济研究, 2011, 12 (46)：86-96.

[19] 刘姝雯，刘建秋，阳旸，等. 企业社会责任与企业金融化：金融工具还是管理工具？[J]. 会计研究, 2019 (9)：57-64.

[20] 刘伟，曹瑜强. 机构投资者驱动实体经济"脱实向虚"了吗 [J]. 财贸经济, 2018, 12 (39)：80-94.

[21] 彭建刚，王舒军，关天宇. 利率市场化导致商业银行利差缩窄吗？——来自中国银行业的经验证据 [J]. 金融研究, 2016 (7)：48-63.

[22] 彭俞超，韩珣，李建军. 经济政策不确定性与企业金融化 [J]. 中国工业经济, 2018 (1)：137-155.

[23] 彭俞超，黄志刚. 经济"脱实向虚"的成因与治理：理解十九大金融体制改革 [J]. 世界经济, 2018 (9)：3-25.

[24] 彭俞超，倪骁然，沈吉. 企业"脱实向虚"与金融市场稳定——基于股价崩盘风险的视角 [J]. 经济研究, 2018, 10 (35)：50-66.

[25] 戚聿东,张任之. 金融资产配置对企业价值影响的实证研究[J]. 财贸经济, 2018 (5): 38-52.

[26] 史金艳,杨健亨,李延喜,等. 牵一发而动全身:供应网络位置、经营风险与公司绩效[J]. 中国工业经济, 2019 (9): 136-154.

[27] 宋军,陆旸. 非货币金融资产和经营收益率的U形关系[J]. 金融研究, 2015 (6): 111-127.

[28] 宋全云,李晓,钱龙. 经济政策不确定性与企业贷款成本[J]. 金融研究, 2019 (7): 57-75.

[29] 王红建,李茫茫,汤泰劼. 实体企业跨行业套利的驱动因素及其对创新的影响[J]. 中国工业经济, 2016 (11): 73-89.

[30] 王茂斌,孔东民. 反腐败与中国公司治理优化:一个准自然实验[J]. 金融研究, 2016 (8): 159-174.

[31] 魏志华,朱彩云. 超额商誉是否成为企业经营负担——基于产品市场竞争能力视角的解释[J]. 中国工业经济, 2019 (11): 174-192.

[32] 谢家智,王文涛,江源,"制造业金融化、政府控制与技术创新",《经济学动态》, 2014年第11期, 78-88.

[33] 谢绚丽,赵胜利. 中小企业的董事会结构与战略选择——基于中国企业的实证研究[J]. 管理世界, 2011 (1): 101-111.

[34] 徐思,何晓怡,钟凯. "一带一路"倡议与中国企业融资约束[J]. 中国工业经济, 2019 (7): 155-173.

[35] 徐臻阳,鄢萍,吴化斌. 价格指数背离、金融摩擦与"去杠杆"[J]. 经济学(季刊), 2019, 4 (18): 1187-1208.

[36] 闫海洲,陈百助. 产业上市公司的金融资产:市场效应与持有动机[J]. 经济研究, 2018, 7 (53): 152-166.

[37] 杨筝,王红建,戴静,等. 放松利率管制、利润率均等化与实体企业"脱实向虚"[J]. 金融研究, 2019 (6): 20-38.

[38] 余明桂,李文贵,潘红波. 管理者过度自信与企业风险承担[J]. 金融研究, 2013 (1): 149-163.

[39] 余明桂,李文贵,潘红波. 民营化、产权保护与企业风险承担[J]. 经济研究, 2013, 9 (48): 112-124.

[40] 翟胜宝,张胜,谢露,等. 银行关联与企业风险——基于我国上市公司的经验证据[J]. 管理世界, 2014 (4): 53-59.

[41] 张成思. 金融化的逻辑与反思[J]. 经济研究, 2019, 11 (54): 4-20.

[42] 张成思,张步昙. 中国实业投资率下降之谜:经济金融化视角[J]. 经济研究, 2016, 12 (51): 32-46.

[43] 张成思,郑宁. 中国实业部门金融化的异质性[J]. 金融研究, 2019 (7): 1-18.

[44] 张成思,郑宁. 中国非金融企业的金融投资行为影响机制研究[J]. 世界经

济, 2018, 12 (41): 3 - 24.

[45] Aalbers, M. B. "The Financialization of Home and the Mortgage Markets Crisis." Competition & Change, 2008, 12 (2): 148 - 166.

[46] Baks, K., and C. Kramer, "Global Liquidity and Asset Prices: Measurement Implication and Spillover", IMF Working Paper, 1999, 99 (168): 1 - 33.

[47] Bordo, M. D., and O. Jeanne, "Monetary Policy and Asset Prices: Does 'Benign Neglect' Make Sense?", International Finance, 2002, 5 (2): 139 - 164.

[48] Congdon, T., "Money and Asset Prices in Boom and Bust, Institute of Economic Affair", IEA Hobart Paper, 2005: 153.

[49] Demir, F., "Financial Liberalization, Private Investment and Portfolio Choice: Financialization of Real Sectors in Emerging Markets." Journal of Development Economics, 2009, 88 (2): 314 - 324.

[50] Froud, J., C. Haslam, S. Johal, and K. Williams., "Shareholder Value and Financialization: Consultancy Promises, Management Moves", Economy and Society, 2000, 29 (1): 80 - 120.

[51] Gerdesmeier, D., H. E. Reimers, and B. Roffia, "Asset Price Misalignments and the Role of Money and Credit", International Finance, 2009, 13 (3): 377 - 407.

[52] Halkos, G. E. and Tzeremes, N. G., "Productivity Efficiency and Firm Size: An Empirical Analysis of Foreign Owned Companies." International Business Review, 2007, 16 (6): 713 - 731.

[53] Huang, Y. and P. Luk., "Measuring Economic Policy Uncertainty in China." Hong Kong Baptist University Working Paper, 2018.

[54] Kornai, Janos., "The Soft Budget Constraint", Kyklos, 1986, 39 (1): 3 - 30.

[55] Palley, T. I., "Financialization: What It Is and Why It Matters?" The Levy Economics Institute Working Paper, 2007: 525.

[56] Palley, T. I., Financialization: The Economics of Finance Capital Domination. London: Palgrave Macmillan, 2013: 17 - 40.

宏观经济环境与分析师评级变动价值效应

一、引言

卖方分析师作为资本市场中的信息中介,从宏观环境、行业、公司等层面搜集和分析信息并对上市公司的未来盈利和投资价值进行预测判断,起到连接投资者和上市公司之间桥梁的作用,在降低信息不对称性、提高资本市场运行效率等方面扮演重要角色。近年来,随着我国证券市场的快速发展,证券分析师行业也呈现快速增长的发展趋势,分析师人数从2000年的815人上升到2017年的2314人,其中2014年时最多有2866人,分析师发布的评级报告数量也从2003年的953份增加到2016年的57503份。高速增长的背后,对分析师的职业能力和道德水平的质疑一直存在,受制于"研究换佣金"的营利模式以及维护与上市公司管理层关系的工作需求,卖方分析师所面临的利益冲突和存在的乐观偏见在一定程度上会误导投资者,甚至扭曲市场价格。2018年新财富最佳分析师评选中的不正当拉票行为更是将卖方分析师行业推至风口浪尖,30多家券商主动退出新财富评选。

为了促进分析师行业的健康规范发展,帮助投资者更好地利用分析师所提供的信息,许多围绕分析师报告价值及其影响因素的研究逐渐展开。目前针对影响因素的研究主要集中于分析师特征如经验、声誉等以及上市公司特征如规模、股权集中度等角度,而仅有少量国外文献关注到宏观经济环境对分析师报告价值的影响(Roger & Rene,2018)。尽管我国资本市场经过几十年的发展和改善取得了令人瞩目的成绩,但其运行效率相对于美国等成熟的资本市场仍有一定差距。第一,中国关于公司上市、退市等制度监管还不够完善,导致一些真正需要资金发展的好企业上市困难,而一些经营业绩不佳沦为"壳"公司的企业依然能为利用者带来巨大收益。第二,沪深交易所于2010年3月31日起施行试点融资融券交易以来,我国融资融券制度依然面临标的品种少、客户身份信息要求高、客户与券商之间利益冲突加剧等问题,使其卖空功能发挥受限,被高估公司的股价泡沫在短期难以出清,市场反应存在滞后性而在情绪爆发时通过暴跌释放(储剑和方军雄,2016)。第三,我国散户投资者占比远高于美国,交易频率更高,投机行为更多(Pan et al.,2015),更容易受情绪面影响做出非理性决策,导致妖股频出,分析师意见对股票收益的作用也更容易被散户投资者的预期和偏好影响。

鉴于中美股市的差异，本文旨在探究宏观经济环境对我国分析师评级报告价值的影响。考虑到分析师发布的负面报告可能会损害其所在证券公司与上市公司之间的业务联系，他们做出评级决策时往往具有乐观预测倾向，且实证研究表明，分析师评级变化比评级本身信息含量更大（Boni & Womack，2006；李雪，2007），因此本文采用分析师评级变化衡量其研究价值。以 2007—2017 年我国分析师对 A 股上市公司评级变动数据为样本，回归结果表明金融危机或熊市时，分析师评级变化更有价值，且市场的滞后反应更强。

本文的贡献主要体现在以下几点：第一，不同于以往文献对我国分析师所提供信息的价值的研究，本文从宏观经济环境这一新的视角出发，丰富了有关分析师价值的影响因素的实证研究；第二，揭示了分析师评级变化价值在经济衰退时更大，且市场反应存在明显的滞后效应，对投资者、证券分析师等市场主体有重要的实践价值，也为进一步推动我国卖方分析师行业发展提供了理论支持。

二、文献综述与研究假设

（一）文献综述

1. 分析师研究报告价值的相关研究

分析师提供信息的价值一直是学术界研究的经典话题，然而，学者们对分析师报告的价值尚未达成一致看法。一方面，大量研究表明分析师评级和盈余预测能够提高股票价格中的信息含量（Francis & Soffer，1997；Ivkovi & Jegadeesh，2004；Schutte & Unlu，2009；朱红军等，2007），且相应股票在评级信息发布后仍能够带来显著的同方向超额收益率（Elton et al. 1986；Stickel，1995；Wormack，1996），肯定了分析师在证券市场中的积极作用。另一方面，一些研究发现根据分析师评级买入或卖出股票的投资策略在扣除交易费用后无法带来显著的超额收益（Barber et al. 2001；Altınkılıç et al. 2016），并且分析师荐股时的乐观偏见、羊群效应也使他们所提供信息的价值受到质疑（Francis & Philbrick，1993；Easterwood & Nutt，1999；O'Brien et al. 2005；蔡庆丰等，2011；许年行等，2012）。尽管学界针对卖方分析师提供信息的价值仍存在争议，但一般认为忽略交易费用时分析师的评级变化能够带来超额收益（Boni & Womack，2006；李雪，2007），并且在实际中分析师报告和盈余预测对中小投资者、基金经理等仍起到一定的指导作用，故本文在不考虑交易费用的前提下，进一步探究分析师评级变化价值及其影响因素。

2. 分析师研究报告价值的影响因素的相关研究

卖方分析师研究报告的价值受到多方面因素的影响。分析师经验方面，Mikhail 等（1997）发现分析师跟踪个股的时间与其预测精确性正相关；张宗新和姚佩怡（2017）以我国分析师预测数据为样本文表明，分析师预测准确性随跟踪个股年限的增长而提高是由于与所跟踪公司建立了良好的合作关系，并非研究能力的提升。分析师声誉方面，Stickel（1992）发现"全美"分析师上调盈余预测时所带来的市场反应显著高于普通分析师；

Fang & Yasuda（2014）发现声誉较高的明星分析师绩效更好；李丽青（2012）发现我国《新财富》杂志评选的最佳分析师的盈余预测准确性高于普通分析师。分析师数量方面，Ljungqvist 等（2007）、Groysberg 等（2011）的研究表明关注同一行业的分析师之间存在竞争关系；吴偎立等（2018）指出明星分析师和高经验值分析师数量增多对分析师信息质量有负面影响，而非明星分析师和低经验值分析师数量对分析师信息质量无显著影响。上市公司特征方面，Stickel（1995）发现公司规模与市场反应程度负相关；Huang 等（2015）指出我国分析师对国有控股公司的盈余预测存在更大的乐观偏差；高明华等（2010）发现我国上市公司股权集中程度与分析师预测准确性显著正相关。

尽管众多研究围绕分析师所提供信息价值的影响因素展开，但仅有少量国外文献研究了宏观经济环境对分析师报告价值的影响。Roger & Rene（2018）以美国股票市场及分析师预测数据为样本，通过实证研究发现卖方分析师的评级变化和盈余预测修订在经济衰退和危机时能带来更多超额收益率，且考虑不确定性后其预测结果在经济衰退和危机时更加准确。由于目前没有文献关注这一因素对我国分析师报告价值的影响，考虑到中美股票市场存在众多差异，本文从宏观经济环境的角度出发，研究其对我国卖方分析师评级变动价值的影响。

（二）研究假设

宏观经济环境的好坏既可能影响分析师发布的评级，也可能影响投资者的投资决策。卖方分析师为其所属券商创造的收入主要来自买方购买其承销的股票或通过其所属券商交易并按比例支付佣金，宏观经济环境不好时，交易量下降，证券公司收入减少，卖方分析师的收入和奖金也随之降低。一方面，收入降低可能导致他们工作热情下降，使他们所提供信息的价值变低。另一方面，证券公司业绩低迷使分析师面临行业内更为激烈的竞争，他们在竞争之下会更加努力工作，提供更有价值的信息（Merkley 等，2017）。同时，总体交易量的下降一定程度上降低了分析师下调评级可能付出的代价，有助于分析师站在更客观的角度审视公司当前估值的合理性，从而给出更有价值的研究报告。

Kacperczyk & Seru（2007）指出投资者对公共信息的信赖程度与他们自身所拥有信息的准确程度负相关，当关于某股票信息的可得性越差或不确定性越高时，分析师意见的影响越大。在宏观经济环境不好时，股票市场波动性较大，尽管这种不确定性增加了分析师的预测的难度，但对于专业知识储备不足、信息资源相对较少的散户投资者来说判断难度更大，故他们更可能依据分析师评级报告进行决策，使其评级调整在金融危机或股市处于熊市时更有价值。综合以上分析，本文提出以下假设：

假设 1：分析师评级变化在宏观经济环境不好时更有价值。

实证研究发现投资者对分析师报告的反应存在类似于市场对盈余公告反应的事后漂移现象（Bernard & Thomas，1989；Bernard & Thomas，1990；Womack，1996），现有研究对滞后反应的解释主要集中在报告所含信息价值和投资者有限注意力两个方面。一方面，分析师发布信息的价值与市场反应的滞后性负相关，Stickel（1992）指出券商所拥有的资源、提供的研究条件以及分析师自身的声誉均会影响研究报告的价值，其他条件相同时，投资者对大券商和明星分析师发布的研究报告反应的滞后性较弱。另一方面，集中披露的大量信息会分散投资者有限的注意力,增大其反应的滞后性(Barber & Odean, 2007; Corwin & Coughenour, 2008);方军雄等(2018)对我国证券分析师行业中注意力分散现象的研究表明,竞争性信息越多,投资者对分析师评级变化的即期反应越弱,滞后反应的程度越大。由于金融危机或熊市时市场不确定性较大、竞争性信息较多、投资者心态不稳定,故本文认为市场对分析师评级变化的滞后反应在宏观经济环境不好时更强,据此提出以下假设:

假设2:宏观经济环境不好时,市场对分析师评级变化反应的滞后性更大。

三、研究设计

(一)样本数据

本文所使用的分析师评级变动数据、公司财务指标、股票波动率指标、分析师及其所在券商信息均来自国泰安(CSMAR)数据库。由于国泰安数据库中2007年之前分析师评级变动的数据很少,故选取2007—2017年数据为研究样本,剔除所有属于金融行业的公司以及存在缺失值的数据后,最终得到11779个回归样本,其中4622个为下调评级,7157个为上调评级。考虑到股市处于大牛市或大熊市时更易出现极端值,为保证数据准确性,本文未进行缩尾处理。

(二)模型设计与变量定义

本文参考Roger等(2018),采用模型(1)验证假设:

$$CAR[0, 21] = \alpha_0 + \alpha_1 RankCH + \alpha_2 RankCH \times Time + \gamma_1 RankCH \times X_1 + \gamma_2 X_2 + \varepsilon$$

式(1)

其中,Time是表示宏观经济环境好坏的虚拟变量,本文采用两种不同方式衡量宏观经济环境好坏,一是是否发生金融危机(Financial crisis),将2008年金融危机(2007.7.1—2009.3.31)期间定义为坏并赋值为1,其余时间定义为好并赋值为0;二是中国股市是否处于熊市(Bear market),参照上证综指,当其从波峰大幅下跌至波谷且此过程维持一定时间时,认为市场处于熊市阶段(Pagan & Sossounov, 2013),2007—2017年主要包括两个大熊市,分别是2007.11.1—2008.11.31上证指数从最高点6124跌至1871和2015.6.1-2016.1.31从4612点跌至2737点,将这两个时期其定义为坏并赋值为1,其余时间定义为好并赋值为0。α_1代表不考虑宏观经济时,分析师评级变化所能带来的超额收益率。α_2衡量宏观经济环境对分析师评级变化价值的影响,若α_2显著为正,则表明被分析师上调评级的股票在宏观经济环境不好时带来了更多的超额收益,而被下调评级的股票带来了更低的超额收益,即宏观经济不好时,分析师评级变化更有价值,可用以验证假设1。将模型中因变量CAR[0, 21]替换为CAR[0, 1]、CAR[2, 21]即可验证假设2。

X_1表示模型中分析师层面的控制变量,包括Star analyst、Experience、Broker size、No. of analysts。X_2表示被研究公司层面的控制变量,包括Company size、B/M ratio、EPS、

Momentum、Volatility。考虑到分析师层面的控制变量对超额收益率的影响与分析师评级变化的方向相关,故在模型中选用交叉变量以保证上调和下调评级时它们的系数符号一致。各变量定义详见表1。

表1 变量定义表

变量符号	变量名称	变量类型	定义或计算公式
CAR[0,21]	[0,21]期间超额收益率	被解释变量	$CAR[0,21] = \prod_{t}^{t+21}(1+Return_{i,t}) - \prod_{t}^{t+21}(1+Market\ Return_t)$(t以日为单位)
CAR[0,1]	[0,1]期间超额收益率	被解释变量	$CAR[0,1] = \prod_{t}^{t+1}(1+Return_{i,t}) - \prod_{t}^{t+1}(1+Market\ Return_t)$(t以日为单位)
CAR[2,21]	[2,21]期间超额收益率	被解释变量	$CAR[2,21] = \prod_{t+2}^{t+21}(1+Return_{i,t}) - \prod_{t+2}^{t+21}(1+Market\ Return_t)$(t以日为单位)
RankCH	分析师评级变化	核心解释变量	若分析师上调评级,则赋值为1;若分析师下调评级,则赋值为-1
Financial crisis	金融危机	核心解释变量	若评级报告发布时间落在金融危机时期(2007.7.1—2009.3.31),则赋值为1;若评级报告发布时间落在其他时期,则赋值为0
Bear market	熊市	核心解释变量	若评级报告发布时间落在大熊市时期(2007.11.1—2008.11.31和2015.6.1—2016.1.31),则赋值为1;若评级报告发布时间落在其他时期,则赋值为0
Star analyst	明星分析师	控制变量	若做出评级调整的分析师是入选"新财富"的分析师,则赋值为1;若不是,则赋值为0
Experience	分析师经验	控制变量	从该分析师做出第一个盈利预测到做出评级调整的会计年度年末季度数
Ln Broker size	券商规模	控制变量	该年度该证券公司有发布研报的分析师数量的自然对数
Ln No. of analysts	分析师数量	控制变量	该年度对被研究公司进行过跟踪分析的分析师数量的自然对数
Log Company size	公司规模	控制变量	该年度被研究公司年初总资产的对数
B/M ratio	账面市值比	控制变量	账面市值比 = 股东权益合计/总市值
EPS	每股收益	控制变量	每股收益 = 净利润/总股数
Momentum	动量效应	控制变量	$Momentum = \prod_{t-2}^{t-12}(1+Return_{i,t}) - \prod_{t-2}^{t-12}(1+Market\ Return_t)$(t以月为单位)
Volatility	个股波动率	控制变量	该评级报告发布日最近250个交易日对数收益率估计出来的波动率

四、实证结果

（一）变量描述性统计

表 2 选取金融危机作为评判宏观经济环境好坏的衡量标准，列示了本文所使用各变量的描述性统计分析。分析师下调评级时，CAR [0, 21]、CAR [0, 1]、CAR [2, 21] 的平均数均为负；而分析师上调评级时，它们的平均数均为正，说明根据分析师评级变化买入或卖出股票能够为投资者带来超额收益，与已有研究一致（Boni and Womack, 2006; 李雪, 2007）。比较金融危机时期和非金融危机时期超额收益率的均值可以发现，除评级上调带来的短期超额收益率（CAR [0, 1]）之外，分析师评级调整所带来的超额收益率在金融危机时期均明显高于非金融危机时期，与假设 1 一致。总体来看，评级下调和上调时 CAR [0, 1] 的平均值均大于 CAR [2, 21]，说明市场对于分析师下调评级存在滞后反应。而金融危机时期，评级下调时 CAR [0, 1] 的均值显著大于 CAR [2, 21]，评级上调时 CAR [0, 1] 的均值显著小于 CAR [2, 21]，表明金融危机时滞后反应程度更大，与假设 2 相符。同时，金融危机时期个股波动率显著高于非金融危机时期，印证了宏观经济环境不好时，股票市场中不确定性更大。选取熊市作为衡量标准时，所得描述性统计结果相同。

表 2　　　　　　　　　　变量描述性统计结果

变量名	总体			金融危机时期			非金融危机时期		
	样本数	平均数	标准差	样本数	平均数	标准差	样本数	平均数	标准差
评级下调									
CAR [0, 21]	4622	-0.032	0.090	398	-0.048	0.127	4224	-0.030	0.086
CAR [0, 1]	4622	-0.011	0.043	398	-0.015	0.054	4224	-0.011	0.042
CAR [2, 21]	4622	-0.021	0.080	398	-0.033	0.118	4224	-0.020	0.075
Star analysts	4622	0.066	0.249	398	0.075	0.264	4224	0.065	0.247
Experience	4622	11.998	9.756	398	8.513	5.931	4224	12.325	9.979
Broker size	4622	41.106	20.550	398	33.603	13.770	4224	41.813	20.940
No of analysts	4622	19.561	11.757	398	22.231	12.376	4224	19.309	11.667
Company size（¥B）	4622	37.265	216.413	398	30.013	108.261	4224	37.948	223.922
B/M ratio	4622	0.925	1.266	398	0.754	1.125	4224	0.941	1.278
EPS	4622	0.763	1.098	398	0.737	0.595	4224	0.765	1.134
Momentum	4622	-0.038	0.478	398	-0.008	0.230	4224	-0.041	0.495
Volatility	4622	0.465	0.158	398	0.673	0.096	4224	0.445	0.148

续表

变量名	总体			金融危机时期			非金融危机时期		
	样本数	平均数	标准差	样本数	平均数	标准差	样本数	平均数	标准差
评级上调									
CAR [0, 21]	7157	0.024	0.130	169	0.049	0.185	6988	0.023	0.128
CAR [0, 1]	7157	0.017	0.050	169	0.016	0.060	6988	0.017	0.050
CAR [2, 21]	7157	0.006	0.108	169	0.032	0.161	6988	0.005	0.106
Star analysts	7157	0.082	0.274	169	0.059	0.237	6988	0.083	0.275
Experience	7157	11.848	9.810	169	7.988	5.544	6988	11.942	9.872
Broker size	7157	43.355	20.512	169	35.148	13.894	6988	43.554	20.606
No. of analysts	7157	20.069	12.218	169	22.426	12.490	6988	20.012	12.206
Company size (￥B)	7157	42.815	213.358	169	44.426	173.163	6988	42.776	214.247
B/M ratio	7157	1.028	1.576	169	1.002	2.114	6988	1.028	1.561
EPS	7157	0.636	0.854	169	0.730	0.897	6988	0.633	0.853
Momentum	7157	-0.027	0.493	169	0.034	0.405	6988	-0.029	0.495
Volatility	7157	0.464	0.145	169	0.669	0.130	6988	0.459	0.142

(二) 宏观经济环境对分析师评级变化价值的影响

表 3 对因变量 CAR [0, 21] 的回归结果报告了宏观经济环境对分析师评级变化价值的影响。列 3-1、3-2、3-3、3-4 中回归系数 α_1 均显著为正,印证了根据分析师评级变化进行交易能够带来超额收益;系数 α_2 也显著为正,说明在资本市场恶化时,分析师评级变化能够带来更多地超额收益率,验证了假设 1。

这一结论表明金融危机或熊市时,证券公司业绩下滑导致分析师薪资降低、工作积极性下降的效应弱于更为激烈的竞争环境对其工作积极性的刺激作用,同时,总体交易量下降减缓了分析师的利益冲突、市场不确定性增大使其信息优势更加明显也是造成这一结果的可能原因。

同时,分析师层面的控制变量中,RankCH × Star analysts 的系数显著为正,表明明星分析师的评级变化更有价值,与已有研究一致 (Fang & Yasuda, 2014);RankCH × Ln broker size 的系数显著为正,表明分析师所在证券公司规模越大,所拥有的资源越多,故其评级变化更有价值;RankCH × Ln No. of analysts 系数显著为负,说明研究同一公司的分析师数量增多会降低评级变化的价值,印证了分析师之间存在竞争关系 (Ljungqvist 等, 2007;方军雄等, 2018)。而公司层面的控制变量中,Company size 系数显著为负,说明小公司更可能带来超额收益;B/M ratio 系数显著为正,说明价值型公司能带来更多超额收益,与 Fama & French (1993) 提出的三因子模型一致。

表 3　　宏观经济环境对分析师评级变化价值的影响

变量	3-1 CAR [0, 21]	3-2 CAR [0, 21]	3-3 CAR [0, 21]	3-4 CAR [0, 21]
RankCH	0.027 *** (23.69)	0.019 ** (2.39)	0.027 *** (23.56)	0.020 ** (2.44)
RankCH × Financial crisis	0.020 *** (4.01)	0.018 *** (3.52)		
RankCH × Bear market			0.013 *** (3.14)	0.011 *** (2.74)
RankCH × Star analysts		0.009 ** (2.24)		0.009 ** (2.34)
RankCH × Experience		0.000 (0.41)		0.000 (0.20)
RankCH × Ln broker size		0.004 ** (2.25)		0.004 ** (2.09)
RankCH × Ln No. of analysts		-0.003 ** (-2.32)		-0.003 ** (-2.04)
Company size		-0.016 *** (-8.02)		-0.016 *** (-8.07)
B/M ratio		0.004 *** (4.26)		0.004 *** (4.29)
EPS		-0.002 * (-1.76)		-0.002 * (-1.75)
Momentum		-0.003 (-1.54)		-0.003 (-1.46)
Volatility		-0.034 *** (-4.58)		-0.037 *** (-5.01)
Cons	-0.003 *** (-3.06)	0.169 *** (8.45)	-0.004 *** (-3.45)	0.171 *** (8.55)
N	11779	11779	11779	11779
Adjusted R^2	0.053	0.061	0.053	0.061

注：***、**、* 分别表示回归系数在1%、5%、10%水平下显著，括号内为 t 值（下表同此）。

（三）市场对分析师评级变化的滞后性与宏观经济环境的关系

表4列示了因变量 CAR [0, 1] 和 CAR [2, 21] 的回归结果，分别表示市场对分析师评级变化的即期反应和滞后反应。对比列4-1和4-2、列4-3和4-4发现，选用同一宏观经济环境指标时，CAR [2, 21] 的回归方程中系数 α_1 显著大于 CAR [0, 1] 的

α_1，说明市场对于分析师的评级变化的反应存在滞后性。同时，CAR [2, 21] 的回归方程中系数 α_2 也显著大于 CAR [0, 1] 的 α_2，进一步说明宏观经济环境不好时，滞后效应更加明显，验证了假设2。

针对美国股票超额收益率和分析师评级变化的研究结果表明，以 CAR [0, 1] 为被解释变量，资本市场恶化时分析师评级变化显著更有价值。这一区别体现出中美资本市场在运行效率上仍存在一定差距，同时，以个人投资者为主体的 A 股投资者相对较弱的信息获取和分析能力以及相对非理性的决策方式也使市场对分析师信息反应较慢，且股价更有可能在较长时间内受投资者情绪影响而偏离基本面。

表4 市场对分析师评级变化的滞后性与宏观经济环境的关系

变量	4-1 CAR [0, 1]	4-2 CAR [2, 21]	4-3 CAR [0, 1]	4-4 CAR [2, 21]
RankCH	0.005 (1.53)	0.013* (1.96)	0.005 (1.45)	0.014** (2.04)
RankCH × Financial crisis	0.003 (1.49)	0.015*** (3.51)		
RankCH × Bear market			0.004** (2.29)	0.008** (2.37)
Controls	Yes	Yes	Yes	Yes
Cons	0.043*** (5.16)	0.124*** (7.29)	0.043*** (5.17)	0.126*** (7.40)
N	11779	11779	11779	11779
Adjusted R^2	0.082	0.027	0.082	0.026

（四）分组检验：评级上调和评级下调

我国目前的卖空机制主要是通过融资融券，尽管经过9年多的发展，我国融资融券业务规模不断增长，其现有交易机制仍然不够健全，标的股票的范围较窄、客户准入门槛较高、证券公司券源较少等限制使我国融资融券交易，尤其是融券交易仍不活跃，散户投资者更是很难参与其中，哪怕正确地做出了看空某股票的判断，也只能采取离场观望的方式规避风险而无法从中获利。相比而言，美国作为最早建立融资融券制度的国家，《证券交易法》《全美证券市场促进法》两大法律以及三大规则为其融资融券业务打下了坚实的法律基础，以机构投资者为主体的美股投资者能更容易地通过信用交易做空他们看跌的股票。经济衰退时，投资者获取超额收益的能力受卖空机制的影响更大。为检验中美融资融券制度的差距是否会导致我国分析师在宏观经济环境不好时做出下调评级所带来的超额收益低于上调评级，本文将评级变化数据分为评级上调组和评级下调组进行进一步检验。省去式（1）中 RankCH 变量，具体式（2）如下所示。

$$CAR [0, 1] = \alpha_0 + \alpha_1 Time + \gamma_1 X_1 + \gamma_2 X_2 + \varepsilon \quad \text{式（2）}$$

对评级上调和下调两组数据分别以因变量 CAR [0, 1]、CAR [2, 21] 进行回归，用金融危机或股市熊市衡量宏观经济情况，回归结果如表5所示。Financial crisis 和 Bear market 的系数在评级下调时均为负，在评级上调时基本为正，与未分组时情况一致，但显著程度明显下降。综合比较可以发现，金融危机时，分析师上调评级所带来的超额收益高于下调评级，且市场对上调评级的反应存在明显的滞后性；而熊市时则与之相反，分析师下调评级的超额收益高于上调，且下调评级时滞后反应显著，上调评级时即期反应显著。

由于金融危机变量仅将2008年金融危机时期划为宏观经济恶化，而那时我国还未开始施行融资融券交易，卖空机制的不健全可能是导致评级下调的价值较难显现的原因。考虑到分析师的利益冲突以及与公司管理层的关系维护，他们在下调评级时往往更为慎重，只有当存在确定性信息表明公司基本面恶化或股价由于炒作而明显高估时才会发布报告下调评级，本文样本中评级上调数据量是评级下调的1.5倍也印证了这一点。因此，尽管即期市场反应可能受情绪或炒作影响，但滞后反应证明股价仍将回归理性。

表5   评级下调和评级上调时宏观经济环境对分析师评级变化价值的影响

变量	评级下调				评级上调			
	5-1 CAR [0,1]	5-2 CAR [2,21]	5-3 CAR [0,1]	5-4 CAR [2,21]	5-5 CAR [0,1]	5-6 CAR [2,21]	5-7 CAR [0,1]	5-8 CAR [2,21]
Financial crisis	-0.004 (-1.42)	-0.005 (-1.03)			-0.001 (-0.35)	0.035*** (4.12)		
Bear market			-0.000 (-0.04)	-0.017*** (-3.85)			0.007*** (2.68)	0.001 (0.18)
Controls	Yes	Yes	Yes	Yes	Yes	Yes	Yes	Yes
Cons	-0.006 (-0.50)	0.048** (2.09)	-0.004 (-0.35)	0.034 (1.50)	0.067*** (5.69)	0.178*** (7.02)	0.071*** (5.96)	0.173*** (6.79)
N	4622	4622	4622	4622	7157	7157	7157	7157
Adjusted R^2	0.001	0.010	0.001	0.013	0.008	0.010	0.009	0.008

五、研究结论与启示

卖方分析师是证券市场中重要的信息提供者，其所发布的研究报告价值及影响因素一直是学术研究的经典话题。本文基于2007—2017年我国分析师评级调整的经验证据，分别以是否处于金融危机和是否处于熊市作为衡量宏观经济环境好坏的标准，首次探究了宏观经济环境对我国卖方分析师评级变动价值的影响。研究发现，宏观经济环境不好时，依据分析师评级变化进行交易能够带来更多的超额收益，且市场反应呈现出明显的滞后性，而评级上调与评级下调之间则没有显著差异。与 Roger & Rene（2018）对美国股市进行研究所得结论相比，尽管两国分析师评级变化在宏观经济不好时都能带来显著更多的超额收益，但基于美国分析师评级调整数据的回归结果显著程度更高，且不存在滞后效应，这一结果可能是由我国证券分析师所提供的信息价值相对较低和我国散户投资者占比较大、投机行为较多、资本市场资源配置效率较低共同作用导致。

本文的研究结论证实了我国分析师评级变化在指导投资者进行决策上的积极作用,并发现其价值受宏观经济环境的影响与美国分析师一致。然而,对两国回归结果的对比分析表明,虽然我国资本市场改革不断深化、发展不断规范,但市场反应的滞后性以及两国回归结果显著程度的差异说明我国分析师报告价值以及资本市场运行效率与成熟的资本市场相比仍有一定差距,这一结论也为进一步规范卖方分析师行业建设、促进其良性发展提供了理论支持。

参考文献

[1] Altınkiliç O, Robert S. Hansen, and Liyu Ye. Can analysts pick stocks for the long-run? . Journal of Financial Economics, 2016, 199 (2): 371 – 398.

[2] Barber Brad M., Reuven Lehavy, and Maureen McNichols. Can Investors Profit from the Prophets? Security Analyst Recommendations and Stock Returns. Journal of Financial Economics, 2001, 56 (2): 531 – 563.

[3] Barber Brad M., and Terrance Odean. All that Glitters: The Effect of Attention and News on the Buying Behavior of Individual and Institutional Investors. The Review of Financial Studies, 2007, 21 (2): 785 – 818.

[4] Bernard, Victor L., and Jacob K. Thomas. Post – Earnings – Announcement Drift: Delayed Price Response or Risk Premium? . Journal of Accounting Research, 1989, 27: 1 – 36.

[5] Bernard, Victor L., and Jacob K. Thomas. Evidence that Stock Prices do not Fully Reflect the Implications of Current Earnings for Future Earnings. Journal of Accounting and Economics, 1990, 13 (4): 305 – 340.

[6] Boni, Leslie, and Kent L. Womack. Analysts, industries, and price momentum. Journal of Financial and Quantitative Analysis, 2006 (41): 85 – 109.

[7] Corwin Shane A., and Jay F. Coughenour. Limited Attention and the Allocation of Effort in Securities Trading. Journal of Finance, 2008, 63 (6): 3031 – 3067.

[8] Easterwood. J. C., and S. R. Nutt. Inefficiency in Analysts' Earnings Forecasts: Systematic Misreaction or Systematic Optimism? . Journal of Finance, 1999 (54): 1777 – 1797.

[9] Elton, Edwin J, Martin J Gruber, and Seth Grossman. Discrete Expectational Data and Portfolio Performance. Journal of Finance, 1986, 41 (3): 699 – 713.

[10] Fama, Eugene F., and Kenneth R. French. Common Risk Factors in the Returns of Stocks and Bonds. Journal of Financial Economics, 1993 (33): 3 – 56.

[11] 蔡庆丰,杨侃,林剑波. 羊群行为的叠加及其市场影响——基于证券分析师与机构投资者行为的实证研究 [J]. 中国工业经济, 2011 (12): 111 – 121.

[12] 褚剑,方军雄. 中国式融资融券制度安排与股价崩盘风险的恶化 [J]. 经济研究, 2016 (5): 143 – 158.

[13] 方军雄,伍琼,傅颀. 有限注意力、竞争性信息与分析师评级报告市场反应

[J]. 金融研究, 2018 (7): 193 - 206.

[14] 李丽青. 《新财富》评选的最佳分析师可信吗?——基于盈利预测准确度和预测修正市场反应的经验证据 [J]. 投资研究, 2012 (7): 54 - 64.

[15] 李雪. 中国证券市场分析师推荐投资价值研究 [J]. 证券市场导报, 2007 (11): 72 - 77.

[16] 许年行, 江轩宇, 伊志宏, 等. 分析师利益冲突、乐观偏差与股价崩盘风险 [J]. 经济研究, 2012 (7): 127 - 140.

[17] 张宗新, 姚佩怡. "天赋异禀""熟能生巧"还是"日久生情"——基于中国证券分析师预测能力的经验证据 [J]. 经济理论与经济管理, 2017 (7): 64 - 76.

[18] 朱红军, 何贤杰, 陶林. 中国的证券分析师能够提高资本市场的效率吗?——基于股价同步性和股价信息含量的经验证据 [J]. 金融研究, 2007 (2): 110 - 121.

突发性全球危机下上汽五菱的
软着陆措施有效吗？

——基于股票市场的经验数据

赵奕卓

会计学院会基 1801 班　　指导老师：郭飞

一、导论

2019 年末，一场突如其来的大型公共危机事件席卷了中国大地——新型冠状病毒的暴发。这场声势浩大的劫难不仅掠去了无数的生命，也对我国的经济发展与行业走势产生了极大的扰动，金融市场波动幅度明显加大。由疫情引发的"黑天鹅"，使众多加工制造型企业身陷销售萎缩，利润亏损等困境。如奔驰集团就曾于 2 月 6 日向政府发函申请提前复工，称如若不能及时复产，其单日经济损失将超 4 亿元[①]。

除去因生产线搁置、固定资产锈损等造成的实际亏损，生产类企业还面临着严重的复工危机。首先，复工延迟、交通管制、劳动力返程苦难等因素会造成短期生产滞后；其次，消费、进出口贸易等方面的冲击也会蔓延至生产加工业。此外，疫情下用户购买力下降，消费需求降低，会进一步体现在中长期的销售额上。而整车生产作为一类沉没成本、固定资产庞大的制造产业，所面临的经济损失将更为严重。短期内大量的固定成本难以收回，长期内则可能引发年度销售业绩危机，降低企业绩效，尤其是对属于非必需耐用消费品的汽车产品来说。因此，如何有效应对此次突发性公共事件，实现"软着陆"，便成为了摆在众多生产商面前的难题。

然而，上汽通用五菱汽车股份有限公司却在危机下表现突出，通过灵活的"跨界复工"等战略调整来弱化疫情产生的负面影响，发掘并积极利用正面影响，受到公众的热议。

---

① 据北京奔驰集团对外报告知悉。

本文将首先对五菱汽车在此次危机中所采取的方略进行分析，基于此对其措施产生的影响进行理论探究与实证验证。鉴于此次突发事件的短期性特征，本文选取事件研究法，通过股票市场的经验数据进一步验证相关措施对企业绩效的影响，并为其他企业提供一定的借鉴意义。

二、文献回顾

由于新冠肺炎事件的突发性较强，辐射范围、影响程度较大，在以往的文献与研究中较少涉及相类似的突发性公共危机。本文主要研究目的在于，利用事件研究法评价五菱汽车的应对策略，并提供相关参考价值。因此，如下将主要以突发性公共危机与企业间的关系，及应对方针的影响为关键点，对相关文献进行回顾。因社会意识形态的差异，国外对公共危机性事件的研究主要集中在以政府为治理载体的探讨，对企业所发挥的个体作用分析较少。但仍不乏学者提到了企业参与公共危机管理的必要性。如 John Bordley Rawls 谈到，企业应秉承正义的观念，支持并参与到政府事件治理模型的设计中。

国内学者对这一领域进行过众多讨论，金太军等（2011）认为企业是公共危机治理中不可或缺的社会主要力量，政府与企业间应该建立起协调机制来共同应对危机事件。并认为这不仅能够使社会公众受益，也有利于企业自身应急备案的制定与实行。蒋梅艳（2015）认为企业是否能自觉参与全国性突发危机的治理，是衡量国家公共危机治理水平的重要标准。而目前大部分国内企业存在治理意愿不强、治理协调度不足等问题，企业的社会责任感有待进一步加强。张斌，刘宇霞（2019）指出企业掌握着丰富的资源与专业技术，并且更加贴近民众，有着更灵活的优势，在一定程度上能够弥补"政府失灵"和非政府组织的局限性。

对于有效应对公共事件对企业的影响，即企业社会责任与企业收益间的关系研究，国内外学者也曾进行过不少研究。Steven Fink（1986）提出，有效的公共危机管理是帮助组织更好地掌握自身未来发展走向的艺术。Thomas Birkland（1997）提出"焦点事件"的概念，认为一个不可预测的突发性焦点事件具有极大的冲击力，能够唤起公众对组织的高度关注。Norman R. Augustine（2001）提出，公共危机事件是危险与机遇的有机结合体，企业应善于将风险转化为机遇，防止事态的恶性发展。

国内学者同样分析了企业有效应对突发危机事件的重要性，陶锐（2007）提到，对利益相关者的分析是评价企业应对战略的重要指标。陆季春（2010）提出，在突发性公共危机下，企业如果决策不当，可能会加重公共危机的灾害程度；相反，如果能够充分利用自身在管理、技术等方面的优势，将公共危机与企业发展结合起来，便能促进企业文化的进步，树立良好的社会形象。与此类似，阮受郎（2015）提出企业社会责任可成为一个发展商机，对提升品牌资产具有一定价值。并认为企业应积极发现公共危机下的机会，结合自身业务特点，将企业责任与战略规划相融合，制订出从发现到依据机会迅速做出反应的有效机制。

三、案例概况

(一) 危机风险

1. 消费端围困

尽管公共交通工具的管制会刺激部分首次购车需求，但我国汽车消费市场已明显由"增量市场"转变为"存量市场"。同时在贸易争端白热化，经济整体滑坡等因素的影响下，本次疫情带来的消费端枯竭问题将更为显著。据CPCA①统计资料，春节前汽车厂家销售时间短，而原本节后销售也因疫情而被延期，因此相对历年年初的开门红特征，2020年1月份，我国汽车产销量环比去年分别下降了33.5%与27%，市场需求下行，呈现2005年以来的最低增速，汽车行业整体呈底部徘徊走势。此后，在春节假期与肺炎疫情的叠加冲击下，2月份需求抑制效应更为突出，乘用车总销售辆环比下降85.4%。随着疫情的不断扩散与防控力度的增加，汽车消费市场短期内复暖困难，消费情绪普遍低迷的情况仍会持续，汽车企业的经营压力将进一步加大（如图1所示）。

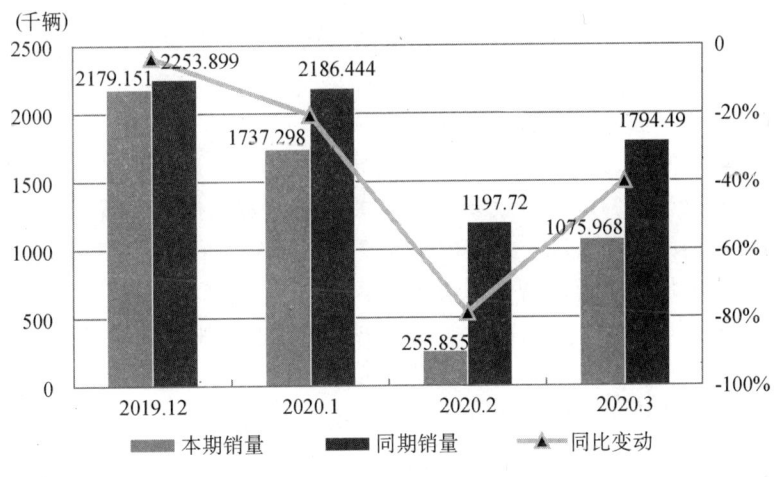

图1 广义乘用车综合销量

数据来源：乘用车市场信息联席会。

2. 供给端收缩

春节假期的歇业、疫情暴发暂停了汽车制造行业的正常复工，导致汽车产量大幅下滑。同时，由于近年来汽车行业正处于大变革阶段，行业内弥漫着较消极情绪，使"去库存"成为2019年的主旋律。据CPCA数据来看，2019年末，汽车经销商库存系数由2月份的2.1水平降至1.33，触全年最低值。存库量的缩水，加之延迟复工的再生产停滞，或有可能导致2020年零售商难以维持正常销售节奏，订单交付困难，供给端紧张。

---

① CPCA（乘用车市场信息联席会）http://www.cpcaauto.com/。

3. 供应链断裂危机

汽车制造需要大量零部件、原材料的供给，且较之其余制造行业，汽车产业的供应链更长，其中任何一环的中断都将威胁到整车流水线的正常运转，供应链依赖程度深。而本次疫情造成大量零部件供应商停产，产业链上游遭冻结，以及交通管制带来的物资运输困难，将会使汽车生产的全产业链面临危机。其次，产业链下游也遭受打击。疫情使经销商线下销售渠道几乎处于暂停状态，并由于物流通道受阻与居家隔离措施，现有车辆开动率低，保养需求不强，经销商的复工率与顾客到店率均处在低位水平，4S经销店的人气恢复短期内难以实现，严重打击了批发商热情。车市零售市场热情是决定产业链复苏与否的关键，而疫情推迟了零售时间，抑制了消费需求，汽车产业链在本次危机下能否坚挺面临着较大威胁。

4. 企业成本增加，现金流紧张

作为典型的劳动力密集型行业，汽车制造业的劳动力需求大。春节假期使大量打工人口返乡回城，而肺炎疫情的区域封锁阻断了农村劳力的正常回城，导致劳动力市场供给紧张，推高人力成本。根据CSMAR全国普查数据显示，近年来我国制造业就业人口锐减到1.2亿人。其次，疫情下的交通运输管制降低了物流效率，拉高物流成本。上游生产成本的增加也将传递到汽车生产企业。此外，因复工后卫生防疫、生产车间隔离改造的需要，制造商不得不承担额外的管理费用等支出，短期内利润率将呈现大幅下滑趋势，威胁企业内部现金流的稳定性。

5. 影响销售战略，威胁新车发布

汽车制造商复工延迟，4S店的停业，将会导致部分车企新季度的新车投放计划推迟，扰乱企业车型的投放节奏，以及围绕新产品相关的如研发、推广、营销等各类时间节点，威胁本年度销售规划的如期实现。疫情的到来不仅使新车车展延后甚至取消，延迟了新产品的上市时间点，也加剧了上市后销售情况的不确定性。因疫情或有可能影响消费者原有偏好，消费端对健康类配置、车内构造等涌现出的新需求，如增加对具备抑菌抗菌能力的内饰材料等的需要，将会使车企预备推出的新车型不能及时、准确的匹配消费市场需求，销售终端的不确定性将大大影响汽车制造企业的绩效水平。

6. 全球市场波动剧烈，进出口贸易受阻

随着全球化经济的不断成熟和"一带一路"政策的扶持，在国内乘用车市场渐趋饱和的背景下，近年来国内车企纷纷制订国际化发展战略，扩展市场规模。而全球范围内新冠病毒的迅速传播，使包括我国在内的多数国家均采取了严厉的海关管制措施。

疫情最先暴发于中国，菲律宾、越南等国家已执行对来自中国的船舶、货物等采取严格的检疫政策；随着欧美国家疫情的扩散与恶化，为防止疫情的境外输入也已出台多项管制措施，而其作为中国最有潜力的整车出口市场，此轮进出口贸易的阻碍将对我国汽车出口厂商，以及依赖进口配件的车企造成较大的负面影响，加剧销售量的下降走势。

（二）五菱集团概述

成立于2002年的上汽通用五菱汽车股份有限公司是一家三方共建的中外合资公司。

其发展史最早可追溯至1958年，作为典型的"民族品牌"，五菱由制造拖拉机起步，并逐渐成为国内面包车市场的领军者。五菱牌货车凭借其高性能、低油耗、低价位的超高性价比优势，曾被冠以"神车"称号。但由货车起家的五菱汽车，其乘用车系列却一直带有"低端"烙印，目前在售车型均为中低档车级，主要面向三四线甚至四五线城市的消费群体。由于我国汽车工业起步晚，国产轿车的竞争力较弱。作为一家本土企业，五菱旗下的轿车系列也难逃此运，品牌知名度与影响力始终在低层徘徊，难以提升。

（三）五菱危机

近年来我国汽车消费市场一直处在较低迷态势，2018年以及2019年汽车产销量连续两年下滑，国内换购需求不强。相较于行业整体的消沉，五菱所面临的局面更为严峻，2019年汽车销售量同比下降19.42%，与8.2%的行业平均水平差距较大，市场份额大幅下降[①]。究其原因，是我国经济水平提高带来的消费需求升级。随着存量市场的到来，低端车的红利时代即将终结，廉价车型的形象定位显著抑制了五菱汽车的持续发展。

业绩惨烈、利润下滑使五菱逐渐意识到重塑品牌形象的重要性。2020年五菱计划实施全新品牌战略，打造R系列高级车型，以改变原有产品梯度，达到塑造高端形象的目的。

因此，2020年对于五菱而言，是实现战略升级，提高品牌溢价的转型关键之年，但新冠病毒的突发却打乱了原有新车生产发售的节奏，加速了国内车企淘汰升级的步伐，五菱身陷险境。

（四）五菱集团软着陆措施

意识到危机的五菱并未坐以待毙，而是主动出击、逆势而上，制定"防疫、经营两手抓"战略，迅速应对此次突发性公共危机事件，为预计可能出现的业绩风险、金融波荡铺垫软着陆基础。

1. 跨界融合——创新 CSR 模式[②]

2月6日，五菱于官方微博平台发布公告，将改建原有生产线转产口罩，支援全国防疫。作为首个提出"跨界"生产防疫物资的车企，"民族神车"用令人耳目一新的方式创新承担起企业社会责任，并引发国内多家汽车制造商的效仿。

五菱出产的防疫口罩绝大多数免费捐赠于柳州市政府，进行物资的统一调拨；并陆续赠送给医护人员和上下游产业链的合作伙伴，用于保障供应商等一线员工的安全复产。并在3月6日开通口罩免费申领通道，为全国人民提供"暖心口罩"。

新冠病毒的易传播性加剧了口罩等物资的紧缺性。而口罩生产有较高的质量规范标准，且作为非必需日用品，原有生产商较少，短时间内显然无法满足人口大国的需求。而跨界生产这一创新举动，使五菱依靠自身技术实力，用"五菱速度"生动诠释出民族品牌的"硬核担当"：义务性的技术投入与物资捐赠，不仅缓解了医疗资源紧张的局面以及居

---

① 资料来源于上汽通用五菱集团业绩报告 www.wuling.com.hk
② 企业社会责任（Corporate social responsibility，CSR）。

民疯抢口罩的焦虑情绪,也为企业履行对政府、社会、民众等利益相关者的责任树立了榜样,发挥出显著正外部性作用。

2. 跨界复工——实现复销软着陆

(1) 口罩复工保障汽车复产。原定复工日期遭推迟,但跨界转产却使五菱车厂的如期"复工"成为可能。为加工口罩,五菱与供应商紧密合作,召回未返乡员工并重新调动起停滞的生产车间,为汽车全产业链的恢复打下了基础。数据显示,伴随口罩生产线的建成,五菱集团各生产基地及供应链体系已基本实现全面复工,员工返岗率与线下门店开业率得到恢复。同时,口罩生产的高标准和严要求也在一定程度上解决了复工的防疫工作要求,使五菱成为国内汽车行业最早复产复销的企业。

(2) 带动全产业链协同复工。汽车制造通常为多层级、跨网络的长业务链,高度依赖于各环节的有效配合。为缓解上游供应商现金流紧张,供货压力大等问题,五菱在疫情严重区域建立供应商信息交流群,并向上游企业提供供应商贷款。

针对下游产业链,五菱取消经销商绩效考核机制,并为其投保公众责任险,缓解经销商的复销压力。五菱还通过向供应商、经销商等一线员工赠送自产口罩来支持其安全复工。截至3月5日,其终端经销商门店开业率已达90%。

实现全产业链的协同合作,能否实现联通渠道的高效衔接也格外关键。在口罩生产所打通的运输渠道的铺垫下,五菱一方面实施接续物流链等多项策略,另一边加紧技术研发,依靠物联网技术等新业态,成功建设国内首条无人驾驶物流线路,稳定供货链条,降低了运输成本。

(3) 加强国际化布局,打造"中国名片"。意识到国内汽车市场产能逐渐过剩的五菱,较早便制定出国际化发展战略。作为国内首个全产业链进军海外的车企,五菱的海外事业发展成熟,具备完整的海外营销与管理系统,并在中东、中南美洲等地区拥有较稳定的订单量。

由于国内多数车企的停工及疫情引发的出口危机,国际汽车市场需大于供失衡。着眼于此,在疫情暴发初期,五菱紧盯海外市场,通过柳州海铁联运班列等运输渠道确保供需两端连接,从而实现在严格管控海外制造基地的同时,扩大整车出口量。

(4) 开辟数字化营销模式。疫情期间居民出行难,线下销售渠道受阻。基于该现状,五菱推出线上汽车销售与服务平台,实现汽车"云销售"。通过下载APP,用户可直接进行购车预订、年检代办等"零接触"服务,打消接触传染的顾虑。此外,五菱在该平台上开通口罩申领渠道,向全国人民免费发放五菱牌口罩,使APP的注册量在短时间内呈现爆发式增长,扩大了五菱汽车的潜在消费人群。

(5) 谋势而变,新科技对接新市场。新冠疫情对卫生防控、隔离管理的需求将会引发汽车消费需求的调整。基于原有车型,五菱依靠智能网联与无人驾驶等技术,迅速落地智能化消毒车、智能执法车等创新科技产品,对接大面积测温、零接触运输等疫情防控需要。一系列新科技产品的推出有效填补了疫情期间新型车辆需求的缺口,满足了政府、社会、居民等多方需求,及时应对消费市场调整引发的绩效风险,一定程度上熨平了潜在的销售业绩波动。

四、软着陆措施绩效研究

(一) 理论框架

1. 舆情数据分析

良好的外部评价与新闻媒体导向将使证券市场产生波动。企业曝光度的增加或减少一定程度上会影响公司价值,并通过股票市场的变动有所体现。上汽通用五菱针对疫情的应对策略引发了舆论的广泛热议与持续发酵,企业关注度显著增加(见图2、图3)。

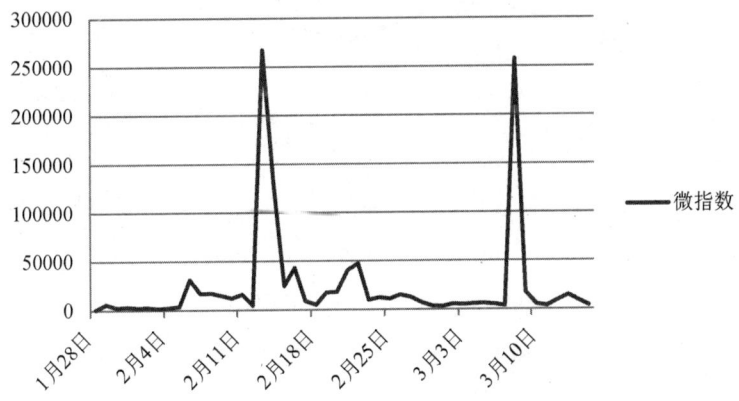

图2 关键词"五菱"热议度指数

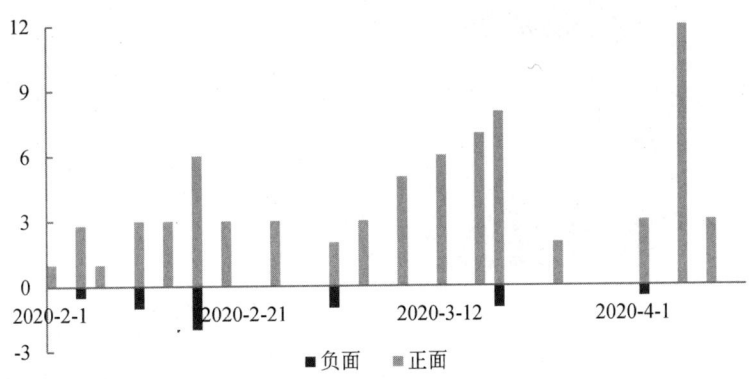

图3 五菱舆情导向

数据来源:百度搜索指数。

除了引发微博平台年轻群体的热评,2月《新闻联播》等央视栏目专题报道五菱"跨界转产防疫物资"等相关新闻,使其品牌影响面向各群体扩展。截至4月17日,央视栏目共计报道五菱正向新闻7次,使五菱"中国速度""国民品牌"等积极形象深入人心。

积极承担企业社会责任的举动不仅树立了五菱民族担当的外在形象,彰显出企业核心制造力和技术研发等优势,推动品牌建设;其稳定产业链的措施也为上下游企业留下良好合作伙伴形象,便于后续合作项目的开展,拉强企业议价能力。

2. 营销数据分析

在众多汽车企业笼罩在疫情阴霾下时，五菱的销量却实现了逆市上扬。见图4、图5，受季节性影响与疫情打击，我国车市销售量严重下跌。其中，在新冠集中暴发的2月，下行压力尤为突出。然而在大部分主力车企低迷且恢复缓慢的背景下，五菱回稳迅速并持续走强。1—3月，五菱累计销售27.65万辆，并以单月零售量超13万辆的业绩位列国内汽车品牌首位，市场份额逐步攀升。推断该上扬趋势部分有赖于五菱在2月份执行的一系列"软着陆"措施。

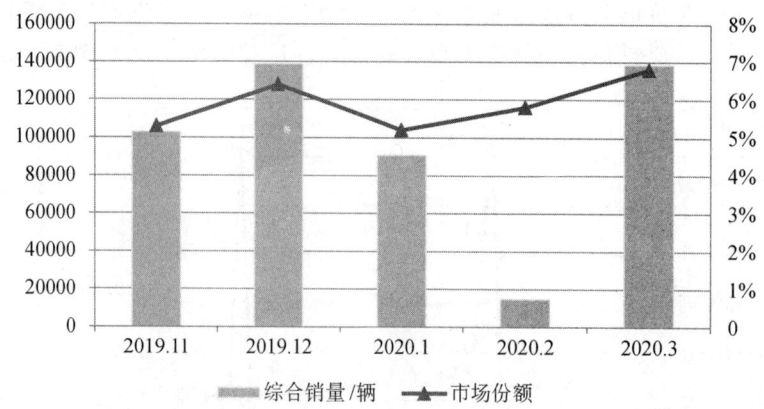

图4　五菱广义乘用车销量情况

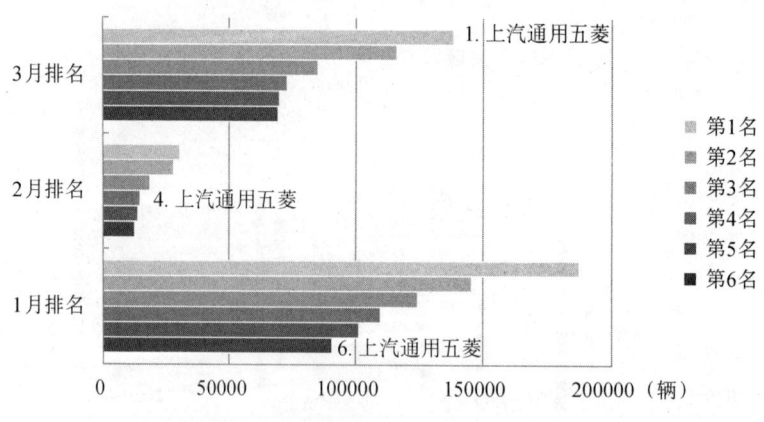

图5　广义乘用车厂商综合销量排行

数据来源：CPAC（乘用车市场信息联席会）。

（二）实证检验

鉴于此次疫情暴发突然，事件发生时间较短，为了尽量削弱其他行为给企业绩效带来的影响，本文选用事件研究法，从实证层面具体分析五菱汽车实施的跨界复工措施对企业股票价格的影响，从而得出该事件对上汽五菱效应影响的相关结论。

1. 数据来源与评价指标

五菱汽车于中国香港证券交易所上市，因此选择恒生指数作为市场收益率。其中，本文所选用的五菱股票价格数据、恒生指数数据均来自 CSMAR 数据库;五菱汽车和恒生指数日收益率根据 $\frac{当日收盘价(指数) - 昨日收盘价(指数)}{昨日收盘价(指数)} \times 100\%$ 计算得出。

在运用事件研究法分析中,本文选择超额收益率、累计超额收益率作为绩效的评价指标。

2. 实证过程与模型建立

(1) 事件及事件窗口界定。2020 年 2 月 6 日,上汽通用五菱在集团官方网络平台上发布正式公告,将通过改建原有生产线的方式生产口罩,以支援防疫前线。

因此,本文将 2020 年 2 月 6 日定为事件的发生日,T = 0 (见表 1);考虑到疫情与季节性波动等因素的冲击力过强,预计资本市场对本次五菱事件的反映弧度较短,因此选取事前 10 个交易日与事后 4 个交易日,即 [-10,4] 共计 15 个交易日为事件窗口期。为弱化新冠疫情对计算正常收益率的影响,选择事件发生的前 200 个交易日为清洁期,即事前估计窗口为 [-210,-11]。

表 1   事件窗口

事件	事件发生日	估计窗口	事件窗口
五菱跨界复工	2020 - 02 - 06	2019 - 03 - 29 至 2020 - 01 - 20	2020 - 01 - 21 至 2020 - 02 - 12

(2) 估计回归参数,计算预期收益率。本文依据资本资产定价理论模型(CAPM)对上汽通用五菱的预期收益率进行计算,计算公式如下:

$$R_{it} = \alpha_i + \beta_i \times R_{mt} + \varepsilon_{it}$$

其中,被解释变量 R_{it} 为 t 日五菱汽车实际日收益率;解释变量 R_{mt} 为市场收益率,本文选择恒生指数日收益率;α_i 为回归截距项,β_i 为回归斜率,即风险系数(贝塔系数)。ε_{it} 为随机干扰项。运用 Stata 15.0 进行回归分析,将估计窗口期 [-210,-11] 内上汽通用五菱的实际收益率与恒生指数收益率带入公式,从而估计出 α_i 与 β_i (见表 2)。

表 2   Stata 15.0 回归结果

VARIABLES	R_{it}
R_{mt}	0.160
	(0.243)
Constant	-0.000942
	(0.00241)
Observations	200
R - squared	0.002

因此,五菱预期收益率公式为:

$E(R_{it}) = -0.000942 + 0.16 \times R_{mt}$

(3) 超额收益率 AR。根据步骤(2)所得参数结果计算预期收益率。将事件窗口期实际市场收益率数据带入回归方程,得到五菱在事件窗口期内的预期收益率 E(R_{it}),并与股票实际收益率R_{it}比较,求得 AR

$$AR_t = R_{it} - E(R_{it})$$

(4)计算累计超额收益率 CAR。CAR 由样本股票在事件窗口期 [-10, 16] 内的单日超额收益率AR_t累计得到:

$$CAR_{it} = \sum_{t=t_1}^{t_2} AR_t$$

3. 实证结果及分析

依据上诉步骤代入样本观测值,得到上汽通用五菱在事件窗口期的超额收益率与累计超额回报率,累计超额收益率如图 6 所示。

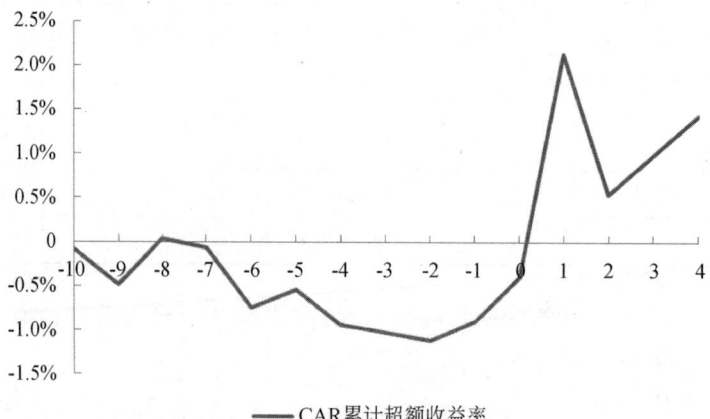

图 6 五菱事件累计超额收益率

计算数据来源:国泰安 CSMAR 数据库。

在事件发生前,五菱汽车的超额累计收益率大致呈下滑趋势,并跌破零点于底部徘徊。但可以观察到,在官方发布公告后,T=1 日累计超额收益率呈现极大的上拉趋势,增长幅度显著;但由于 2 月 8 日中国香港股票市场的科技与医药等板块上涨幅度剧烈,拉动恒生指数上扬,一定程度上对该日五菱汽车的实际超额收益率 AR 造成打击,削减 CAR。但尽管在芯片软件与口罩医疗等股票的强压下,此后五菱汽车呈现出较顽强的复苏趋势,超额累计收益率上升倾向明显。

综上所述,对比事件日前后 CAR 的走势,五菱汽车此次危机策略产生的效应,促进了企业累计超额收益率由持续负值强力攀升,回稳在 0 值以上并呈上涨态势。五菱汽车收益率的较大波动与新冠疫情的发展密切相关。在疫情集中暴发的时期,国内外金融市场均呈现极大的波动,软件科技、医疗医药以及互联网等行业股票成交量显著加大,连登热门;而非必须消费品行业则普遍遭重创,股票跳水下跌,市场惨淡。因此,在低迷环境下五菱能够逆势上升,较大程度上证明了在短时期内本次危机策略的有效性。

五、结 论

经上诉研究发现，本次五菱集团的措施方略产生了良好的正面影响。短期来看，转产并免费捐赠口罩的行为对企业价值的增值效用，最直接体现在其媒体曝光度与品牌影响力的增加上。其次，由于金融市场极易受信息的传导影响而出现较大幅度变化，因此股票市场也将对公司价值的波动有所反映。从实证结果来看，在 2 月 6 日正式对外公布后，五菱汽车（00305.HK）上涨趋势显著，在股值普遍缩水的汽车制造行业中格外亮眼。

长期来看，五菱的"软着陆"策略对企业营销水平的拉升效应更加明显。在 2 月初五菱开始执行应对疫情的专项措施后，3 月与 4 月的综合营销量大幅增长，国内销售量与海外出口量均表现优异。

此外，五菱集团积极履行企业社会责任的行为，在为社会增加正向外部效应的同时，也为本地政府及上下游企业留下了良好的企业形象，构建起更加畅通的合作关系。综上所述，在本次大型公共危机下，五菱的危机策略较为有效，在带来短期红利的同时也为企业长期战略发展打下基础。

但是，疫情下的消费市场仍存在极大的不确定性，新冠肺炎对我国经济发展带来的影响也将持续波及多数产业，能否将短期红利转化为持久性的发展动力是目前五菱所面对的关键难题。随着本年度五菱几款高端车型的面市，其能否成功实现品牌向上性的开拓，仍有待后续的进一步验证。

六、启示与建议

（一）临危不乱，稳中求机

面对突发性危机，管理层需保持沉稳态度，并具体而微、冷静审慎地分析危机对本行业、本企业带来的具体影响。并基于此挖掘危机环境中蕴藏的机遇，结合行业的竞争优势以及消费群体的偏好变化，分析潜在的盈利可能性与价值创造点，化"危"为"机"，"冷思考"驱动"热发展"。同时，企业应于平日不断积累经验，提高对危机的防控意识，增加突发性危机来临时的筹码。五菱正是通过跨业界进行复工的创新举措，保障了自身的业务连续性，使企业绩效在短期波动后迅速回弹上升，实现了向好发展。

（二）迅速应对，速度至上

灵活的应对方略需要有高效的内部执行力。面对突发性挑战，坐以待毙仅会增加沉没成本的进一步消耗，使企业遭受更大的亏损。因此，速度与效率是应对突发问题的关键所在。企业应事先具备一套成熟的危机方针，在事件突发后能够速调集企业内部的管理决策者，快速制定出应对方略并加以落实，及时恢复生产业务链、客户服务链，尽可能减少企业遭受的利润打击，避免潜在的业绩风险。

(三) 宏观布局，战略配套

类似于本次新冠肺炎的暴发，公共危机往往具有突发性。因此易导致部分企业仅局限于危机过程中，短期内的策略调整，着眼于现行风险而忽视与自身的长期发展战略相互配套。而通常来说，此类突发性危机往往会导致企业难以稳定推进其长远的战略性决策。五菱在进行跨界融合之后，紧随其后制订出涉及生产制造、销售研发等方面的多项方略，宏观布局国内与国外的协同发展，并推出新车型向高端化迈进，进一步加持企业战略转型的步伐。

(四) 创新驱动，科技赋能

随着新技术革命时代的到来，数字化、智能化发展已是大势所趋。5G、大数据以及互联网等技术的运用能够创新企业原有的业务发展模式，提升高质量的发展水平，同样也是企业顽强应对各类风险的硬核保障。面对外部环境的极大不确定性，明确企业的核心竞争力尤为重要，企业应进一步加大在科技研发领域的投入，培养高质量的人才队伍，提高生产效率的同时增加产品科技含量，从而增强企业韧性以更加灵活的应对消费偏好的变化。

参考文献

[1] Steven Fink. Crisis Management: Planning for the Invisible. 1986.

[2] John Saunders. Global corporate visual identity systems: using an extended marketing mix T. C. Melewar, European Journal of Marketing. Bradford: 2000. Vol. 34, Iss. 5/6: 538 – 550.

[3] C Joslyn Heylighen. "Cybernetics". The Encyclopedia of Computer Science. 1999.

[4] Robert Heath. Crisis Management: For Managers and Executives. 1998.

[5] Niilo L. Clostridium perfringens in animal disease: a review of current knowledge. The Canadian veterinary journal. La revue vétérinaire canadienne. 1980.

[6] Caroline Sapriel. Effective crisis management: Tools and best practice for the new millennium [J]. Journal of Communication Management 2003 (4).

[7] Norman R. Augustine. Crisis Management [M]. Beijing: China Rennin University Press, 2001.

[8] Robert Francis. Crisis Management [M] Edited by Wang et al. Beijing: CITIC Publishing House 2001.

[9] 李鹤尊，卢闯，刘俊勇，等. 成长型企业的公共关系危机管理: 链家房源风波的案例分析 [J]. 会计研究，2017 (2): 63 – 68, 97.

[10] 段金博. 危机情境对企业的消费者声誉影响机制研究 [D]. 浙江大学，2007.

[11] 王伟龙. 网络传播环境下的企业公共危机管理研究 [J]. 学术论坛，2012，35 (12): 156 – 159.

[12] 阙天舒. 公共危机的全球治理——基于公共性的回归 [J]. 国际观察，2016

(2):142-153.

[13] 郑石桥.论突发公共事件审计本质[J/OL].财会月刊:1-4.

[14] 朱立言,辛传海.危机领导[J].学术研究,2005(9):81-86.

[15] 蒋梅艳.企业参与公共危机治理存在的问题与对策研究[J].科技与企业,2015(6).

[16] 金太军,袁建军.论政府和企业的协调机制——以应对重大突发公共事件为背景[J].人民论坛,2011(14):216-219.

5s 比 0s 更冒险吗?
——CEO 出生年代与公司风险承担

顾同予

会计学院注会专业 1602 班　　指导老师：晏超

一、引言

信息化时代，各种新媒体、自媒体、融媒体应时而生，新闻媒体对上市公司 CEO 的报道层出不穷，其中不乏为 CEO 加上"60 后""70 后""80 后"等年代标签。一般来讲，提到"90 后 CEO"的报道中多出现"叛逆""自信"等字眼，提到"70 后 CEO"的新闻中多出现"中坚力量""沉稳"等形容词，而提到"60 后 CEO"的许多新闻使用"老一辈""执行力"等词汇。除了自然年龄影响人们的行为决策之外，现实社会中的"年龄标签化"现象也在无形中定义着社会大众，个体在此过程中会形成对自我年龄的心理认知，进而影响其思想特征与行为决策。普华永道于 2016 年发布的一项研究报告 Tomorrow's Leaders Today[①] 就发现，年轻一代的领导者对宏观经济更为乐观，更相信技术变革对行业重塑的影响。

本文选取 2007—2017 年沪深两市 A 股非金融上市公司 CEO 为研究样本，基于年龄标签化影响年龄认知的理论，具体研究出生于各年代前半部分与后半部 CEO 的行为差异及其对公司风险承担的影响。研究表明，控制年龄因素影响后，出生于所在年代后半部分的 CEO 所在公司风险承担水平更高。

本文可能的创新和贡献体现在以下两个方面：①聚焦 CEO 出生年代，从相对年龄的角度拓展了 CEO 年龄对公司行为的影响研究；②基于年龄标签化影响年龄认知的理论，探讨 CEO 相对年龄对其行为的影响，丰富 CEO 行为及公司风险承担的影响因素研究。同时，在当今各年龄阶段"被标签化"普遍的社会情况下，以公司风险承担为落脚点，揭示出这一现象在公司层面的真实效应，进而有助于了解社会文化对公司行为的影响。

---

① 参见：https://www.pwc.com/gx/en/ceo-survey/2016/additional-insights/tomorrows-leaders-today.pdf.

二、文献回顾

已有的关于管理者年龄对公司风险承担影响研究的文献主要从职业生涯角度、信号传递、过度自信等角度展开，并取得许多富有价值的结论。

一部分研究认为年轻的 CEO 更不愿承担风险。这些研究大多认为，年轻 CEO 出于声誉考虑，会更加厌恶风险，从而逃避创新，做出较为保守的风险决策，因此公司表现出较低水平的风险承担（Hirshleifer and Thakor，1992）。Zwiebel（1995）的职业生涯模型研究提出，大多数年轻的 CEO 尚不具备优秀的行事能力和良好的声誉，所以他们害怕因业绩不佳而减少未来的晋升机会，并且会逃避创新而选择更加容易获得市场价值的投资项目。

另一部分研究认为年轻的 CEO 更加愿承担风险。较早提出这一观点的是 Hambrick and Mason（1984），他们认为年轻管理者能获得更前沿的教育、更现代的技术知识，所以做出决策时会更加自信与偏好风险，而年长的经营者则由于思维模式固化而更加保守。Serfling（2014）研究发现 CEO 年龄会对公司冒险行为和公司业绩产生重大影响，与年轻 CEO 相比，年长的 CEO 通常进行较少的研发投资、进行更多样化的收购，并保持较低的经营杠杆。

三、理论分析与研究假设

在我国各年龄阶段"被标签化"普遍的社会情况下，人们对"60 后""70 后""80 后"等的年龄标签刻板印象也十分普遍。在这样的环境下，被划归不同年龄阶段的人，对自己的年龄也存在不同的认知。

一方面，由于出生于所在年代前半部分的人（0s）被冠以新的年代标签，其自身心理上可能同样会把自己归入新年代的年轻群体，和前一个年代的人相比，他们更容易接受更多新潮或者前沿的思想观念，加之受"初生牛犊不怕虎"的社会舆论影响，其思想和行为可能更具有冒险意识。而已有关于相对年轻的管理者风险承担意愿更高的文献也为此提供了理论支撑（Hambrick and Mason，1984；钟海燕和张猛，2014）。

另一方面，本文认为，对于出生于所在年代后半部分的人（5s）而言，与比其略小但被划归于另一年代的人（0s）相比，他们因为处于前一年代，对自己的人生经验更自信，而在心理上认为自己更加老练和权威，故更有承担风险的底气与信心。对于这种相对年龄优势，教育学与经济学领域均有涉及。比如，Barnsley et al.（1992）研究 1990 年足球世界杯参选队员发现，同一足球年度中，出生月份较早、年龄相对较大的队员占比更大，表明相对年龄效应与体育领域的成就息息相关。在金融领域，Bai et al（2019）的研究证实基金经理人幼儿园时期的相对年龄优势会帮助其获得自信，从而有助于其创造更好的业绩。同时，对于出生于所在年代后半部分的人（5s）而言，与比其略大的出生于同一年代前半部分的（0s），尽管其相对年轻，但因为共处同一年代，所以他们可能在心理上把彼此划归为同龄人，因此少有对于权威的惧怕和敬畏，从而也更加不惧挑战，直面风险。

由于未形成明确的理论预期,本文仅提出如下竞争性假设:

H1a:出生于所在年代前半部分的 CEO 比出生于后半部分的 CEO 更加偏好风险。

H1b:出生于所在年代后半部分的 CEO 比出生于前半部分的 CEO 更加偏好风险。

四、研究设计

(一)样本选取与数据来源

考虑到从 2007 年我国开始实施新的会计准则,所以本文选择以沪深两市 A 股上市公司 2007—2017 年的数据为研究样本。我国金融保险行业数据与其他行业数据情况不同,使其公司风险承担不同于其他公司,因此对于观测期内金融保险类上市公司的数据,本文予以剔除。在删除变量具有缺失值的样本后,最终获得 26920 个有效样本观测值,另外,为消除极端值影响,本文对所有位于 1% 分位以下和 99% 分位以上的所有连续变量进行了缩尾处理。本文所有使用的统计软件为 Stata14,CEO 个人数据来源于中国研究数据服务平台(CNRDS),其余研究数据均来源于国泰安 CSMAR 数据库。

(二)定义变量与构建模型

本文参考吕文栋等(2015)、余明桂等(2013)等研究公司风险承担的文献,选取企业盈利波动性以及股票回报波动性作为衡量风险承担水平的指标。

公司的盈利波动性以公司总资产收益率(ROA)的标准差来衡量。本文选择的观察时间段为 3 年,计算 3 年期内总资产收益率的标准差。计算公式表达见式(1):

$$RiskT = \sqrt{\frac{1}{N-1}\sum_{n=1}^{3}\left(ROA_{in} - \frac{1}{N}\sum_{n=1}^{3}ROA_{in}\right)^2} \qquad 式(1)$$

其中,ROA 为公司的资产收益率,以公司税息折旧加摊销前利润(EBITDA)与总资产(ASSET)比值表示。i 表示企业,n 代表观察时段内的年段,取值范围为 1 至 3。

根据已有的相关研究文献,本文采用如式(2)、式(3)所示的多元线性回归分析模型来检验研究假设:

$$RiskT = \alpha_0 + \alpha_1 G01234 + \alpha_2 Controls + \varepsilon_1 \qquad 式(2)$$

$$VOL = \beta_0 + \beta_1 G01234 + \beta_2 Controls + \varepsilon_2 \qquad 式(3)$$

以上模型中,被解释变量 RiskT 为代表公司风险承担的第一个变量,选择公司的盈利波动率来表示,即 3 年期内总资产收益率(ROA)的标准差。被解释变量 VOL 为代表公司风险承担的第二个变量,选择公司股票的波动率来表示,即取每日股票收益的标准差。对于 CEO 这一职位的定义,考虑到我国公司结构的特殊性,CEO 定义在国内相较于国外的范围较狭窄,本文 CEO 主要是指我国上市公司中的担任董事长和总经理的高管。Controls 代表多个控制变量构成的向量,参照、余明桂(2013)、钟海燕和张猛(2014)等对公司风险承担测算时对控制变量的选择。关于变量的相关定义如表 1 所示:

表 1　　　　　　　　　　　　变量定义明细表

变量类型	变量名称	变量符号	变量定义
被解释变量	盈余波动率	RiskT	取3年期内总资产收益率（ROA）的标准差
	股票波动率	VOL	取每日股票收益的标准差
解释变量	CEO出生年份组	G01234	将出生年份的尾数为0、1、2、3、4的CEO划归为一组（即"0s"），取值为1；将出生年份的尾数为5、6、7、8、9的CEO划归为一组（即"5s"），取值为0
控制变量	公司规模	Size	年末总资产的自然对数
	财务杠杆	Lev	年末总负债与总资产的比值
	公司性质	SOE	产权性质，若实际控制人是国有性质，取值为1；否则，取值为0
	公司营利能力	ROA	净资产收益率，净利润/总资产
	独立董事数量	IndNum	公司独立董事人数
	审计质量	Big4	若公司由四大国际会计师事务所审计，取值为1，否则，取值为0
	股权集中度	Top10	取前十大股东持股比例
	CEO年龄	Age	CEO的自然年龄
	CEO性别	Gender	男性取1，女性取0
	CEO教育背景	Edu	1=中专及中专以下，2=大专，3=本科，4=硕士研究生，5=博士研究生，6=其他
	CEO兼任情况	Dual	两职合一虚拟变量，若董事长与总经理兼任，取值为1；否则，取值为0
	年份	Year	报告期年份
	公司个体	Firm	样本公司个体

五、实证结果分析

（一）描述性统计分析

全部样本的描述性统计结果如表2所示。从风险承担水平指标来看，盈利波动率（RiskT）和股票波动率（VOL）极值间差异较大，这说明我国上市公司间风险承担水平差异较大。CEO出生年份分组变量说明我国上市公司CEO出生于所在年代前半段以及出生于所在年代后半段的人数比例相当，也表明本文研究样本比例相对合理。

表 2　　　　　　　　　　　　　主要变量描述性统计结果

变量名称	均值	中位数	极小值	极大值	标准差	样本量
RiskT	0.026	0.014	0.001	0.501	0.042	20021
VOL	0.034	0.030	0.013	0.132	0.017	22636
G01234	0.541	1	0	1	0.498	20021
Size	22.05	21.88	19.59	25.77	1.259	20021
Lev	0.442	0.439	0.047	1.157	0.213	20021
SOE	0.430	0	0	1	0.495	20021
ROA	0.038	0.035	-0.235	0.218	0.055	20021
IndNum	3.223	3	0	8	0.626	20021
Big4	0.058	0	0	1	0.234	20021
Top10	0.573	0.581	0.221	0.902	0.155	20021
Age	50.97	51	25	81	6.960	20021
Gender	0.946	1	0	1	0.227	20021
Edu	3.524	4	1	5	0.890	20021
Dual	0.236	0	0	1	0.425	20021

（二）相关性分析

本文对研究所选取的各个变量进行 Pearson 相关性分析，相关性分析结果如表 3 所示。从表 3 可得，大部分所选取的研究变量之间存在显著关系。同时也能看出，本文提出的多元回归模型不存在有严重不利影响的多重共线性。除此之外，从表 3 中的相关系数来看，所有研究变量都小于 0.5，且极大一部分都小于 0.3，这说明本文所选取的研究变量间不存在显著的多重线性问题。下文将以回归分析的方法做进一步说明。

（三）多元回归分析

本文的主要回归结果如表 4 所示。其中，G01234 与被解释变量公司风险承担两个度量指标 RiskT 和 VOL 分别在 10% 和 1% 的水平下显著为负这表明出生于所在年代后半部分（5s）的 CEO 比出生于前半部分（0s）的 CEO 风险承担水平显著更高。进而验证了本文提出的研究假设 H1b。

表 3　相关系数检验

Variables	G01234	RiskT	VOL	Size	Lev	SOE	ROA	IndNum	Big4	Top10	Age	Gender	Edu	Dual
G01234	1													
RiskT	-0.001	1												
VOL	-0.002	0.130***	1											
Size	-0.004	-0.156***	-0.265***	1										
Lev	-0.007	0.208***	-0.120***	0.484***	1									
SOE	0.039***	-0.043***	-0.110***	0.335***	0.320***	1								
ROA	-0.021***	-0.208***	0.053***	-0.018***	-0.392***	-0.131***	1							
IndNum	0.004	-0.048***	-0.066***	0.305***	0.173***	0.259***	-0.019***	1						
Big4	-0.006	-0.044***	-0.062***	0.357***	0.110***	0.138***	0.036***	0.145***	1					
Top10	0.014**	-0.076***	0.134***	0.114***	-0.169***	-0.084***	0.270***	0.028***	0.150***	1				
Age	-0.013**	-0.092***	-0.089***	0.179***	0.003	0.096***	0.021***	0.078***	0.085***	-0.021***	1			
Gender	0.002	0.010	-0.010	0.039***	0.020***	0.070***	-0.025***	0.046***	0.005	-0.017***	0.041***	1		
Edu	0.005	-0.020***	-0.049***	0.172***	0.094***	0.217***	-0.016***	0.091***	0.088***	-0.020***	-0.165***	0.028***	1	
Dual	-0.022***	-0.002	0.084***	-0.173***	-0.175***	-0.297***	0.068***	-0.121***	-0.071***	0.065***	-0.056***	0.020***	-0.039***	1

注：**，***分别表示在5%、1%水平显著。

表4　　　　　　　　　　　　　多元回归分析结果

变量	(1) RiskT	(2) VOL
G01234	-0.003*	-0.001***
	(-1.83)	(-2.59)
Size	-0.014***	-0.003***
	(-7.54)	(-11.19)
Lev	0.032***	-0.004***
	(4.09)	(-4.39)
SOE	-0.004	0.000
	(-0.88)	(0.39)
ROA	-0.143***	0.011***
	(-8.74)	(4.92)
IndNum	-0.000	-0.000
	(-0.51)	(-0.13)
Big4	0.001	0.000
	(0.35)	(0.30)
Top10	0.024***	0.021***
	(4.22)	(15.60)
Age	-0.000**	-0.000**
	(-2.41)	(-2.00)
Gender	0.001	-0.000
	(0.35)	(-0.63)
Edu	0.001	-0.000
	(1.19)	(-1.24)
Dual	-0.002	0.001***
	(-1.21)	(3.16)
Constant	0.315***	0.105***
	(8.40)	(19.58)
Year	YES	YES
Firm	YES	YES
Observations	20021	22636
Adjusted R-squared	0.072	0.439

注：*、**、***分别表示在10%、5%、1%水平显著，T值基于稳健调整的标准误计算；G01234为出生年份虚拟变量，出生年份的尾数为0、1、2、3、4时取值为1，否则取值为0。

六、机制分析和稳健性检验

(一) 出生年代对个人行为影响的机制分析

为了进一步检验内在机制,分析为什么出生于所在年代后半段的 CEO 风险承担水平更高,借鉴已有研究方法(Bai et al., 2019),我们对出生于 1950—1999 年的社会群体进行了有关自我认知的问卷调查。问卷设置五个有关自我性格特征的问题,从果断性、自恋性、个性化、敬畏心等多角度考察样本群体的自我认知。问卷于 2019 年 9 月 26 日通过问卷星平台随机向各年龄段、各地域社会大众发布,问卷派发历时 3 天,共收回有效样本 705 份,其中 386 份来自出生于各年代后半段的群体(5s),319 份来自出生于各年代前半段的群体(0s)。对两组群体所提供的自我认知结果进行差异检验,检验结果如表 5 所示。

表 5 问卷结果统计

问题1:您最近10条朋友圈有分享自己的单人照片吗?		
	0s	5s
样本量	319	386
是 (#)	95	151
是 (%)	29.78	39.12
Difference	9.34% *** (0.0096)	

问题2:您对比您年长的人,存在敬畏之心吗?		
	0s	5s
样本量	319	386
是 (#)	283	325
是 (%)	88.71	84.20
Difference	-4.52% * (0.0833)	

问题3:您对比您年轻的人,存在敬畏之心吗?		
	0s	5s
样本量	319	386
是 (#)	175	202
是 (%)	54.86	52.33
Difference	-2.53% (0.5038)	

问题4:在面对抉择时,您常常?		
	0s	5s
样本量	319	386
果断选择 (#)	170	182
果断选择 (%)	53.29	47.15
Difference	-6.14% (0.1048)	

续表

问题5：总体而言，您觉得自己是个性化，还是大众化的人？

	0s	5s
样本量	319	386
个性化（#）	118	155
个性化（%）	36.99	40.16
Difference	3.16%（0.3913）	

注：*、***分别表示在10%、1%水平显著，括号中为p值。

由表5可知，相较于出生于各年代前半部分的群体，出生于后半部分的群体会更加活跃地在社交媒体上分享自己的单人照片，且对于年长者抱有更少的敬畏之心。而其余问题结果差异均不显著。一些研究将朋友圈晒照行为与自恋水平挂钩（Wang，2017）。在公司治理层面，近年来许多文献着手研究管理者自恋与公司决策的关系（Ham et al.，2018；文东华等，2015）。所以，本文认为，自恋主义是影响所在年代后半段出生CEO风险承担水平更高的一个主要机制。另一方面，从敬畏心态的角度，出生在所在年代前半段的CEO，与比其更年长的5s相比，其往往认为自我辈分更低，因此行为相对谨慎；而对出生在所在年代后半段的CEO，与比其更年长的0s相比，其往往认为大家共属于一个时代，敬畏心降低，进而具备更高的冒险精神。表5中的结果刚好支持了这一分析。所以，本文认为，敬畏之心也是影响所在年代后半段出生CEO风险承担水平更高的一个主要机制。

（二）稳健性检验

1. 缩小年龄分组的稳健性检验

为了更增强前文研究结论的可靠性，本文缩小了解释变量的分组范围选择，即：选择CEO出生年份尾数为0、1和2的代表0s，构建虚拟变量G012取值为1，CEO出生年份为其他尾数的取值为0；选择CEO出生年份尾数为5、6和7的代表5s，构建虚拟变量G567取值为1，CEO出生年份为其他尾数的取值为0。然后分别将其作为被解释变量进行回归分析。表6检验结果显示，G012为负，VOL在1%的水平显著；G567为正，RiskT和VOL分别在5%和10%的水平显著。这一结果进一步验证了本文的基本假设，也佐证了本文对年龄组的划分具备代表性（见表6）。

表6 缩小年龄分组的稳健性检验结果

变量	(1) RiskT	(2) VOL	变量	(1) RiskT	(2) VOL
G012	-0.002	-0.001***	G567	0.003**	0.001*
	(-1.53)	(-3.17)		(2.00)	(1.82)
Size	-0.014***	-0.003***	Size	-0.014***	-0.003***
	(-7.53)	(-11.14)		(-7.55)	(-11.18)
Lev	0.032***	-0.004***	Lev	0.032***	-0.004***
	(4.10)	(-4.39)		(4.09)	(-4.41)

续表

变量	(1) RiskT	(2) VOL	变量	(1) RiskT	(2) VOL
SOE	-0.004 (-0.91)	0.000 (0.34)	SOE	-0.004 (-0.91)	0.000 (0.35)
ROA	-0.143*** (-8.74)	0.010*** (4.89)	ROA	-0.143*** (-8.74)	0.011*** (4.92)
IndNum	-0.000 (-0.53)	-0.000 (-0.16)	IndNum	-0.000 (-0.52)	-0.000 (-0.13)
Big4	0.001 (0.35)	0.000 (0.32)	Big4	0.001 (0.31)	0.000 (0.27)
Top10	0.024*** (4.22)	0.021*** (15.64)	Top10	0.024*** (4.20)	0.021*** (15.59)
Age	-0.000** (-2.39)	-0.000* (-1.95)	Age	-0.000** (-2.43)	-0.000** (-2.03)
Gender	0.001 (0.35)	-0.000 (-0.65)	Gender	0.001 (0.36)	-0.000 (-0.62)
Edu	0.001 (1.19)	-0.000 (-1.24)	Edu	0.001 (1.19)	-0.000 (-1.25)
Dual	-0.002 (-1.21)	0.001*** (3.14)	Dual	-0.002 (-1.19)	0.001*** (3.20)
Constant	0.314*** (8.38)	0.105*** (19.53)	Constant	0.313*** (8.37)	0.105*** (19.51)
Year	YES	YES	Year	YES	YES
Firm	YES	YES	Firm	YES	YES
Observations	20021	22636	Observations	20021	22636
Adjusted R-squared	0.072	0.439	Adjusted R-squared	0.072	0.439

注：*、**、***分别表示在10%、5%、1%水平显著，T值基于稳健调整的标准误计算；G012为出生年份虚拟变量，出生年份的尾数为0、1、2时取值为1，否则取值为0；G567为出生年份虚拟变量，出生年份的尾数为5、6、7时取值为1，否则取值为0。

2. 剔除早年饥荒经历影响的稳健性检验

近年来，众多文献研究表明个人早年经历对其行为决策具有影响作用（Malmendier, U et al., 2011）。为剔除饥荒经历对本文研究结论的干扰，本文首先剔除出生于1959—1961年CEO样本共2655个，对剩余样本进行回归分析。然后，本文又剔除出生于1952—1961年CEO样本共8088个，对剩余样本进行回归分析。这实际上剔除了8岁前童年时期经历大饥荒的群体，同时剔除部分也正好是完整的包含0s和5s的整个10年，避免样本年代结构出现明显偏差。表7检验结果显示，总体趋势同样与主回归吻合，说明本文的研究结论比较稳健。

表7　　基于CEO早年饥荒经历的稳健性检验结果

变量	去掉1959—1961年出生样本		去掉1952—1961年出生样本	
	(1) RiskT	(2) VOL	(1) RiskT	(2) VOL
G01234	-0.003**	-0.001**	-0.004*	-0.001**
	(-2.19)	(-2.53)	(-1.78)	(-2.48)
Size	-0.013***	-0.003***	-0.012***	-0.003***
	(-7.11)	(-10.44)	(-6.15)	(-8.80)
Lev	0.032***	-0.005***	0.035***	-0.006***
	(4.13)	(-4.89)	(3.64)	(-4.49)
SOE	-0.005	0.000	-0.004	-0.001
	(-1.07)	(0.18)	(-0.70)	(-0.75)
ROA	-0.143***	0.011***	-0.141***	0.012***
	(-8.05)	(4.78)	(-6.89)	(4.43)
IndNum	-0.000	-0.000	-0.001	-0.000
	(-0.37)	(-0.86)	(-0.63)	(-0.74)
Big4	0.002	-0.000	0.003	0.000
	(0.57)	(-0.02)	(0.58)	(0.34)
Top10	0.023***	0.020***	0.023***	0.020***
	(3.73)	(14.23)	(3.27)	(11.90)
Age	-0.000***	-0.000**	-0.000**	-0.000**
	(-3.35)	(-2.37)	(-2.10)	(-2.39)
Gender	0.004	-0.001	0.005	0.000
	(1.22)	(-1.08)	(1.20)	(0.36)
Edu	0.001	-0.000	0.001	-0.000
	(0.86)	(-1.07)	(0.77)	(-1.43)
Dual	-0.002	0.001***	-0.001	0.001*
	(-1.07)	(3.09)	(-0.69)	(1.81)
Constant	0.303***	0.107***	0.273***	0.107***
	(7.91)	(18.71)	(6.91)	(15.95)
Year	YES	YES	YES	YES
Firm	YES	YES	YES	YES
Observations	17953	20317	13661	15464
Adjusted R-squared	0.069	0.438	0.065	0.440

注：*、**、***分别表示在10%、5%、1%水平显著，T值基于稳健调整的标准误计算；G01234为出生年份虚拟变量，出生年份的尾数为0、1、2、3、4时取值为1，否则取值为0。

七、研究结论及理论启示

本文以 CEO 相对年龄为切入点,构建了上市公司 CEO 出生年代对公司风险承担的影响分析框架,通过实证研究得出以下结论:出生于所在年代后半段的 CEO 比出生于所在年代前半段的 CEO 更加偏好风险,其所在公司的风险承担水平也更高。这个结论也符合本文基于年龄分段的猜想。机制分析表明,出生于年代后半部分的社会群体更具自恋倾向、对年长者抱有更少敬畏之心是其偏好风险的主要原因。本文研究结果为公司管理者及社会大众的自我认知提供新的视角,为我们更好的理解公司风险承担行为以及上市公司对 CEO 的选拔及任命都具有启示意义。

参考文献

[1] 董保宝. 风险需要平衡吗:新企业风险承担与绩效倒 U 型关系及创业能力的中介作用 [J]. 管理世界, 2014 (1): 120-131.

[2] 文东华, 童卫华, 彭希. CEO 自恋、所有权性质和组织后果——来自中国上市公司的证据 [J]. 经济管理, 2015, 37 (8): 65-75.

[3] 余明桂, 李文贵, 潘红波. 管理者过度自信与企业风险承担 [J]. 金融研究, 2013 (1): 149-163.

[4] 张瑞君, 程玲莎. 管理者薪酬激励、套期保值与企业价值——基于制造业上市公司的经验数据. 当代财经 [J]. 2013 (12): 117-128.

[5] 钟海燕, 张猛. CEO 年龄对企业风险承担与资本配置效率的影响研究 [J]. 会计之友, 2014 (21): 52-54.

[6] 周耀东, 余晖. 国有垄断边界、控制力和绩效关系研究 [J]. 中国工业经济, 2012 (6): 31-43.

[7] Bai, J. et al. What a Difference a (Birth) Month Makes: The Relative Age Effect and Fund Manager Performance. Journal of Financial Economics, 2019, 132 (1): 200-221.

[8] Barnsley, R. H. et al. Family Planning: Football Style. The Relative Age Effect in Football. International Review for the Sociology of Sport, 1992, 27 (1): 77-87.

[9] Faccio, M. et al. CEO Gender, Corporate Risk-taking, and the Efficiency of Capital Allocation. SSRN Electronic Journal, 2016 (39): 193-209.

[10] Hambrick, D. C. et al. Upper echelons: The Organization as a Reflection of Its Top Managers. Academy of Management Review, 1984, 9 (2): 193-206.

[11] Ham, C. et al. Narcissism is a Bad Sign: CEO Signature Size, Investment, and Performance. Review of Accounting Studies, 2018, 23 (1): 234-264.

[12] Ham, C. et al. CFO Narcissism and Financial Reporting Quality. Journal of Accounting Research, 2017, 55 (5): 1089-1135.

[13] Hart, O. et al. The Proper Scope of Government: Theory and an Application to Pris-

ons. Quarterly Journal of Economics, 1997, 112 (4): 1127 – 1161.

[14] He, X. et al. Facial Structure and Achievement Drive: Evidence from Financial Analysts. Journal of Accounting Research, 2019, 57 (4): 1013 – 1057.

[15] Hirshleifer, D. et al. Managerial Conservatism, Project Choice, and Debt. Review of Financial Studies, 1992, 5 (3): 437 – 470.

[16] Malmendier, U. et al. Depression Babies: Do Macroeconomic Experiences Affect Risk Taking? The Quarterly Journal of Economics, 2011, 126 (1): 373 – 416.

[17] Serfling, M. CEO Age and the Riskiness of Corporate Policies. Journal of Corporate Finance, 2014, 25: 251 – 273.

[18] Wang, D. A Study of the Relationship between Narcissism, Extraversion, Drive for Entertainment, and Narcissistic Behavior on Social Networking Sites. Computers in Human Behavior, 2017, 66: 138 – 148.

[19] Zwiebel, J. Corporate Conservatism and Relative Compensation. Journal of Political Economy, 1995, 103 (1): 1 – 25.

资管新规背景下中小商业银行同业存单融资风险研究

——以包商银行为例

刘瑞俊

会计学院财务管理专业 1801 班　　指导老师：邓伟

一、绪论

（一）研究背景

自 1987 年中国债券二级市场成立以来，债市投资始终面临着从"刚兑"到"打破刚兑"逻辑转变的考验。以我国中小商业银行的视角来看，2008 年国际金融危机后，得益于我国宽松的货币政策下流动性的释放和金融监管套利空间的存在，银行同业业务逐渐兴起并快速扩张。与此同时，中小商业银行的资产负债规模也迅速膨胀，资产端、负债端逐渐显现端倪，资本的脆弱性累聚。

值得注意的是，包商事件标志着同业存单市场"刚性兑付"状态正式被打破，与《资管新规》所体现的不允许基金产品、理财产品等"保刚兑"的精神一脉相承，表明我国供给侧改革的深度广度将会进一步拓展。长期以来，债券市场刚性兑付的状态导致市场对风险的定价不精确，票面利率无法真实反映企业风险状况，不利于提高资源的配置效率。包商事件只是一个缩影，以同业存单为典型代表的一系列融资业务依然存在着明暗交杂的风险。为了有效化解风险，深化供给侧改革仍是当前的政策主线。

（二）事件依据

2019 年 5 月 24 日，中国人民银行、中国银行保险监督管理委员会联合发布公告称，鉴于包商银行出现严重信用风险,[①] 决定组建接管组对包商银行实行一年期接管。央行和银保监会对其严重信用风险的具体判断依据是什么呢?有哪些地方值得中小商业银行警惕?该公告并未向外界直接透露被接管的具体原因,只提到了"严重的信用风险"。

包商银行也曾经是商业银行业界有着多项殊荣的"先进分子",其过去的风险评级仅为二级,然而包商银行被接管时,中国人民银行、中国银行保险监督管理委员会却称其"出现严重的信用风险",前后反差之大耐人寻味。公告一经发布,与包商银行有关的投资机构、公司都受到了不同程度的影响,首当其冲的是同业存单市场。

1. 同业存单市场的震荡

本文将市场反应与包商银行数据相互对照,认为同业存单融资风险或为包商银行被接管的重要原因。

在接管公告发布之后,中国人民银行规定包商银行5000万以上的同业存单不保障兑付,且最低预先兑付比例仅为70%,此举被视为打破了同业存单市场的刚性兑付。包商事件后的第一个交易周(即5月27—31日),同业存单市场受到较大的冲击,同业存单计划发行量、实际发行量分别下降69%、79%,认购率大幅下滑约27%(如图1所示)。从同业存单市场强烈的震荡可以推测出,同业存单融资风险或为包商银行被接管的重要原因。

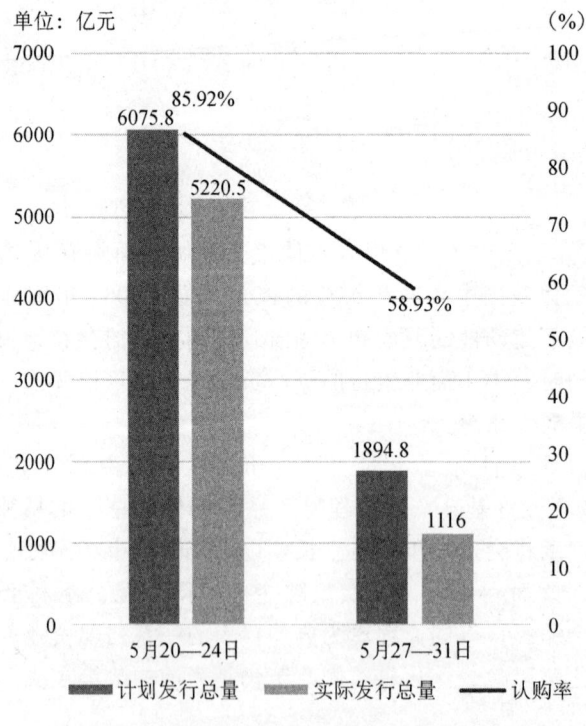

图1 包商事件后一周内同业存单市场变化

---

① 依法联合对包商银行股份有限公司实施接管[N]. 人民日报,2019-05-25.

2. 包商银行同业存单数据

包商银行在2017年第三季度后没有再披露其年报。从包商银行已披露的资产负债数据来看，包商银行吸收的存款占总负债比例逐渐下滑，同业负债比例逐年攀升。包商银行应付债券以同业存单为主，其对同业负债融资的依赖程度逐渐加大。

2014年包商银行计划发行的同业存单仅为80亿元，2015年扩张为350亿元，一年之间翻了4倍有余。而到了2017年其同业存单的计划发行量已经高达800亿元。截至2017年三季度末，包商银行同业负债表中同业负债为2611.9亿元，其中包含同业存单余额789.2亿元，占同业负债的28.6%。① 在2017年同业存单占同业负债比例远高于同规模其他商业银行的情况下，包商银行在此后的2018年、2019年同业存单计划发行量并没有下降，而是一直维持在800亿元。截至2019年5月24宣布被接管时，包商银行的同业存单余额已经攀升至1053.1亿元，表现出负债端存单化严重的问题（如图2所示）。

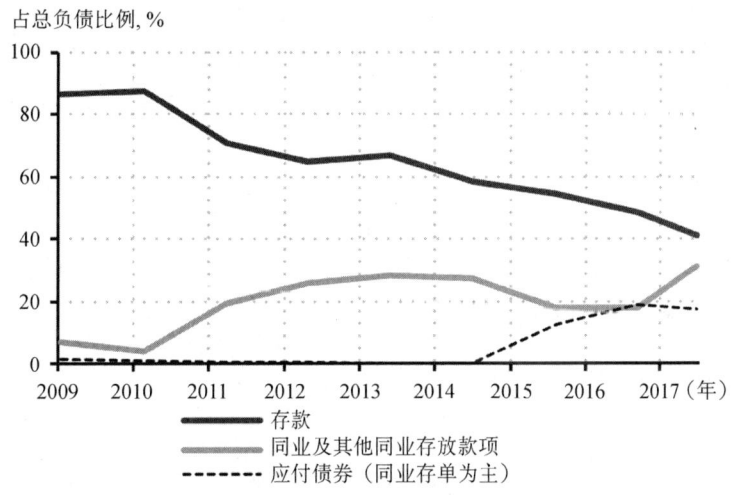

图2　包商银行同业（含同业存单）占总负债走势

如果说市场的反应已经暗示了同业存单业务背后的问题，那么再结合包商银行自身的同业负债（含同业存单）的数据，不难发现同业存单这种融资方式其实隐含着较大的风险，包商银行被接管即是释放了风险信号，这种信号在市场上被进一步放大了。

（三）研究意义

1. 理论意义

本文在《资管新规》背景下对中小商业银行的同业存单融资风险进行研究，对已有的风险的识别和规避理论起到完善和补充的作用。本文通过探寻商业银行同业存单融资业务的发展及其演变过程，理性看待同业存单的收益和风险，合理地分析中小商业银行同业存单规模快速扩张带来的潜在风险，对现有理论及其发展有较强的参考价值。

---

① 数据来源：Wind。

2. 现实意义

从现实层面来说，本文的研究意义体现在以下几个方面：

（1）有利于中小商业银行规范自身同业存单业务，加强和完善风险管控制度。近年来，部分中小银行经营风格较为激进，定位不清晰，经营管理理念、战略规划及科技实力均较弱。过去在金融监管较为宽松的环境下，中小银行实现了规模的快速扩张，随着经济下行压力加大，金融去杠杆与严监管持续推进，部分经营管理能力较弱的中小银行面临的信用风险加大，在公司治理、营利能力、资产质量、资本充足水平方面的问题逐渐暴露。[①]

在《资管新规》的强监管背景下，包商事件为整个银行业敲响了警钟，在一定程度上反映了中小商业银行资产负债端存在的问题。本文通过同业存单融资风险研究，厘清存单投资的逻辑，有助于中小商业银行把握风险，及时调整其资产负债结构，契合时代需要，走健康长远的发展道路。

（2）有利于监管机构完善各项政策的细则，及时识别和化解中小商业银行面临的风险，引导同业存单市场良性发展。央行和银保监会对包商银行的接管表明了监管机构整顿银行业的决心和力度。在市场波动较大的情况下，当局应该密切关注中小银行流动性状况，加强市场监测，公开市场操作，通过一系列措施维护商业银行体系的流动性，保障同业存单市场的平稳运行。

（3）有利于同业存单投资机构以更加审慎的态度进行投资，提高风险识别能力和风险定价水平。包商事件标志了同业存单市场"刚性兑付"的状态正式被打破。银行业淘汰机制的设立、刚兑的打破，让投资者的投资风险进一步增加，在深化金融供给侧改革的背景下，提高风险识别能力和风险定价水平是投资者面临的紧要任务。

（四）研究方法

1. 个案研究法

本文是以包商银行被接管事件作为研究个例，仔细搜集并分析了包商银行近年来的资产负债状况、现金流量情况、同业存单发行量和同业业务等方面数据，对事件进行深入而全面的分析。并以其资产、负债端作为切入点对整个银行业的同业存单情况进行调查和研究，以期望探求当下银行同业存单业务所面临的各种风险和未来可能的发展方向。

2. 文献研究法

本文通过查阅大量核心期刊、论文和书籍等资料对国内外银行同业存单业务发展现状进行充分了解。并且搜集了多位专家学者对于近期央行、银保监对银行同业业务相关的资管新规的最新解读，为我们开展本课题提供了最基础的理论支撑和思想指引。

3. 数量研究法

数量研究法也称"统计分析法"和"定量分析法"，指通过对研究对象的规模、速度、范围、程度等数量关系的分析研究，认识和揭示事物间的相互关系、变化规律和发展趋势，借以达到对事物的正确解释和预测的一种研究方法。[②] 本文从 Wind、Csmar、人大

[①] 彭莉，喻思慧. 从包商银行被接管事件探讨中小商业银行发展之路［J］. 企业科技与发展，2019.
[②] 王炳，苏林. 新编经济·管理·财会毕业论文写作与答辩［M］. 北京：中国经济出版社，2014.

经济论坛、国家统计局等官方正规网站中搜集了大量数据并将其制成图表，直观简洁地反映问题。

（五）研究思路

本文的研究思路及四个部分的基本介绍如下：

第一部分：绪论。该部分主要介绍了本文的研究背景并导入研究案例，介绍了本文的研究意义、研究方法和研究思路。

第二部分：包商事件背后的融资风险。该部分主要通过分析数据，从负债端和资产端两个角度对同业存单融资风险进行讨论。

第三部分：同业存单套利链条分析。在第二部分的基础上，本文第三部构建了同业套利模型，分析了同业存单的利弊。

第四部分：主要结论及建议。总结全文得出基本结论，为我国中小商业银行同业存单融资的健康发展提供建议。

二、包商事件背后的融资风险

（一）负债端——"居高不下"的同业负债

本文将包商银行与我国商业银行的数据进行横向对比，选取了截至 2017 年三季度末有同业存单存续的且信息披露完善的商业银行为样本，考察了银行业整体同业负债情况。从银行业整体来看，包商银行负债构成高度依赖同业负债。其同业负债占总负债比例高达 48.04%，排名全体样本的第三位，仅次于吉林蛟河农商行（53.84%）和浙江民泰商业银行（48.26%）。截至 2017 年三季度末，银行业整体同业负债占整体总负债的 19.49%，城商行、农商行、股份制银行、国有商业银行同业负债占比分别为 30.25%、21.67%、30.02% 和 10.47%。① 监管部门要求同业负债不高于总负债的 1/3，包商银行已然越过警戒线（见表1）。

表1　　　　　　　　包商银行及银行整体同业负债占比

银行类型	同业负债占比（%）
包商银行	48.04
城商行	30.25
农商行	21.67
股份制银行	30.02
整体银行业	19.49

---

① 张志前. 当前我国中小银行的困境及出路［J］. 银行家，2019.

通过将包商银行同业负债与同规模银行进行对比,本文发现其同业负债占比远高出同等规模的其他银行。本文以 2017 年三季度末总资产规模为标准,选取了 4 家与包商银行规模相近的银行,分别为厦门国际银行、成都银行、长沙银行和贵阳银行。这 4 家银行截至 2017 年三季度末的同业负债占比分别为 29.93%、22.89%、22.89% 和 28.63%,包商银行同业负债占比分别高出 18.11 个、25.15 个、25.15 个、19.41 个百分点(见表 2)。①

表 2　　　　　　　包商银行及几家规模相近的银行同业负债占比

银行名称	同业负债占比(%)
包商银行	48.04
厦门国际银行	29.93
贵阳银行	28.63
成都银行	22.89
长沙银行	22.89

同业存单利率往往高于同期限的存款利率,单期限往往在 1—4 个季度,负债期限较短。因此,对同业负债高度依赖说明包商银行揽储能力较弱,且负债稳定性较差。一方面,大量的同业负债要求包商银行投放更高风险的资产以获得与负债成本相匹配的收益;另一方面,也增加了其资产负债期限错配的程度,增加了包商银行的流动性风险。

令包商银行雪上加霜的是,截至接管公告发布时,包商银行续期同业存单和债券共计 684.3 亿元,其中除 15 包商银行二级 65 亿元债务在 2025 年 12 月份到期外,其余 619.3 亿元债务均在未来一年以内密集到期,②对包商银行短期偿债能力形成很大压力。大规模应用短期债务融资工具,无视期限错配规则,负债端的压力很大程度地提高了银行的信用风险。

负债端反映的另一个问题是包商银行向中央银行借款大幅增加。中央银行通常把对商业银行的放款作为金融调控的手段,一般情况下商业银行向中央银行的借款只能用于调剂头寸、补充储备的不足和资产的应急调整,不能用于贷款和证券投资。② 大多数时候商业银行不愿意向中央银行借款,因为央行会认为该行资金周转困难,存在风险,从而提高存款准备金率,会影响到银行的效益。但包商银行大胆地快速增加中央银行借款,说明其已经存在一定信用风险,这或许是引起监管机构关注的重要指标之一。

(二)资产端——资产质量堪忧

截至 2017 年三季度末,包商银行资产总额为 5762 亿元,较 2016 年末 4316 亿元增长 33.5%,资产规模增速较快。其中占比最大的科目为发放贷款及垫款、应收款项类投资,分别为 2081 亿元和 1532 亿元,占总资产比例为 36.11% 和 26.59%,较 2016 年末的 1518

---

① ② 数据来源:Wind。
② 刘瑞波.商业银行财务管理[M].北京:中国财政经济出版社,2003.

亿元和 1221 亿元分别增加 37.09% 和 25.47%，这两类资产的回收情况将直接影响包商银行整体资产质量。

1. 以理财产品为主的大量应收款项类投资

从资产端来说，包商银行投放在应收款项类投资的资产占比较高，应收款项类投资主要投向了理财产品。截至 2017 年 9 月末，包商银行应收款项类投资高达 1532.38 亿元（见表3）。截至 2017 年 3 月末，包商银行应收款项类投资共计 1149.46 亿元，其中很大比例的资金涉及贷款客户，通过将贷款业务转化为非标资产投资业务为客户提供流动资金支持。较大规模的非标资产业务规模往往包含多层嵌套，进一步降低包商银行的资产质量，使风险更加集中。

表 3　　　　　　包商银行与银行业应收款项类投资占比

银行类型	应收款项类投资占比（%）
包商银行	26.56
城商行	17.38
农商行	10.54
股份制银行	15.58
整体银行业	8.87

作为一家城市商业银行，包商银行的应收款项类投资这一资产端指标高达 26.56%，远远高于城商行的平均水平，更是接近整体银行业的三倍。

与资产规模相近的 4 家银行相比，包商银行应收款项类投资占比仅次于长沙银行，分别高出厦门国际银行、成都银行、贵阳银行 1.61 个、14.17 个、4.15 个百分点。包商银行应收款项类投资占比分别处于全体样本和全体城商行样本的 15%、20% 分位（见表4）。①

表 4　　　　包商银行及几家规模相近的银行其应收款项类投资占比

银行名称	应收款项类投资占比（%）
包商银行	26.59
厦门国际银行	24.99
贵阳银行	22.45
成都银行	12.45

2. 连年攀升的不良贷款率

截至 2016 年末，包商银行账面次级、可疑、损失类贷款分别为 8.35 亿元、9.87 亿元、8.18 亿元，不良贷款合计 26.40 亿元，不良率达 1.69%。② 有关资料显示，包商银行

---

① 数据来源：Wind。
② 数据来源：CSMAR。

自 2017 年起，不良贷款率已高达 3.25%，远高于同期全国城商行不良贷款率的平均水平 1.5%，公司资产质量持续下行。

截至 2017 年 3 月，包商银行贷款总额 1756 亿元，其中对公贷款 1200 亿元，占比 68.34%，是贷款的主要构成部分。从包商银行对公贷款的行业分布情况来看，主要集中在批发和零售业，占比高达 37.08%，其次是制造业，占比 18.17%。且单一最大客户款余额为 14.2 亿元，前十大客户贷款总额为 106.23 亿元，分别占对公贷款比例为 1.18% 和 8.85%，[①] 贷款客户过于集中，不利于分散风险。

包商银行应收款项类投资占比过高导致了不良贷款率连年攀升。与此同时，包商银行资本充足率也不容乐观。截至 2017 年三季度末，其资本充足率为 9.5%，已无法满足 10.5% 的监管要求；核心一级资本充足率为 7.4%，也低于 7.5% 的监管要求。资本充足率要求作为银行业监管红线，其指标意义重大，从包商银行来看，持续增加的信用风险和资产质量压力首先侵蚀利润，则银行难以进行内源性资本补充，而包商银行为非上市城商行且主要股东均为明天集团关联公司，一旦股东集中出现问题，则外源性资本补充难度同时加大。低于监管红线的资本充足率将从各方面显著影响经营。包商银行作为非上市城商行，股权结构分散，主要股东为民营企业法人，未来资本补充能力存在较大不确定性，这也是该行被接管的监测指标之一。

三、同业存单套利链条分析

为了研究中小商业银行同业存单融资业务风险，本文首先通过同业存单融资的优势对其规模快速扩张加以分析，紧接着结合数据明确同业存单市场的供需端结构（即发行主体和投资主体），随后围绕着发行主体——中小商业银行，整理出同业存单业务的套利链条，再结合套利链条分析其弊端和风险（见图 3）。

图 3　同业存单融资业务分析

（一）同业存单优势

在市场政策相对宽松的时期，由于同业存单的优势明显，其规模扩张迅速。央行在 2013 年年底公布的《同业存单暂行办法》标志着同业存单业务正式回归市场，同业存单的融资模式拓展了中小商业银行的负债来源。对商业银行而言，同业存单属于一种主动负债工具，作为商业银行市场线上运行的标准化产品，其主要优势如下：

1. 发行自主性强

根据同业存单的发行规则，中小商业银行可以自主确定发行的规模、期限，相比于银行间的回购和拆借期限被限制在 1 周之内，同业存单的期限最高可达到 3 年，最低也可以

---

① 数据来源：Wind。

是 1 个月，这提高了中小商业银行负债端的灵活性。

2. 操作便利且效率高

同业存单通过全国银行间拆借中心的交易系统采用电子化方式发行，具备资格的投资人只要在银行间市场清算所设立了托管账户，就可以直接点击认购不同发行人的同业存单，无须再进行一对一的开户，买卖双方更无须见面。而从询价到认购再到缴款一共只需要 3 天的时间，并且由于整个流程完全不涉及纸质合同以及盖章用印等问题，明显提高了效率。

3. 市场公开透明

同业存单发行的价格透明公开，发行量也披露在上海清算交易所和中国货币网，发行人每年会提前披露本行的发行计划，就所有发行人发行的每一期同业存单而言，发行利率、期限、金额，对于所有投资人来说都是公开透明的，这就使同业存单市场是一个充分竞争的市场，其利率是在高度竞争的市场环境中由供求双方共同决定的，市场参与者也是价格的接受者（如图 4 所示）。

图 4　2014 年以来同业存单发行规模走势

2013 年年底的同业存单发行总额为 340 亿元，在上述几点优势的驱动下，发行同业存单的中小商业银行如雨后春笋般出现，同业存单市场蓬勃发展。截至 2018 年其发行总额攀升至惊人的 21 万亿元[①]，足足翻了 617 倍之多，可见同业存单市场这块蛋糕之大。

（二）同业存单供需端结构

本文根据同业存单市场的供需端结构，对以包商银行为代表的中小型商业银行进行同业存单融资风险研究，具有较强的典例性。

同业存单发行呈现"三足鼎立"的局势，城商行、农商行以及股份制商业银行三者共占据了同业存单发行总额的 97%，而其中较大一部分都是手头并不宽裕的中小商业银行（如图 5 所示）。

---

① 数据来源：国家统计局。

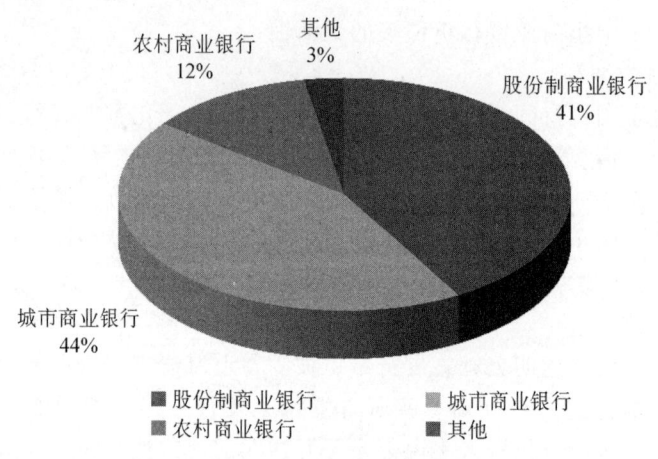

图 5　同业存单发行主体占比

同业存单投资主体则是两家独大,非法人机构和商业银行合计约占据投资总额的81%。由于没有严格的划分依据,大中小商业银行的数据只能合并为33.81%。① 但可以明确的一点是,有些商业银行把同业存单借来的钱转手又投资到其他银行的同业存单,既是同业存单的供给方也是需求方,这样一来,同业市场这块蛋糕越做越大,也愈发诱人了(如图6所示)。

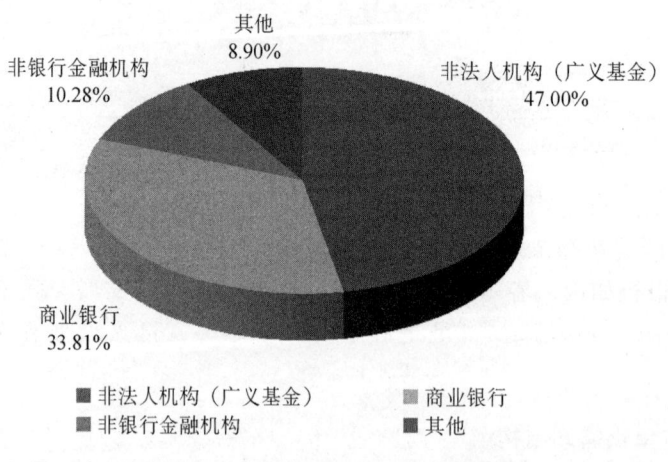

图 6　同业存单投资主体占比②

(三) 中小商业银行套利链条解读

本文从同业存单的投资和发行主体出发,结合相关资料研究得出同业存单套利链条,并进一步解读中小商业银行热衷于同业存单融资业务的原因(如图7所示)。

---

① 数据来源:Wind。
② 数据来源:国家统计局。

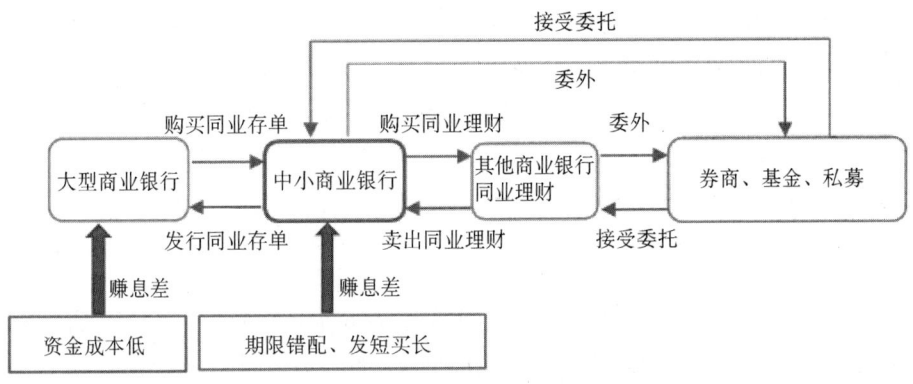

图 7 同业存单套利链条

作为发行主体，中小商业银行资金并不宽裕，它们通过同业存单进行融资从而获取大量资金，将一部分融资所得用于购买同业理财产品，将另一部分用于发放贷款，还有的用来偿还即将到期的债务。站在中小商业银行的角度来看，其最终目的是谋求自身利润最大化；站在同业存单规则和政策的制定者来说，其最终目的是服务于实体经济。作为投资主体，规模更大的商业银行和相关投资机构的资金相对充沛，它们购买中小商业银行同业存单，获取来自发行方支付的利息作为收益。

2015—2016 年，该阶段同业存单在发行规模上受监管限制少，相对宽松的货币政策使市场的流动性充裕，中小商业银行大量发行同业存单、购买同业理财，通过套利链条获得可观的收益。结合套利链条可以推测，同业存单募集资金除部分在银行间市场空转外，一部分流入实体经济，同时由于加长的资金链条以及套利环节，流入实体部分需进行信用下沉。银行出于资产质量管理的考虑，一般有动力将资产质量较好的企业及贷款留在表内，而表外资产不纳入不良贷款的考察范围，更方便进行隐匿。所以同业存单通过委外下沉的信用投放，有着比表内更为严峻的信用风险。

（四）同业存单的弊端及风险

风险和收益是正相关的，同业存单业务扩张带来的收益也伴随着增加的风险。基于对供需结构和套利链条的解读，本文归纳出以下几点弊端和风险：

1. 空转套利

同业存单的初衷是方便商业银行、服务实体经济。然而部分中小商业银行却误入歧走向了"空转"模式，即发行同业存单后又开始大量购入同业存单，没有把钱借给真正有资金需求的实体经济领域。宏观经济学基本知识告诉我们，这种"空转"的方式对我国GDP 几乎没有贡献，从宏观经济学角度来说甚至不能算作是投资。可偏偏是"空转"能赚到快钱和热钱，部分中小商业银行被表象蒙蔽了双眼，热衷于发行同业存单进行套利活动，忽视了快钱和热钱背后的风险，由此埋下了隐患。

2. 兑付压力

《同业存单管理暂行办法》（中国人民银行公告〔2013〕第 20 号）中规定固定利率存单期限原则上不超过 1 年，浮动利率存单期限原则上在 1 年以上。2017 年 8 月 31 日，人民银行发布 2017 年第 12 号公告,将银行同业存单发行期限的上限缩短为 1 年。[①] 2019 年以来发行的同业存单中,发行期限 6M 及以下的占了近一半份额。当期限较短的同业存单集中到期时,中小商业银行会面临较大的兑付压力,为了缓解压力而采取的滚动发行措施进一步积累了风险。

3. 流动性风险

首先介绍一下流动性风险的传导机制:部分中小银行同业资金融入出现问题,出现小范围的流动性压力,银行则会率先在资产端抛售流动性较高资产,利率债等资产抛压加大。此外,一旦银行间市场流动性紧张,中小银行委外业务赎回压力加大,将带来非银机构抛售股票及债券资产,放大风险。由此我们可以看出,中小银行在以同业存单为"规模加速器"的扩张模式中,高度依赖增加期限错配谋求更高的收益率,赚取利差。从同业存单平均剩余期限来看,城商行、村镇银行、农商行及农信社期限显著低于国有行及股份行。然而愈发加重的期限错配叠加缺失的流动性管理水平,一旦面临货币政策转向或流动性收紧,则会引发流动性危机,而由于委外的资金还会进入股市与债市,中小银行的流动性风险提高了整个金融业的系统性风险。

4. 信用风险

过去同业业务的快速扩张主要基于同业信用预期,市场机构对同业业务的风险控制能力相对有限,缺乏甄别信用风险和评估交易结构的核心技能。实际上,同业业务客户类型多样,包含银行类机构和证券公司、信托、基金等非银行机构,同时产品类型繁多,同业投资业务交易结构复杂、夹杂着企业信用风险。部分风险积聚较高的机构在去杠杆过程中开始释放风险甚至面临整顿重组。

四、主要结论及建议

(一) 审时度势,把握同业存单风险

包商银行被接管事件首先将打破同业存单市场原有的投资逻辑。此前,市场并未充分认识到同业存单背后隐含的风险,大部分机构在投资时将同业存单视为类利率债产品。包商银行目前的兑付方案已经构成了实质性违约,存单市场"刚性兑付"状态已经继募债、央企债、国企债之后被打破,短期内存单发行难度将会加大,存单利率也会随之走高。存单市场波动将会进一步放大。长期来看,中小银行通过同业存单吸收负债将更加困难,其营利能力最终还是要体现到揽储能力和风控程度上,需要关注中小银行资产、负债结构的变化情况,并调整信用评估思路。

包商银行被接管事件,表明了监管机构加强整顿银行业的决心和力度。监管机构应该加强对监管指标的披露,重点关注延迟披露年报的银行,敦促可能存在经营风险的银行及时披露相关信息。防范短期流动性风险和中长期信用风险的发生。[②] 监管部门应该结合市

[①] 吴晓灵,何海峰,汪小亚. 中国金融政策报告 2018 [M]. 北京:中国金融出版社,2018.
[②] 肖宇桐,孙英隽. 从包商银行事件看我国中小银行发展中的问题 [J]. 经济研究导刊,2019.

场环境，在整治市场乱象的同时完善各项制度，加强对市场、对其他商业银行的监测，防患未然。对同业存单发行依赖性强的银行提高关注度、采取相关措施，及时督促存在潜在风险的商业银行调整自身的资产负债结构、规范同业存单业务，尽可能避免类似的接管事件的再次发生。"前车之覆，后车之鉴"，中小商业银行应当对自身同业存单融资业务自查自纠，和监管部门共同努力，化解风险。

（二）避免空转套利，服务实体经济

中小商业银行应该清楚地认识到，同业存单的初衷是为实体经济提供更多的低成本资金。对中小商业银行而言，套利行为短时间内也许会为银行带来一定收益。但长此以往，会导致其资金空转套利，不仅提高了银行自身风险，还阻碍资金有效流入实体经济，有违商业银行服务实体经济的初衷。从监管部门的思路和包商银行对负债的保障方案来看，当局引导金融业回归本源、立足区域、服务实体的决心不可谓不大，深化金融供给侧改革仍然是当前乃至未来一段时间的政策主线。包商事件为商业银行和投资市场敲响了警钟，在过去城商行、农商行一味追求扩大规模的经营路线是不可取的，发挥自身优势吸收更多的储蓄才是出路。商业银行应该明确银行自身属性和定位，解决资金"空转"和负债成本高的问题，规范同业存单在商业银行经营中的应用，清楚地划分同业存单并从会计科目到所有的监管条例均明确其特征，避免盲目扩张，回归本源，将业务重心更多地放在实体经济领域。

参考文献

[1] 依法联合对包商银行股份有限公司实施接管［N］.人民日报，2019 - 5 - 25.
[2] 彭莉，喻思慧.从包商银行被接管事件探讨中小商业银行发展之路［J］.企业科技与发展，2019.
[3] 王炳，苏林.新编经济·管理·财会毕业论文写作与答辩［M］.北京：中国经济出版社，2014.
[4] 张志前.当前我国中小银行的困境及出路［J］.银行家，2019.
[5] 刘瑞波.商业银行财务管理［M］.北京：中国财政经济出版社，2003.
[6] 吴晓灵，何海峰，汪小亚.中国金融政策报告 2018［M］.北京：中国金融出版社，2018.
[7] 肖宇桐，孙英隽.从包商银行事件看我国中小银行发展中的问题［J］.经济研究导刊，2019.

短视频平台用户变现与用户忠诚度的协调

——参与行为视角下对抖音的研究

姚雨思　刘若薇　贾　薇　谭斯予

会计学院会计学专业（CPA Canada）1801 班

一、导论

随着互联网传播形态的不断变革，在进入智能手机的元年后，移动客户端发展迅速。在移动互联网势不可挡的发展和人们对信息具有多样化需求的背景下，信息的表达形式从低维度的文字和图片升级到如今高维度的声音与视频的结合。在这其中，短视频社交平台作为一个信息承载与交流的媒介，它的诞生不仅完美契合了当下快节奏生活对碎片化信息的追求，更满足了用户心理上对自我表达的诉求。如今在传统视频热度逐渐退减的形势下，传统视频平台正面临重大挑战，短视频平台如何趁势而上，获得具有持续性的稳健盈利，成为社会广泛关注的问题。短视频平台的发展一般要分三步走：用户吸引、用户黏性、用户变现。其中，用户变现是其实现盈利的关键环节。抖音目前广告收入占总收入的八成左右，是用户变现的主要形式。为了实现长期盈利，用户忠诚度是重要参数[1]。然而，由于广告变现天然对用户参与行为存在负面影响[2]，而用户参与行为又会对忠诚度产生影响，因此在广告变现的过程中涉及与用户忠诚度的平衡关系，而国内目前对这方面的研究尚为欠缺。基于上述背景，本文将从用户参与行为视角，对用户变现作用下，用户参与行为影响用户忠诚度的路径进行探究，针对用户变现和用户忠诚度之间的权衡提出建议。

---

① 王建军，张勇，池宏. 我国商业银行客户忠诚度研究［J］. 南开管理评论，2006（41）.
② 沈祥. 国内用户使用移动广告行为意向的实证研究［D］. 中国科学技术大学，2008.

二、相关理论及研究假设

（一）用户变现与用户参与行为

1. 用户变现的概念

用户变现是指的将与用户相关的各种信息通过各种手段转变为现金收入的过程。变现的方式十分丰富，总体上可分为广告类、购物类、流量分成类以及增值服务类等。具体包括弹窗广告、软广告植入、定向销售、用户忠诚计划，等等。对于短视频平台而言，收入来源主要包括广告收入和内容收费收入两类，二者之间存在一定冲突，需要根据广告的有效性和内容的内在价值做适当的取舍。由于抖音目前以广告变现的方式为主，因此本文用户变现仅指广告变现。

2. 用户参与行为的概念

用户参与行为是指用户是否选择参与活动以及选择的参与方式。用户在参与活动中的角色是多种多样的，有顺应活动趋势者，也有共同参与活动的价值创造者。其中，根据杨学成和涂科（2018）的观点，用户的参与行为履行了信息共享、人际互动等责任，能够支持企业，与企业一同创造价值。在短视频等新媒体领域，用户的参与行为主要体现在"用户生产文本"和"用户消费文本"两个层面，这也证明了用户的角色是非固定的，既可以作为生产者，同时也是消费者。本文基于上述理论，对抖音用户的行为分类：浏览、互动和创造行为。

3. 用户变现与用户参与行为的关系

理论证明，通过广告实现用户变现，对于用户的参与行为有负面影响。一般情况下，用户对于移动广告的接受度不高[1]。而在过度使用阶段下，用户由于受到广告的干扰性[2]及对隐私侵犯的担忧[3]，对社交媒体广告的态度更加趋于负面，从而减少其参与行为，如果负面情绪积累超出临界值，甚至会退出社交网络，停止一切参与行为[4]。

（二）感知价值

1. 感知价值的概念

感知价值是指用户基于付出的成本和得到的回报之间的对比对产品价值做出的主观判断。感知价值主要具有三个特点：主观性、层次性、动态性。其中，层次性是指客户根据需求自上而下具有不同的价值感受。本文从层次性特点出发，将其划分为功能价值和情感价值。功能价值包含娱乐、信息、学习及社交价值。情感价值用于衡量用户的主观感受。

---

[1] 邱爱梅，陈铭焜. 基于 UTAUT 修正模型的微信朋友圈广告接受意愿分析［J］. 统计与决策，2018（99）.
[2] 周雪. 基于计划行为理论的用户微信信息流广告接受意向研究［D］. 广西大学，2016.
[3] 宣长春，林升栋. 社交媒体使用对广告态度影响的倒 U 形模式研究［J］. 现代传播（中国传媒大学学报），2019（9）.
[4] Brands + Consumers + Social Media：what Marketers Should Know About Who's Getting Social and Why，http：//www.dynamiclogic. com/na/research/industry—presentations/docs/OynamieLogie – AdReaction09_OMMASocial_26Jan2010.

2. 用户参与行为与感知价值的关系

用户参与行为是用户在使用短视频应用的过程中形成的，感知价值建立在用户参与行为的基础上。

综上，本文提出如下假设：

H1：浏览行为对功能价值显著正相关
H2：互动行为对功能价值显著正相关
H3：创造行为对功能价值显著正相关
H4：浏览行为对情感价值显著正相关
H5：互动行为对情感价值显著正相关
H6：创造行为对情感价值显著正相关

（三）用户忠诚度

1. 用户忠诚度的概念

用户忠诚营销理论最早诞生于 20 世纪七八十年代，是指企业应为满足客户需求而不断完善自己的产品或服务，并在此过程中逐步建立并巩固用户对企业的信任感、依赖感与忠诚度。其中，客户对企业的信任依赖主要由客户的情感、行为和意识三方面的忠诚体现。由情感、行为和意识三个方面构建的客户忠诚营销理论，能够通过对客户趋向性行为的分析反映出企业的潜在竞争力，并成为衡量企业未来发展趋势的可靠指标。

2. 感知价值与用户忠诚度的关系

不同的用户有不同的感知价值，感知价值又会通过影响用户满意度影响用户忠诚度。基于此，本文提出如下假设：

H7：功能价值对忠诚度显著正相关
H8：情感价值对忠诚度显著正相关
H9：浏览行为对忠诚度显著正相关
H10：互动行为对忠诚度显著正相关
H11：创造行为对忠诚度显著正相关

三、研究设计

（一）样本选择与数据收回

本文研究围绕抖音用户为中心，通过发放问卷的形式取得所需数据。在通过网络进行问卷的发放之后，一共搜集样本 110 份，其中符合数据使用要求的为 87 份，样本有效率接近 80%。而关于上述判断问卷是否有效的标准，则主要从是否为研究对象，填写时长是否符合常理两方面来衡量的。样本采集对象在性别上体现出明显的差异化特征，其中男性占 39.1%，女性占 60.9%。再从样本的年龄分布来看，"60 后"占 1.82%，"70 后"占 32.73%，"80 后"占 19.09%，"90 后"占 20.0%，"00 后"占 25.45%，"10 后"占 0.91%。

（二）问卷设计与变量说明

本文问卷基于其他学者使用过的量表，结合本文具体背景做出了适当修改。具体如表1：

表1　问卷变量及对应题目

变量	题项标记	问卷题项与设计内容
浏览行为	浏览行为1	我经常在抖音上观看热门的小视频
	浏览行为2	我通常能够在抖音上完整的看完一篇小视频
	浏览行为3	我主动在抖音上搜寻我感兴趣的/热门的小视频
	浏览行为4	我经常收藏/保存抖音上我认为值得收藏/保存的小视频
互动行为	互动行为1	我经常在抖音上给其他人发布的小视频点赞
	互动行为2	我经常给抖音上给其他人发布的小视频评论/留言
	互动行为3	我经常回复抖音上其他人给我发布的小视频的评论/留言
	互动行为4	我经常转发抖音上好友发布的小视频
创造行为	创造行为1	我经常在抖音上发布自己创作的最小视频
	创造行为2	我经常参加抖音上发起的活动：模仿大赛、xx 挑战赛等
	创造行为3	我经常使用抖音上提供的特效制作视频：滤镜、配乐、剪辑等
功能价值	娱乐价值	我认为使用抖音可以得到放松/娱乐消遣/打发时间
	分享价值	我认为使用抖音可以分享信息/资讯
	信息价值	我认为使用抖音可以获取信息/资讯
	学习价值	我认为使用抖音可以学习知识/技能
	社交价值1	我认为使用抖音可以结识朋友/收获粉丝
	社交价值2	我认为使用抖音可以维系朋友关系/粉丝关系
	社交价值3	我认为使用抖音给我提供了展示/宣传的平台
情感价值	情感价值1	当好友/粉丝给我点赞时感觉自己（或作品）被关注/认可
	情感价值2	当好友/粉丝转发我发布的小视频时感觉自己（或作品）被关注/认可
	情感价值3	当好友/粉丝评论我发布的小视频时感觉自己（或作品）被关注/认可
	情感价值4	当好友/粉丝给我转发的小视频评论/留言时感觉自己（或作品）被关注/认可
忠诚度	情感忠诚1	在抖音上我有关注的话题/主题
	情感忠诚2	在抖音上我有关注的大V
	情感忠诚3	在抖音上我有关注的明星
	情感忠诚4	我在抖音上有一定数量的好友/粉丝
	行为忠诚1	目前我不打算放弃使用抖音而使用同类型的其他APP
	行为忠诚2	我对于目前使用的抖音没有感到不满意的
	行为忠诚3	我非常愿意向他人推荐抖音

四、实证分析

（一）信度分析

使用信度分析来评究定量数据的可靠性和准确性，结果如表 2 信度分析表所示。

表 2　　　　　　　　　　　信度分析表

研究维度	题目个数	Cronbach α 系数
浏览行为	4	0.780
互动行为	4	0.835
创造行为	3	0.818
功能价值	7	0.839
情感价值	4	0.942
忠诚度	7	0.789

通过计算可发现每一研究维度 Cronbach α 系数均大于 0.7，且其中四项大于 0.8，说明信度高，回答可靠准确。并且，每问的校正项总计相关性（CITC）均大于 0.3，说明项目设置合理。

（二）效度分析

效度分析用于评估定量数据在设计的合理性：

首先分析 KMO 值，此外，效度分析要求需要通过 Bartlett 检验（对应 p 值需要小于 0.05），对应表 3。

表 3　　　　　　　　　　　效度分析表

因子	KMO 值	Bartlett 球形度检验		
		近似卡方	df	p 值
浏览行为	0.775	90.108	6	0
互动行为	0.760	146.601	6	0
创造行为	0.715	88.295	3	0
功能价值	0.815	269.940	21	0
情感价值	0.859	319.776	6	0
忠诚度	0.787	258.568	21	0

由表 3 计算结果可知，各因子的 KMO 值都高于 0.75，说明效度好。

（三）因子分析（见表4）

表4　　　　　　　　　旋转后因子载荷系数表格

名称	因子载荷系数 因子1：浏览行为	共同度（公因子方差）
浏览行为1	0.823	0.677
浏览行为2	0.731	0.534
浏览行为3	0.767	0.588
浏览行为4	0.788	0.620

由此计算权重，得到表5：

表5　　　　　　　　　成分得分系数矩阵

名称	成分
浏览行为1	0.340
浏览行为2	0.302
浏览行为3	0.317
浏览行为4	0.326

即浏览行为与研究项的关系等式如下：

浏览行为 = 0.340 × 浏览行为1 + 0.302 × 浏览行为2 + 0.317 × 浏览行为3 + 0.326 × 浏览行为4

相同地计算（见表6、表7）：

表6　　　　　　　　　旋转后因子载荷系数表格

名称	因子载荷系数 因子2：互动行为	共同度（公因子方差）
互动行为1	0.751	0.564
互动行为2	0.848	0.719
互动行为3	0.908	0.824
互动行为4	0.769	0.591

表7　　　　　　　　　成分得分系数矩阵

名称	成分
互动行为1	0.278
互动行为2	0.314
互动行为3	0.336
互动行为4	0.285

互动行为和研究项之间的关系等式如下：

互动行为 = 0.278 × 互动行为 1 + 0.314 × 互动行为 2 + 0.336 × 互动行为 3 + 0.285 × 互动行为 4（见表 8、表 9）

表 8　　　　　　　　　　　　旋转后因子载荷系数表格

名称	因子载荷系数 因子 3：创造行为	共同度（公因子方差）
创造行为 1	0.869	0.755
创造行为 2	0.859	0.738
创造行为 3	0.840	0.705

表 9　　　　　　　　　　　　成分得分系数矩阵

名称	成分
创造行为 1	0.395
创造行为 2	0.391
创造行为 3	0.382

使用"成分得分系数矩阵"建立创造行为和研究项之间的关系等式如下：

创造行为 = 0.395 × 创造行为 1 + 0.391 × 创造行为 2 + 0.382 × 创造行为 3（见表 10、表 11）

表 10　　　　　　　　　　　　旋转后因子载荷系数表格

名称	因子载荷系数 因子 4：功能价值	共同度（公因子方差）
娱乐价值	0.635	0.403
分享价值	0.809	0.655
信息价值	0.819	0.671
学习价值	0.504	0.254
社交价值 1	0.823	0.677
社交价值 2	0.807	0.651
社交价值 3	0.583	0.340

表 11　　　　　　　　　　　　成分得分系数矩阵

名称	成分
娱乐价值	0.174
分享价值	0.222
信息价值	0.224
学习价值	0.138
社交价值 1	0.225
社交价值 2	0.221
社交价值 3	0.160

因子功能价值和研究项之间的关系等式如下：

功能价值 0.174×娱乐价值 + 0.222×分享价值 + 0.224×信息价值 + 0.138×学习价值 + 0.225×社交价值1 + 0.221×社交价值2 + 0.160×社交价值3（见表12、表13）

表 12　　　　　　　旋转后因子载荷系数表格

名称	因子载荷系数 因子5：情感价值	共同度（公因子方差）
情感价值1	0.888	0.789
情感价值2	0.931	0.867
情感价值3	0.936	0.876
情感价值4	0.939	0.882

表 13　　　　　　　成分得分系数矩阵

名称	成分
情感价值1	0.260
情感价值2	0.273
情感价值3	0.274
情感价值4	0.275

因子情感价值和研究项之间的关系等式如下：

情感价值得分 = 0.260×情感价值1 + 0.273×情感价值2 + 0.274×情感价值3 + 0.275×情感价值4（见表14、表15）

表 14　　　　　　　旋转后因子载荷系数表格

名称	因子载荷系数 因子6：忠诚度	共同度（公因子方差）
情感忠诚1	0.615	0.378
情感忠诚2	0.716	0.513
情感忠诚3	0.763	0.581
情感忠诚4	0.736	0.541
行为忠诚1	0.675	0.456
行为忠诚2	0.714	0.509
行为忠诚3	0.763	0.582

表 15　　　　　　　成分得分系数矩阵

名称	成分
情感价值1	0.260
情感价值2	0.273
情感价值3	0.274
情感价值4	0.275

因子和研究项之间的关系等式如下：

忠诚度得分 = 0.173 × 情感忠诚1 + 0.201 × 情感忠诚2 + 0.214 × 情感忠诚3 + 0.207 × 情感忠诚4 + 0.190 × 行为忠诚1 + 0.200 × 行为忠诚2 + 0.214 × 行为忠诚3

至此，根据以上计算公式，整理计算各研究维度综合得分，如表16所示。

表16 各维度综合得分

序号	浏览行为	互动行为	创造行为	功能价值	情感价值	忠诚度
1	4.12	2.924	1.168	4.564	3.503	4.523
2	3.853	1.213	1.168	2.122	1.082	1.399
3	3.486	1.213	1.168	1.364	2.723	1.399
4	2.855	1.491	1.168	1.364	1.082	1.399
5	5.14	4.188	1.945	4.647	1.907	4.975
6	1.927	1.213	1.563	4.784	4.328	2.132
7	5.14	1.863	1.941	4.193	1.907	4.456
8	6.425	3.669	1.168	3.224	4.328	2.895
9	4.189	2.982	3.1	2.108	4.328	2.209
10	4.162	3.997	3.499	5.456	4.328	4.975
11	2.517	3.274	1.563	3.215	4.328	4.837
12	4.464	3.163	1.168	3.029	4.328	4.375
13	4.422	1.213	1.168	5.015	2.687	4.067
14	6.108	2.506	1.55	2.855	1.082	4.348
15	5.48	1.213	2.336	3.638	1.629	4.189
16	1.285	2.047	1.168	2.51	4.328	4.384
17	2.538	1.213	3.1	5.18	4.328	3.259
18	2.848	3.076	2.709	6.406	5.41	3.415
19	4.808	1.213	1.168	2.902	4.328	5.558
20	1.587	2.902	2.341	3.443	1.082	3.733
21	5.217	6.065	3.881	6.076	5.41	6.588
22	4.574	2.697	1.55	1.538	1.356	3.211
23	4.491	1.805	1.168	3.936	4.328	4.229
24	5.782	2.353	1.168	3.812	3.821	4.54
25	5.759	5.137	3.869	5.822	5.41	5.791
26	3.471	4.809	3.487	5.902	5.41	4.643
27	5.121	1.213	2.696	5.959	4.328	4.351
28	4.189	1.213	1.168	5.456	4.328	4.375
29	4.162	6.065	4.26	5.734	5.41	3.73
30	1.285	1.498	3.499	3.859	1.082	1.599
31	2.191	2.989	1.168	5.042	3.503	2.529
32	3.174	1.527	2.314	4.118	4.328	3.581
33	2.834	1.549	2.705	4.04	2.954	2.159
34	6.425	6.065	5.84	6.82	5.41	6.184
35	4.189	4.852	2.709	4.367	5.41	4.247

续表

序号	浏览行为	互动行为	创造行为	功能价值	情感价值	忠诚度
36	5.14	4.852	3.1	5.456	4.328	5.596
37	2.236	1.213	1.168	1.364	1.082	1.969
38	3.854	2.141	1.559	5.456	4.328	3.575
39	6.425	5.137	4.667	6.82	5.41	6.995
40	1.285	2.148	2.336	2.224	2.164	2.19
41	4.464	2.902	2.709	3.842	4.328	4.748
42	3.826	2.332	1.168	5.18	2.681	2.93
43	3.826	2.068	2.336	4.025	1.082	3.005
44	4.488	3.654	1.168	4.694	1.904	2.623
45	5.157	2.325	2.353	2.552	2.177	2.569
46	1.928	1.213	1.168	1.813	1.904	3.163
47	1.285	1.213	2.314	3.265	1.082	1.399
48	2.263	4.852	3.499	5.456	4.328	4.954
49	4.748	1.213	1.168	1.364	1.082	1.399
50	3.214	2.506	1.168	2.779	1.082	1.918
51	6.425	6.065	5.84	6.82	5.41	6.995
52	2.305	2.433	1.563	2.554	1.904	2.384
53	3.495	1.213	1.168	4.45	2.164	3.92
54	1.285	1.213	1.168	1.364	1.082	1.399
55	5.14	4.852	4.672	5.456	4.328	5.596
56	1.285	1.213	1.168	1.364	1.082	1.399
57	2.236	1.527	2.353	1.585	1.082	1.399
58	5.806	2.148	1.563	3.976	1.891	4.437
59	4.763	5.13	4.672	5.594	5.41	5.596
60	2.508	2.09	1.55	2.707	2.684	1.572
61	5.806	4.874	2.735	4.37	4.328	1.399
62	4.804	1.213	1.168	1.364	1.082	1.399
63	4.234	2.221	4.672	3.596	4.328	3.73
64	2.906	1.213	3.526	2.516	4.602	3.142
65	6.425	1.213	1.168	2.03	1.082	1.399
66	3.554	3.573	1.168	2.344	1.342	3.57
67	3.482	2.646	1.954	3.56	2.452	2.909
68	2.263	3.477	1.559	2.809	4.328	3.21
69	1.625	2.66	1.55	4.012	1.631	2.791
70	2.268	3.216	1.559	4.301	5.41	3.475
71	2.23	2.426	1.563	4.73	1.082	2.584
72	2.23	1.863	3.1	3.227	2.167	4.006
73	5.457	4.158	1.559	3.32	5.41	3.833
74	4.739	4.443	3.921	6.286	4.31	6.605
75	4.12	4.224	1.559	6.076	5.41	5.981

续表

序号	浏览行为	互动行为	创造行为	功能价值	情感价值	忠诚度
76	2.508	1.812	2.744	3.446	1.082	3.772
77	4.12	4.852	3.126	5.456	4.328	4.954
78	1.285	1.213	1.168	4.37	1.862	1.399
79	5.157	4.473	4.276	3.404	3.822	5.815
80	3.214	1.213	1.168	3.224	1.082	2.108
81	1.611	1.827	1.168	4.664	1.904	2.99
82	1.285	3.055	2.744	2.552	1.082	3.142
83	3.211	4.018	1.954	5.456	4.602	4.42
84	4.162	4.224	3.526	5.006	4.328	4.766
85	4.12	2.682	3.499	5.456	2.161	2.825
86	2.191	3.91	3.499	2.665	2.452	2.813
87	4.12	3.369	3.118	5.18	4.328	4.954

（四）路径分析

模型回归（路径）系数汇总表格展示变量之间的影响关系情况：

第一，通常使用标准路径系数值表示关系间的影响关系；第二，如果呈现出显著性，则说明变量之间有显著的影响关系，否则反之；第三，如果某条路径系数没有呈现出显著性（或者路径系数正负号情况与理论预期相反），则删除该路径关系后重新建模。

假设各变量间的关系如图1所示：

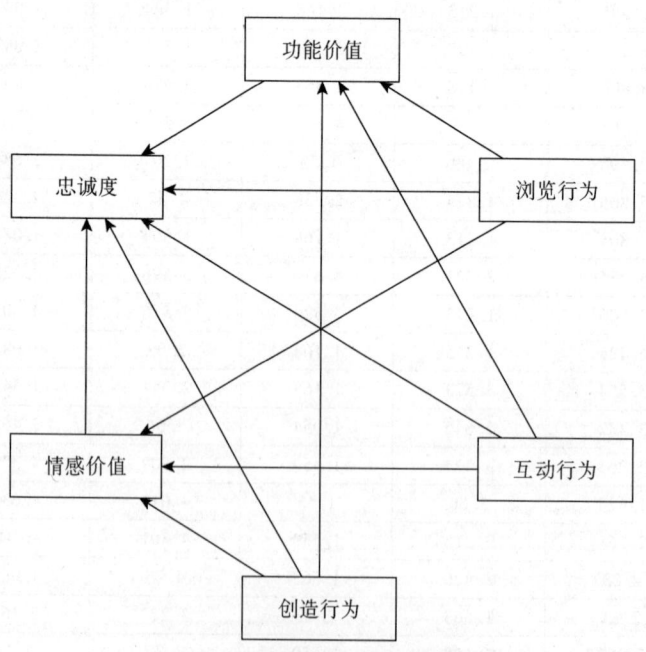

图1 变量间的假设关系图

之后验证假设的关系是否成立，利用之前计算出的各研究层面综合得分数据通过计算得到表17：

表17　　　　　　　　　　　　　　　模型回归系数汇总表格

X	->	Y	非标准化路径系数	SE	z	p	标准化路径系数
浏览行为	->	功能价值	0.093	0.093	1.008	0.314	0.092
互动行为	->	功能价值	0.400	0.120	3.332	0.001	0.382
创造行为	->	功能价值	0.334	0.137	2.437	0.015	0.265
浏览行为	->	情感价值	0.122	0.096	1.268	0.205	0.115
互动行为	->	情感价值	0.529	0.125	4.245	0.000	0.480
创造行为	->	情感价值	0.196	0.142	1.374	0.170	0.147
功能价值	->	忠诚度	0.299	0.083	3.590	0.000	0.306
情感价值	->	忠诚度	0.203	0.080	2.531	0.011	0.218
浏览行为	->	忠诚度	0.229	0.073	3.137	0.002	0.232
互动行为	->	忠诚度	0.196	0.108	1.818	0.069	0.191
创造行为	->	忠诚度	0.115	0.111	1.034	0.301	0.093

备注：->表示路径影响关系。

从表17可得到表18初始结论：

表18　　　　　　　　　　　　　　　初始结论

路径	显著性	关系
浏览行为对于功能价值	没有呈现显著性（z=1.008，p=0.314>0.05）	浏览行为对功能价值不会产生影响关系
互动行为对于功能价值	标准化路径系数值为0.382>0，并且此路径呈现出0.01水平的显著性（z=3.332，p=0.001<0.01）	互动行为会对功能价值产生显著的正向影响关系
创造行为对于功能价值	标准化路径系数值为0.265>0，并且此路径呈现出0.05水平的显著性（z=2.437，p=0.015<0.05）	创造行为会对功能价值产生显著的正向影响关系
浏览行为对于情感价值	没有呈现出显著性（z=1.268，p=0.205>0.05）	浏览行为对情感价值并不会产生影响关系
互动行为对于情感价值	标准化路径系数值为0.480>0，并且此路径呈现出0.01水平的显著性（z=4.245，p=0.000<0.01）	互动行为会对情感价值产生显著的正向影响关系
创造行为对于情感价值	没有呈现出显著性（z=1.374，p=0.170>0.05）	创造行为对情感价值并不会产生影响关系
功能价值对于忠诚度	标准化路径系数值为0.306>0，并且此路径呈现出0.01水平的显著性（z=3.590，p=0.000<0.01）	功能价值会对忠诚度产生显著的正向影响关系

续表

路径	显著性	关系
情感价值对于忠诚度	标准化路径系数值为 0.218 > 0，并且此路径呈现出 0.05 水平的显著性（z = 2.531，p = 0.011 < 0.05）	情感价值会对忠诚度产生显著的正向影响关系
浏览行为对于忠诚度	标准化路径系数值为 0.232 > 0，并且此路径呈现出 0.01 水平的显著性（z = 3.137，p = 0.002 < 0.01）	浏览行为会对忠诚度产生显著的正向影响关系
互动行为对于忠诚度	没有呈现出显著性（z = 1.818，p = 0.069 > 0.05）	互动行为对忠诚度并不会产生影响关系
创造行为对于忠诚度	没有呈现出显著性（z = 1.034，p = 0.301 > 0.05）	创造行为对忠诚度并不会产生影响关系

进一步优化模型：

删除没有关系的组合，修正后模型的路径参数估计表如表 19、表 20、表 21 所示：

表 19 　　　　　　　　　　　　修正后模型的路径参数表

X	->	Y	非标准化路径系数	SE	z	p	标准化路径系数
互动行为	->	功能价值	0.438	0.114	3.829	0	0.418
创造行为	->	功能价值	0.338	0.138	2.451	0.014	0.268
互动行为	->	情感价值	0.686	0.092	7.425	0	0.623
功能价值	->	忠诚度	0.387	0.074	5.252	0	0.410
情感价值	->	忠诚度	0.288	0.070	4.097	0	0.320
浏览行为	->	忠诚度	0.274	0.072	3.809	0	0.286

备注：- > 表示路径影响关系。

表 20 　　　　　　　　　　　　模型拟合指标

常用指标	χ^2	df	p	χ^2/df	GFI	RMSEA	CFI	NFI
值	27.454	6	0	4.576	0.859	0.203	0.881	0.858
其他指标	TLI	IFI	PGFI	PNFI	SRMR	AIC	BIC	
值	0.763	0.885	0.245	0.429	0.091	814.647	836.840	

表 21 　　　　　　　　　　　　残差项估计值

项	非标准估计系数（Coef.）	标准误（Std. Error）	z	p	标准估计系数（Std. Estimate）
功能价值	1.381	0.209	6.595	0	0.610
情感价值	1.534	0.233	6.595	0	0.612
忠诚度	0.899	0.136	6.595	0.000	0.444
互动行为	2.065	0	null	null	1.000
创造行为	1.424	0	null	null	1.000
浏览行为	2.213	0	null	null	1.000

修正后关系如图 2 所示：

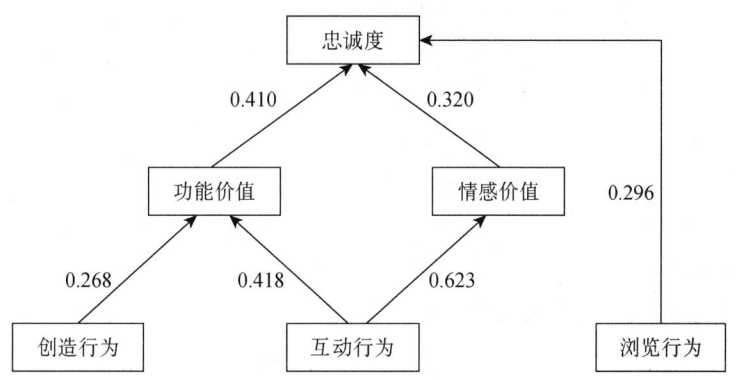

图 2　模型修正后的变量关系图

（五）模型总结

本文先通过信度与效度分析来研究回答是否准确可靠与题目设计的合理性，因为这两个模型都尤其适用于态度量表类调查问卷。通过检验并删除无效数据后，通过因子分析分别计算浏览行为、互动行为、创造行为、功能价值、情感价值、忠诚度 6 个维度下的每个对应题项（系数）的因子载荷系数和共同度，并根据旋转后的成分矩阵值计算每一项系数的权重，并由此得到 6 个维度的综合得分模型公式，之后根据公式算出得分。最后通过路径分析验证假设的变量之间的关系，得出图 3 模型修正后的变量关系图。

本文得出以下结论：

（1）互动行为对功能价值和情感价值都具有正向影响，并且以情感价值和功能价值作为中介对忠诚度产生影响。其中互动行为对情感价值的影响更为显著。

（2）浏览行为可以直接作用于忠诚度。

（3）功能价值在创造行为对忠诚度的影响过程中起到部分中介的作用。

（4）功能价值和情感价值都与忠诚度具有正向的直接关系，其中功能价值的影响略大于情感价值。

本文以抖音为例，探究了用户变现如何通过影响用户参与行为实现对用户忠诚度的影响。结果发现，广告投放会削弱用户的参与行为，直接或间接地降低用户忠诚度。基于此，本文对短视频平台的用户变现和用户忠诚度之间的权衡提出了如下管理建议：

1. 将用户分类，对易流失用户加强管理

抖音近年来增速放缓，在国内市场上已转向对存量市场的竞争，因此，把握现有用户，尽量减少流失是重点。为了达到这一目的，可根据用户的参与行为及感知价值，对用户进行分类管理，有助于抖音更高效率地挽留更多易流失的用户，使其管理资源有目的性的倾斜，从而减少用户的流失概率，提升用户总体的黏性，从而使抖音保证一定的市场份额，更好地发挥规模效益，从而建立持续稳固盈利的基础。

2. 注重用户情感价值的实现

由上述分析可知，尽管抖音的功能价值对用户忠诚度的促进作用大于情感价值，但两者对于忠诚度的效果相当接近。同时，基于现今短视频行业竞争的激烈状况以及功能价值

具有较强的可塑造性，短视频软件对其客户的功能价值逐步趋同化，情感价值的实现程度才是抖音未来提升用户忠诚度应当发展的侧重点。根据模型结论，互动行为对感知价值、忠诚度都有显著正向影响，若想提升用户的情感价值实现程度，为客户带来更加优质的体验，则需要激励引导用户的互动行为。因此可以通过大数据分析用户的喜爱偏好，对不同的用户推送其感兴趣的短视频。运用大数据推荐一方面促使观看视频的用户更多的点赞、评论以进行互动，提高了观看者的情感价值实现程度；另一方面，制作视频者也会因为观看者的互动行为认为自己受到更多关注，从而激励其进行更多的创造性为，进一步增加创作者和观看者之间的互动。如此可见，利用大数据推荐能够形成较好的良性循环，对用户的忠诚度提升带来影响范围较大的积极推动作用。

3. 从准入、投放以及监控三个方面对广告进行改良

广告与用户忠诚度之间的矛盾并非不可缓和，就具体实施而言，抖音可以在广告的准入、投放以及监控三个方面对广告进行改良，以最小化程度恶化用户的体验感受。对广告准入的严格把控是在根源上将商业变现对用户体验感受的恶化程度加以控制。在广告准入方面，抖音可以建立广告准入的标准以及限制广告准入的形式，将用户看到广告的频率控制在用户可以接受的范围内并严格控制广告出现的位置。因对用户体验感受的影响程度不同可以将广告分为不同种类，对用户体验程度影响低的广告可以适当降低准入标准，对用户体验影响程度高的广告则应实施更加严格的准入条件并严格控制该类广告出现的频率。此外可以创造形成更加新颖、内容更加有趣的广告，以尽可能消除用户对广告的抵触情绪；广告的精准投放对于提升抖音的商业效率具有十分重要的意义，投放的广告只有真正进入有相应需求的用户的视野才能在最小化程度恶化用户体验感受的同时，让广告商更多体会到平台的价值。抖音应利用精细化的大数据分析等操作，找寻表面数据下隐藏的用户真正的需求与偏好，真正做到精准投放；短视频平台对广告的监控应存在于方方面面，广告的准入与投放实际就是前期对广告入口的监控，抖音应严格监控广告的内容与形式，防止泄露客户隐私以及较大程度上恶化用户体验感受的情况发生，维护平台良好的体验环境，树立品牌信誉，同时可以建立相应的举报途径，依靠广大网友以及政府有关部门的力量，最大程度上实现全面监控。

4. 发展内容付费等可提高用户忠诚度的变现方式

除了采用广告这一会损害用户忠诚度的变现形式外，短视频平台还可以采取内容付费等可提高用户忠诚度的变现形式。在内容付费的变现方式下，平台可利用高品质的内容或更高层次的服务对其需求用户收取一定的费用。除此以外，直播带货也是值得考虑的新赢利点。在如今电商发展迅猛的时代，鼓励用户在抖音平台进行直播带货，并从中收取一成比例的费用，也可以成为抖音具有成长性的利润来源之一。相比于广告投放，用户在此过程中则更多处于主动形式，用户参与度大大提高。在此过程中，抖音不仅保证了一定的盈利，而且使用户的参与行为加强，进而提高用户忠诚度。

参考文献

[1] 张天莉, 罗佳. 短视频用户价值研究报告2018—2019 [J]. 传媒, 2019 (5).

[2] 王家卓,刘奕群,马少平,张敏.基于用户行为的竞价广告效果分析［J］.计算机研究与发展,2011（48）.

[3] 曾繁旭,王宇琦.移动互联网时代内容创业的营利模式［J］.新闻记者,2016（4）.

[4] 赵玲.虚拟社区成员参与行为的实证研究［D］.华中科技大学,2011.

[5] 邢海龙,翟丽丽,张树臣.大数据服务平台用户价值识别与细分研究——基于RFM修正模型［J］.情报理论与实践,2019（42）.

[6] 陈爱辉,鲁耀斌.SNS用户活跃行为研究：集成承诺、社会支持、沉没成本和社会影响理论的观点［J］.南开管理评论,2014（17）.

[7] 李武.感知价值对电子书阅读客户端用户满意度和忠诚度的影响研究［J］.中国图书馆学报,2017（6）.

[8] 戴德宝,顾晓慧.用户参与行为、感知价值与忠诚度：基于移动短视频社交应用的分析［J］.消费经济,2017（33）.

[9] 刘周颖,赵宇翔.基于语音互动的付费知识问答社区运营模式初探——以分答和值乎为例［J］.图书与情报,2017（4）.

[10] 白长虹,廖伟.基于顾客感知价值的顾客满意研究［J］.南开学报（哲学社会科学版）.2001（6）.

[11] Kristina Heinonen. Consumer activity in social media：Managerial approaches to consumers' social media behavior. Journal of Consumer Behaviour. 2011（10）.

[12] Mohammad Nauman, Sohail Khan, Abu Talib Othman, Shahrulniza Musa. Realization of a user‐centric, privacy preserving permission framework for Android. Security and Communication Networks. 2015（8）.

增值税改革背景下企业实际税负分析

——以建筑业为例

张瀚月　高珊珊　杨　博

会计学院会基 1801 班　　指导老师：晏超

一、引言

我国税收制度经历了多次改革与调整，在此过程中不断进步与完善。从 1994 年"分税制"确立营业税和增值税两大流转税体系，到 2016 年 5 月 1 日营改增试点全面推开，增值税覆盖全行业，营业税正式退出税制历史舞台，再到 2019 年国家税务总局印发《关于做好 2019 年深化增值税改革工作的通知》①，确保降低增值税税率等各项改革措施落实到位，继续推进税率减档、推进生产型增值税向消费型增值税转变，减轻企业税负压力。

当前，受新冠疫情"黑天鹅"突袭影响，全球经济下行压力不断加大，逆全球化思潮兴起、国内人口红利消失使劳动成本增加等诸多内外不利的发展形势，使企业处于税负较重的困境之中。建筑业因吸收大量物质产品与劳动力，以及其产品构成消费者的固定资产，成为其他行业赖以生存和发展的基础以及连接国民经济各部门的纽带。在当前国内外形势之下，我们将目光聚焦于建筑业，研究影响企业实际税负的内部因素具有现实的意义。

税收制度是影响企业实际税负的首要因素。

在税收抵扣方面，倪娟、彭凯、苏磊（2019）通过研究增值税的实际税负在税制结构以及企业微观层面的影响因素发现，企业增值税实际税负水平与企业可抵扣范围成正比，与企业税负转嫁能力成反比。此外，通过利用 2012—2016 年营改增自然实验发现，在服务业税负总体无明显增加的情况下，投入人力资本要素较多的人力资本密集型服务企业的增值税税负明显上升，说明了企业增值税可抵扣范围对企业实际增值税税负的影响。

---

① 此次政府工作报告中，将制造业等行业现行 16% 的增值税税率降至 13%，将交通运输业、建筑业等行业现行 10% 的增值税税率降至 9%，保持 6% 一档的税率不变，继续向推进税率三档并两档、税制简化方向迈进。

在税率差异方面，陈晓光（2013）研究发现同一行业如果存在差别税率则会导致较大的效率损失，因此除了特殊原因需设置不同税率之外，应当减少差别税率的设置，"营改增"改革长期来看也需要减少税率档次并保持增值税的统一税率。刘柏惠、寇恩惠、杨龙见（2019）研究发现增值税如果只对增加值增税，能够避免传统流转税重复征税的弊端，但是由于大多数国家考虑到产业政策等因素而采用了多档税率，使不同企业之间产生了抵扣差异，扭曲了中间投入价格，从而破坏了税收中性原则，造成企业资源误置与全要素生产率损失。

总的来说，由于增值税在行业中存在不同的税率抵扣范围、多档税率等情况，使增值税法定税率与企业实际税负不一致，樊勇、李昊楠（2019）通过对四种衡量增值税税负的口径分析得出企业缴纳率与实际税负由于实际中各种复杂因素的影响，在增值税转型、营改增以及简并税率的条件下均有升有降；行业税率在简并税率后也呈有升有降的特点；但在增值税转型后，由于抵税范围的扩大呈现下降特征；在营改增后原先缴纳增值税的行业的行业税率下降，原先缴纳营业税的行业则是大部分降低。Scott D. Dyreng, Michelle Hanlon, Edward L. Maydew, Jacob R. Thornock（2017）通过研究过去25年企业实际税率的系统性变化发现随着时间的推移，美国企业的法定税率与实际税率严重脱节[①]。

基于上述已有研究，通过对2019年新政增值税下调后的建筑业实际税负进行分析后发现，由于新政改革为增值税非同比降税以及建筑业自身的特征，导致建筑业增值税税负不降反增。因此，我们得出在税制因素上由于增值税差别税率以及不同的抵扣范围使建筑业增值税的法定税率与实际税率不匹配。

与以往研究不同，本文从税制设计的宏观层面与企业内部因素的微观层面双向着手分析，以此来探究影响企业实际税负的因素。通过运用LSDV实证研究，从宏观层面分析税制设计对企业增值税实际税负的影响，丰富了增值税税收中性的相关研究；再从微观层面分析2019年增值税改革前后企业内部存货占比、营利能力、现金持有占比因素对企业增值税实际税负的影响，全面整体分析企业增值税实际税负的影响因素，具有一定的创新性。

此外，本文的研究对于下一步深化增值税改革，促进我国税收制度的完善具有启发性。由于增值税改革的非同比降税，使建筑业出现税率不降反升的非预期现象。行业间的差别税率导致企业之间产生抵扣差异，扭曲了企业中间投入价格，破坏了税收中性原则，造成企业资源误置与效率损失。本文的研究从理论上对于增值税改革过程中的非预期现象进行解释，对于完善目前旨在为企业"减税降费"的税收政策具有一定的参考价值。

二、政策背景

增值税是我国税收体系中的一个重要部分，其税收占比国家总的税收收入达到60%左右。增值税的收缴由国家税务局负责，其中50%来自中央财政收入，其余则来自地方财政

[①] 随着时间的推移，在广泛的美国企业样本中，尽管美国法定税率在过去25年里保持了显著的稳定，但有效税率明显下降。在过去25年里，美国公司的现金有效税率平均每年下降约0.4%，累计下降约10个百分点。

收入。海关负责征缴进口环节的增值税，税收收入全部为中央财政收入。

生产型增值税是我国过去长期实行的税收政策的基础。生产型增值税具有税基大、覆盖范围广等优势，但它同时也存在进项抵扣不完全、存在重复征税等弊端。因此，实行消费型增值税，更有利于鼓励民间投资，增强商品的竞争力。并且由于它克服了重复征税的弊端，对经济增长有着明显的促进作用，在长期范围内可以使税基增加。

为确保降低增值税税率等各项改革措施如期落实到位，国家税务总局于2019年印发《关于做好2019年深化增值税改革工作的通知》，预计减税额度近4000亿元[①]。增值税作为我国税收体系下最重要的一笔税收收入，其征收之广泛，税基之宽都是其他税种所难以匹敌的。增值税的改革措施，将对于我国税收方面产生极其重大的影响[②]。

作为一个制造业大国，我国增值税税率的调整对于企业的振兴和发展起到极其重要的作用。尤其是创新型，科技型企业。通过调整增值税税收政策，从原料的运输，储存到制造生产，以至于最终的销售，企业的利润和应税所得会间接或直接地受到增值税改革的影响。

疫情发生以来，党中央，国务院又陆续出台了关于支持复工复产的增值税税费政策。对疫情防控重点保障物资生产企业全额退还增值税增量留抵税额；纳税人提供疫情防控重点保障物资运输收入免征增值税；纳税人提供公共交通运输服务、生活服务及居民必需生活物资快递收派服务收入免征增值税等等，并且阶段性减免增值税小规模纳税人增值税。

三、理论分析

（一）新政对于建筑行业为非同比降税

2018年4月1日增值税改革施行降低税率的政策，由原来的11%、17%分别降低到10%、16%，两档税率均下降了1个百分点，属于同比降税。因为进项、销项同比例下降，建筑企业也实现了结构性降税。

2019年4月1日起施行的进一步增值税改革中，16%税率下降至13%，下降了3%，而10%下降至9%下降了1%，对于建筑行业来说，此次降税率为非同比降税，因为虽然销项税率只下降1%，但进项税率下降了3%。

因此，相比于2018年行业之间同比降税率改革，虽然多数行业会实现结构性减税，但对一部分行业来说，尤其是建筑行业，2019新政为非同比税率改革。建筑业的供应商与客户构成的产业链庞大复杂，在成本结构不变的情况下，非同比降税将导致进项与销项税额降幅不匹配的情况。

（二）增值税改革下建筑业的理论税负分析

在此我们主要针对建筑业一般纳税人进行理论税负分析。

---

① 深化增值税改革是今年减税降费的核心内容，目标是建立现代增值税制度，主要是在税率方面进行改革。

② 在此次政府工作报告中，将制造业等行业现行16%的增值税税率降至13%，将交通运输业、建筑业等行业现行10%的增值税税率降至9%，保持6%一档的税率不变，继续向推进税率三档并两档、税制简化方向迈进。

实行增值税新政后,取得的 2019 年 4 月 1 日后开具的增值税发票,不能简单理解为 4 月 1 日后开具的发票都按新税率。因为建筑企业业务范围广,工期相对较长,再加上增值税一般纳税人具有进项税额抵扣的业务,进而导致建筑企业业务时间跨度较大。

基于上述原因,我们从增值税税负率出发,简化纳税义务发生起止时间跨越新政颁布时点的问题,对建筑业理论税负的变动进行探究。

根据一般纳税人缴税规定,可以知道增值税税负率计算公式:

$$增值税税负率 = \frac{当期销项税额 - 当期实际抵扣进项税额}{当期应税销售额}$$

1. 增值税销项税负率分析

针对增值税销项税,根据增值税税负率公式,可以构造增值税销项税额税负率公式:

$$增值税销项税额税负率 = \frac{当期销项税额}{当期应税销售额}$$

设销项税率为 α,当期应税销售额为 π

$$增值税销项税额税负率 = \frac{\alpha \times \pi}{\pi} = \alpha$$

2. 增值税进项税负率分析

针对增值税进项税,根据增值税税负率公式,可以构造增值税进项税额税负率公式:

$$增值税进项税额税负率 = \frac{当期进项税额}{当期应税销售额}$$

设建筑业产品所用的第 i 种中间投入品的进项税率为 β_i,当期应税销售额中进项成本占比为 φ_i

$$增值税进项税额税负率 = \frac{\sum \beta_i \times (\varphi_i \times \pi)}{\pi} = \sum \beta_i \times \varphi_i$$

3. 增值税理论税负率模型构造

根据增值税税负率计算公式以及假设条件可知:

$$增值税税负率 = \alpha - \sum \beta_i \times \varphi_i$$

根据工程成本占比的定义,φ 即为建筑业产品所用的第 i 种中间投入品直接消耗系数[①]。

4. 增值税理论税负率分析

根据 2012 年投入产出表中直接消耗系数的数据,我们可以得到建筑业产品所用的各行业中间投入品的直接消耗系数。

根据表 1 我们可以看到,建筑行业直接依赖性最高的 5 个行业和没有直接依赖关系的 3 个行业。根据 2012 年投入产出表中直接消耗系数的数据,计算出 2018 年和 2019 年建筑业的增值税税负率情况:

---

① 直接消耗系数,是指某一产品部门在生产经营过程中单位总产出直接消耗的各产品部门(如 i 部门)的产品或服务的数量。根据直接消耗系数的内涵可以知道,其取值在 0~1。在建筑业中,i 部门的直接消耗系数越大,说明建筑业对 i 部门的直接依赖性越强;反之,则建筑业对 i 部门的直接依赖性越弱;当直接消耗系数为 0 时,说明建筑业对 i 部门的没有直接依赖关系。

$$2018\text{年建筑业增值税税负率} = -0.41\%$$
$$2019\text{年建筑业增值税税负率} = 0.38\%$$

可以很容易看到，增值税新政实行后，整体增值税税率下调，但是建筑业增值税税负率增长 0.79%。这是因为此次增值税税率下调为非同比降税，从表 1 中可以看到，建筑行业对非金属矿物制品依赖性最高，而非金属矿物制品行业使用最高一档税率，即在此次增值税改革中，建筑业自身税率下调 1%，而非金属矿物制品行业税率下调 3%，这就使当期应抵扣进项税额下降幅度大于销项税额下降幅度，从而导致建筑行业增值税税负率不降反增。

在实际中，建筑业的实际税负是否如理论分析所示不降反增以及影响实际税负的因素有哪些，在增值税改革前后是否发生了显著变化。针对上述疑问，本文将进行运用 LSDV 实证研究。

表 1   2018—2019 年建筑业增值税理论税负   单位:%

产业	直接消耗系数	2018 年税率	2019 年税率	$\beta_i \times \varphi_i$ 2018 年	$\beta_i \times \varphi_i$ 2019 年
农林牧渔产品和服务	0.7886	10	9	0.08	0.07
煤炭采选产品	0.0264	16	13	0	0
石油和天然气开采产品	0	16	13	0	0
金属矿采选产品	0	16	13	0	0
非金属矿和其他矿采选产品	0.5593	16	13	0.09	0.07
食品和烟草	0.2504	16	13	0.04	0.03
纺织品	0.0456	16	13	0.01	0.01
纺织服装鞋帽皮革羽绒及其制品	0.3928	16	13	0.06	0.05
木材加工品和家具	2.3753	16	13	0.38	0.31
造纸印刷和文教体育用品	0.2529	16	13	0.04	0.03
石油、炼焦产品和核燃料加工品	1.2677	16	13	0.20	0.16
化学产品	4.3761	16	13	0.70	0.57
非金属矿物制品	19.4523	16	13	3.11	2.53
金属冶炼和压延加工品	15.8151	16	13	2.53	2.06
金属制品	4.1666	16	13	0.67	0.54
通用设备	0.5101	16	13	0.08	0.07
专用设备	0.4783	16	13	0.08	0.06
交通运输设备	0.0891	16	13	0.01	0.01
电气机械和器材	3.7199	16	13	0.60	0.48
通信设备、计算机和其他电子设备	0.2330	16	13	0.04	0.03
仪器仪表	0.0638	16	13	0.01	0.01
其他制造产品	0.0630	16	13	0.01	0.01

续表

产业	直接消耗系数	2018 年税率	2019 年税率	$\beta_i \times \varphi_i$ 2018 年	$\beta_i \times \varphi_i$ 2019 年
废品废料	0	16	13	0	0
金属制品、机械和设备修理服务	0.0178	16	13	0	0
电力、热力的生产和供应	1.2960	16	13	0.21	0.17
建筑	2.6946	10	9	0.27	0.24
批发和零售	1.9644	16	13	0.31	0.26
交通运输、仓储和邮政	3.1381	10	9	0.31	0.28
住宿和餐饮	0.4810	6	6	0.03	0.03
信息传输、软件和信息技术服务	1.1222	6	6	0.07	0.07
金融	2.7819	6	6	0.17	0.17
房地产	0.0078	6	6	0.00	0.00
租赁和商务服务	0.6762	6	6	0.04	0.04
科学研究和技术服务	3.5991	6	6	0.22	0.22
水利、环境和公共设施管理	0.0132	6	6	0	0
居民服务、修理和其他服务	0.4449	6	6	0.03	0.03
教育	0.0450	6	6	0	0
卫生和社会工作	0.0178	6	6	0	0
文化、体育和娱乐	0.1152	6	6	−0.01	0.01
公共管理、社会保障和社会组织	0.0327	6	6	0	0
合计	—	—	—	10.41	8.62

四、研究设计与变量定义

（一）样本选择和数据来源

本文选取的是上市公司最新 2018—2020 年数据，根据理论分析的分析对象，我们只保留了全部建筑业和部分制造业，经过剔除，用于实证检验的样本共计 3079 家企业。

所有企业三大财务报表数据均来自 CSMAR 数据库，关于行业分类数据使用的是 2012 年证监会最新发布的行业分类标准。数据处理、统计和检验主要采用 Stata 15.0 软件进行。

（二）变量定义

1. 被解释变量

本文参照了倪娟、彭凯、苏磊（2019）[①] 计算实缴增值税和增值税实际税负率的方

---

① 倪娟, 彭凯, 苏磊. 增值税非税收中性？——基于可抵扣范围与税负转嫁能力的分析框架 [J]. 会计研究, 2019 (10): 50 – 56.

法,首先,由于现金流量表中按收付实现制记录了实际支付的税金,因此将各企业各期现金流量表中"支付的各项税费"进行大宗统计;由于现金流量表中"收到的税费返还"只针对小部分企业,且本文研究的是企业当期增值税实际税负,而税费返还涉及跨期,因此不予考虑;然后,提取各期利润表中的"所得税费用"和"营业税金及附加";为了尽量剔除增值税以外其他税种的影响,本文采用各期"支付的各项税费"扣除各期相应的"所得税费用"和"营业税金及附加"的方法,得到企业实缴增值税。

综上,本文具体计算方法如下:企业实缴增值税=支付的各项税费-所得税费用-营业税金及附加;企业增值税实际税负率=实缴增值税/销售收入。

2. 解释变量

在增值税改革背景下,改革前后不仅企业实际税负会发生变化,影响企业税负的因素也会不同程度的发生改变。根据最新增值税制度实行的时间（2019年4月1日）,本文以2019年4月为时间分界点,对改革前后影响企业增值税实际税负率ATR的各因素做分别地检验。

借鉴前人研究文献,我们选取了存货占比（Inventory）、营利能力（EPS）、现金持有（Cash）作为影响因素。具体计算方法如表2所示。

3. 控制变量

借鉴前人研究文献,本文选取了公司规模（Size）、资产负债率（Lev）、企业年龄（Age）、管理费用占比（GA）、固定资产占比（PPE）、无形资产占比（Intangible）作为控制变量。其次,由于本文是以增值税新政实际实施时间点2019年4月1日为分界点分开研究,跨越年数仅两年,因此采取通过做两次回归的方法进行年份控制,以保证实证结果的可靠性。控制变量具体计算方法如表2所示。

表2　变量定义

变量类别	变量名称	变量符号	变量描述
被解释变量	增值税实际税负率	ATR	（支付的各项税费——所得税费用——营业税金及附加）/销售收入
解释变量	营利能力	EPS	在利润表中直接获得
	存货占比	Inventory	存货净额/总资产
	现金持有	Cash	期末货币资金/期末总资产
控制变量	公司规模	Size	总资产取自然对数
	资产负债率	Lev	负债/总资产
	企业年龄	Age	企业上市年数
	管理费用占比	GA	管理费用/销售收入
	固定资产占比	PPE	固定资产和在建工程之和/总资产
	无形资产占比	Intangible	无形资产/总资产

五、实证检验结果

（一）描述性统计

表3给出了描述性统计结果。样本企业增值税实际税负率均值为7.4%。其中增值税税负最重的企业，其缴纳的增值税占营业收入比重高达36.8%。而增值税税负最轻的企业其缴纳的增值税占营业收入比重仅为0.6%。说明不同企业的增值税税负确实存在很大的差异。

存货占比最大的企业，其存货占比达到46.6%，占比最小的企业仅为1.2%，标准差为8.9%，故而存货占比总资产份额方面，不同的企业也有很大差异。在此次疫情期间，各个公司的存货除医药行业外都面临着销售问题，企业应适当调整企业战略，加强存货管理。在资产负债率方面，资产负债率最高的公司竟然达到了96.1%，与最小的5.8%形成了鲜明的对比。在现金持有方面，持有比例最高的企业达到55.3%，最低的达到1.4%，并且从均值和中位数可以看到企业整体现金持有比例是偏低的。

表3　　　　　　　　　　　描述性统计

variable	mean	p50	min	max	sd	skewness	kurtosis	N
ATR	0.074	0.058	0.006	0.368	0.060	2.231	9.767	2955
EPS	0.272	0.150	−1.032	2.303	0.456	1.622	8.643	2955
Inventory	0.139	0.121	0.012	0.466	0.089	1.330	5.037	2945
Cash	0.155	0.127	0.014	0.553	0.107	1.464	5.304	2954
Size	22.08	21.95	19.74	25.87	1.230	0.672	3.335	2954
Lev	0.401	0.389	0.058	0.961	0.201	0.421	2.646	2954
Age	10.03	8.000	0	26.000	7.774	0.567	2.037	2956
GA	0.119	0.097	0.014	0.693	0.097	3.178	16.780	2954
PPE	0.253	0.231	0.023	0.662	0.145	0.705	3.000	2735
Intangible	0.043	0.035	0.001	0.202	0.033	2.104	9.254	2938

其次，在理论部分，本文以2019年4月新税制制度实施为时间界限，对增值税改革前和增值税改革后的企业增值税实际税负率进行了分析。根据改革前后的描述性分析结果表4可以看到，绝对指标实缴增值税（VATB）在增值税改革后有所下降，相对指标增值税实际税负率（ATR）在增值税改革后平均值由原来的7.6%下降为7.1%。因此不论是实缴增值税（VATB）还是增值税实际税负率（ATR），在增值税改革后均有下降。

由此，针对增值税实际税负的变化情况，实证检验与理论分析并不相符。其中原因可能是因为理论分析中的重要系数组成部分采用的是2012年投入产出表中直接消耗系数，尽管这是目前能找到的最新统计数据，但是由于年份相对较早，加上近年来增值税政策不断调整，因此在理论分析层面存在不可避免的误差。

其次，实证检验与理论分析不相符的情况也印证了直接消耗系数并不是影响增值税实际税负的主要关键因素，还有其他若干因素影响着企业增值税实际税负率。因此，我们将对被解释变量、解释变量和控制变量进行进一步多元回归分析，探究企业增值税实际税负率的其他影响因素。

表 4　　　　　　　　　　　企业增值税实际税负

Period of time	variable	mean	p50	min	max
2018.1.1 – 2019.3.31	ATR	0.076	0.060	0.007	0.356
2019.4.1 – 2020.3.31	ATR	0.071	0.055	0.005	0.384

（二）相关性分析

各变量之间的相关关系如表 5 所示，在此不再做赘述。

表 5　　　　　　　　　　　相关性分析

ATR	EPS	Inventory	Cash	Size	Lev	Age	GA	PPE	Intangible
ATR	1								
EPS	0.109 ***	1							
Inventory	−0.074 ***	−0.011 ***	1						
Cash	0.129 ***	0.212 ***	−0.131 ***	1					
Size	−0.104 ***	0.128 ***	0.035 ***	−0.091 ***	1				
Lev	−0.273 ***	−0.181 ***	0.184 ***	−0.232 ***	0.468 ***	1			
Age	−0.028 ***	−0.151 ***	0.00600 ***	−0.076 ***	0.421 ***	0.340 ***	1		
GA	0.353 ***	−0.229 ***	−0.106 ***	0.00700 ***	−0.306 ***	−0.104 ***	−0.079 ***	1	
PPE	−0.132 ***	−0.063 ***	−0.224 ***	−0.242 ***	0.067 ***	0.079 ***	0.085 ***	−0.107 ***	1
Intangible	0.045 ***	−0.054 ***	−0.103 ***	−0.128 ***	−0.00600 ***	0.042 ***	0.021 ***	0.089 ***	0.104 ***	1

（三）多元回归分析

1. 增值税改革前多元回归分析

根据多元回归分析结果第（1）列可以看到，在增值税改革前，营利能力（EPS）对企业实缴增值税的影响是显著为负的，而现金持有（Cash）的影响程度较弱，存货占比（Inventory）没有任何影响作用。

这说明税改以前，企业实际税负与企业的营利能力直接相关，且营利能力越强，企业承担的实际税负率越低；企业实际税负与企业流动性的关系较弱；企业实际税负完全不受企业存货占比的影响。

2. 增值税改革后多元回归分析

根据多元回归分析结果第（2）列可以看到，营利能力（EPS）对企业实缴增值税的影响程度与增值税改革前相同，仍是显著为负。其次，在增值税改革后，现金持有（Cash）对企业实际税负率（ATR）影响程度变为显著为负。此外，企业实际税负存货占比（Inventory）的影响作用也逐渐显现，对企业实际税负的影响程度呈现为一般，且影响为负。

这说明经过增值税改革,企业的营利能力越强、现金持有越强、总资产中存货占比越大,企业承担的实际税负率越低。

表6　　　　　　　　　　　2018—2020年建筑业回归结果

变量	税改前企业实际税负率	税改后企业实际税负率
VARIABLES	(1) ATR	(2) ATR
EPS	-0.011*** (-12.51)	-0.008*** (-6.34)
Inventory	0.012 (1.05)	-0.029** (-2.18)
Cash	-0.009* (-1.82)	-0.027*** (-3.54)
Size	0.007*** (3.60)	0.017*** (5.49)
Lev	-0.094*** (-16.14)	-0.078*** (-8.70)
Age	-0.005*** (-10.18)	0.004*** (4.84)
GA	0.301*** (39.89)	0.312*** (46.92)
PPE	-0.049*** (-5.29)	-0.022 (-1.45)
Intangible	-0.009 (-0.32)	-0.085** (-2.01)
Constant	-0.011 (-0.26)	-0.337*** (-4.95)
Observations	3079	2280
Adjusted R-squared	0.793	0.779

Robust t-statistics in parentheses ***$p<0.01$,**$p<0.05$,*$p<0.1$

六、结论

本文以建筑业企业为研究对象,研究税制设计与企业内部因素对企业增值税实际税负的影响。首先在税制设计的宏观层面,本文利用投入产出表中直接消耗系数的数据进行理论分析,经过计算得到2019年增值税改革后建筑业企业增值税理论税负不降反增的结论。

为了验证理论分析的可靠性以及探究影响企业增值税税负的影响因素,在企业内部因素影响的微观层面，本文剔除相关行业后选取了3079个样本企业进行实证研究。经过描述性分析，研究得到：2019年增值税改革后建筑业企业增值税实际税负率下降0.5个百分点；改革前后营利能力（EPS）始终对增值税作用显著为负的影响，现金持有（Cash）的影响能力由一般变为显著为负，存货占比（Inventory）的对增值税实际税负的影响也由无影响上升为一般。并且，税改后建筑业企业营利能力（EPS）、现金持有（Cash）、存货占比（Inventory）对企业增值税实际税负率的相关性均呈现显著为负，因此企业的营利能力越强、现金持有占比越大、总资产中存货占比越大，企业承担的实际税负率越低。

基于本文研究结论。我们提出如下建议：

首先，从政府层面来说，应推进行业税率减档、减少差别税率的设置，简并增值税税率。目前我国增值税实行多档税率，虽然从本质上来说多档税率有违增值税税收中性的原则，但其在一定程度上保障了社会公平、促进了收入再分配。因此，应在保证社会公平的前提下，逐步推行税率减档政策，提高增值税税收中性。

其次，从企业微观层面来说，建筑业企业应重点关注对营利能力，并提高对资金和库存管理的关注度。从长期来看，企业应致力于制定合理的营销策略，提高企业营利能力；其次，企业在关注财务指标的同时，还应加强对企业资金的管理能力，提高企业信誉，提高企业资金的流动性，保障企业资金链条的畅通；企业应当设置最低库存警戒线，保证基本库存，减轻税负压力，避免存货占比过低而造成的税负压力。

此外，企业应通过关注企业增值税税负的影响效应，实时调整企业战略目标，着眼于自身的财务发展，提高自身的营利能力和管理能力的同时减轻税收负担。

参考文献

[1] 王素荣，蒋高乐．增值税转型对上市公司财务影响程度研究 [J]．会计研究，2010（2）：40-46，92．

[2] 罗宏，陈丽霖．增值税转型对企业融资约束的影响研究 [J]．会计研究，2012（12）：43-49，94．

[3] 刘行，赵健宇．税收激励与企业创新——基于增值税转型改革的"准自然实验" [J]．会计研究，2019（9）：43-49．

[4] 刘柏惠，寇恩惠，杨龙见．增值税多档税率、资源误置与全要素生产率损失 [J]．经济研究，2019，54（5）：113-128．

[5] 樊勇，李昊楠．对我国增值税改革减税效果的基本认识——兼议衡量增值税税负变动的口径 [J]．税务研究，2019（7）：12-18．

[6] 倪娟，彭凯，苏磊．增值税非税收中性？——基于可抵扣范围与税负转嫁能力的分析框架 [J]．会计研究，2019（10）：50-56．

[7] 樊勇．增值税抵扣制度对行业增值税税负影响的实证研究 [J]．财贸经济，2012（1）：34-41．

[8] 陈晓光．增值税有效税率差异与效率损失——兼议对"营改增"的启示 [J]．中国社会科学，2013（8）：67-84，205-206．

[9] 李真真,张洪也. 基于企业利润角度的增值税优惠政策思考[J]. 财会通讯, 2018 (4): 49–52.

[10] 文礼朋,石泰龙,谢海娟. 全面"营改增"减税效应的理想与现实对比——基于投入产出表的理论模拟与税务年鉴数据的分析[J]. 财会通讯, 2019 (14): 117–120.

[11] Scott D. Dyreng, Michelle Hanlon, Edward L. Maydew, Jacob R. Thornock. Changes in corporate effective tax rates over the past 25 years [J]. Journal of Financial Economics, 2017, 124 (3).

[12] Katharine Drake, Russ Hamilton, Stephen J. Lusch. Are declining effective tax rates indicative of tax avoidance? Insight from effective tax rate reconciliations [J]. Journal of Accounting and Economics, 2020.

[13] Sanjay Gupta, Lillian F. Mills. Corporate multistate tax planning: benefits of multiple jurisdictions [J]. Journal of Accounting and Economics, 2002, 33 (1).

条条大路通罗马：企业创新与海外并购

冯文清

会计学院会计学（基地）专业 1601 班　　指导老师：黄勇

一、引言

最近 10 年，中国企业海外兼并收购的消息频出，并购事件增速快且金额大。随着中国上市企业国际化程度提高，积极面向全球市场并越来越多地参与到海外并购中去，也让学界不由得思考，是什么因素影响并驱动着企业的海外兼并收购行为？或许创新能力对解释这个问题有所帮助。

既有文献发现企业并购与企业未来的创新产出之间呈现显著的正相关关系，表现为企业在并购之后的专利数量和专利被引量均有显著上升，并且这种关系在并购方的创新效率低于被并购方时更为显著（Sevilir et al.，2012）。Tirole（1994）发现自主研发创新欠缺的企业会去并购那些创新效率高于自身的公司以直接获得创新资源，这一结论也在新的证据中得到证实。当企业内部的创新能力出现瓶颈时，企业会倾向从外部寻求出路，通过并购的手段来获取专利技术等资源，从而提高自身未来的创新产出。并且，在对企业创新产出的贡献上，并购至少和 R&D 处于同等地位，企业并购金额的增加与研发投入强度的提高对企业未来的创新产出的影响力是不相上下的（Sevilir et al.，2012）。

传统理论关于中国企业海外并购的动机颇多，广泛认同的理论有获取战略性资产、竞争驱动、经营协同和政策引导，等等。但随着经济社会的不断发展，传统的理论在解释新的经济现象时或许说服力稍显欠缺，所以我们在新环境下对于企业海外并购动机也有了新的思路，获取创新能力也可成为企业海外并购的重要驱动力。既有研究表明企业在并购后的创新产出有显著提升，并且这种相关关系在并购方的创新效率低于被并购方时更为突出（Sevilir et al.，2012）。这为我们提供了间接证据，企业参与并购的目的就是获得被并购方的专利技术等资源，整合消化后从而提高自身的创新能力，为企业带来源源不断的创新产出。但是我们需要更为直接的证据来证实海外并购与企业创新之间的关系，从并购方企业入手，通过探讨什么样的企业倾向参与到海外并购来为此提供新证据。我们据此认为自身创新能力薄弱的企业会更有动机去参与海外并购活动，也就是说，企业自身的创新能力与其海外并购的规模可能是负相关关系。

在现代经济社会，企业的创新能力越来越彰显一个企业的发展前景，企业创新行为也体现着企业的科研、发展实力。企业提高创新能力可以通过内部方式如企业自主研发、科研投入等，但自主研发往往具有"周期长、风险大、投入高"的特点，对于创新能力薄弱又想速成的企业来说，通过兼并收购，直接获得被并购方的知识产权资产如专利权等，就是这类企业在短时间内寻求创新发展的途径之一。条条大路通罗马，并不是只有通过自主研发才可以实现技术升级，对于一些企业来说，通过海外并购专利技术从而提升创新能力也不失为一种"性价比"之选。海外并购基于经济全球化视角，可以更广泛地通过并购来进行专利布局等，从而实现创新能力提升。因此企业的创新能力可能成为解释企业海外并购行为一个新的维度，本文研究的问题即企业自身的创新能力会影响其海外兼并收购行为，是否是自身研发能力欠缺的企业会偏好去参与海外并购？

本文的创新点在于，在既有文献的基础上提出了企业海外并购行为的新动机。随着知识经济的发展和企业之间竞争的加剧，企业的创新能力作为一项企业"资产"的作用越来越凸显，企业也越来越看重创新能力。当自身自主研发能力不强或创新能力低时，通过并购去直接获得被并购方的专利技术，这个逻辑是行得通的。并且我们既有文献证实企业在并购之后确实会有创新产出的显著提升，为自身创新能力薄弱的企业倾向参与并购提供了间接证据。本文考虑从企业自身的创新能力角度来研究企业的海外并购行为，是否是自主创新能力较低的企业更偏好通过海外并购的方式实现技术升级？尝试为企业海外并购行为的动因提供新的更为直接的证据。

本文以A股上市公司2008—2018年的并购事件为样本，近10年是中国上市企业海外并购规模增速最快的10年。我们用海外并购交易金额衡量并购规模，用企业的申请专利数量衡量创新能力，研究企业创新能力对海外并购行为的影响。实证结果显示，企业的专利申请量与海外并购交易规模呈现显著的负相关关系，且当期、滞后一期和滞后二期的专利申请量均对企业当期的海外并购金额有显著的负向影响。研究还表明专利数量较少的企业海外并购规模更大，证实了海外兼并收购作为一种更为直接的获得创新能力的手段，在目前经济全球化和知识经济的背景下，被相当一部分自主研发能力薄弱的企业所采用。在分组回归中，还发现企业的联合专利相较于独立专利来说对企业海外并购规模的影响更大，发明专利和实用新型[①]相较于外观设计来说对企业海外并购规模的影响更大。稳健性检验中用专利授权量衡量企业的创新能力与海外并购规模进行OLS回归，结果与主回归结果一致，进一步支持了本文的结论。

本文接下来的结构安排如下：第一部分是理论分析与假设提出，总结既有文献的同时，提出本文的研究假设；第二部分是实证研究设计，包括样本的选取过程和数据来源以及模型设定和主要变量的定义；第三部分是实证结果与分析，展示了主回归的结果，分析企业创新能力对其海外并购行为的影响；第四部分是进一步分析，展示了分组回归的结果，着重分析了不同专利类型对企业海外并购规模的影响；第五部分的稳健性检印证了主回归的结果，有力地支持了本文的结论；第六部分对全文进行了总结。

---

① 中国专利法规定可以获得专利保护的发明创造有发明、实用新型和外观设计三种。

二、理论分析与假设提出

企业并购是指企业为了获取其他企业的控制权而进行的所有权交易活动，并购是兼并和收购的合称，其中兼并既可以是并购方通过产权交易获得被并购方的产权，使目标企业丧失法人资格，也可以是并购方和被并购方同时放弃法人资格，并在此基础上新设企业。收购是指并购方通过购买被并购方的股份或者资产，而不一定使被并购方丧失法人资格（李伟，2018）。而海外并购是伴随着经济全球化和跨国公司全球盛行的浪潮发展起来的，既具有企业并购的理论共性，同时作为跨国公司对外直接投资的最主要方式，也兼有跨国投资的理论特点（唐晓华和高鹏，2019）。

既有文献关于中国企业海外并购的动机研究颇多，概括有如下五点：一是为了获取战略性资产，战略性资产既包括有形的稀缺自然资源，也包括研发技术、管理经验和品牌附加值等无形资产；二是竞争驱动，经济全球化使中国上市企业不仅要面对国内企业的竞争，还有面临跨国企业的竞争，激烈的市场竞争使企业不得不向外开拓新的市场以求生存（吴刚，2016）；三是海外并购能实现经营协同效应，企业可以通过并购实现规模生产，资源的整合能降低企业的经营成本，经济效益也随着资产经营规模的扩大而得到提高（李凌，2016）；四是金融危机的时势机遇，自2008年金融危机以来，诸多跨国公司迎来寒冬期，而此时人民币升值，为中国企业海外并购提供了相当有利的条件（李自杰和李毅，2010）；五是政府政策的良好引导，从2000年"走出去"战略提出，中国企业在政府的大力支持下走向海外市场，近年来随着"一带一路"倡议和"中国制造2025"的提出，国内企业也更加积极地去开拓海外市场（张娟，2017）。

值得注意的是，近年来海外并购市场上涌现出越来越多涉及企业的专利、商标等知识产权资产的并购活动，获得被并购方的创新技术逐渐成为并购的重要动机之一（Bena et al.，2014）。Tirole（1994）发现不擅长自主研发的企业会去并购那些创新效率高于自身的公司以获得创新资源。在美国的并购重组事件中，Kaplan（2000）经过充分的案例研究也发现大部分的并购案例都与技术创新密切相关。Bena（2014）统计了1984—2006年美国上市公司的并购事件，发现近乎67%的事件涉及获得目标公司的技术创新能力。于开乐和王铁民（2008）也指出通过并购来提升企业的创新能力通常是企业并购的战略目的之一。

在过去10年，我国企业在海外并购市场愈加活跃，尤其是在"一带一路"和"中国制造2025"政策的引导下，并购交易完成规模及交易数量呈逐年增长趋势。在这些并购交易中，并购方不乏出于想要获取被并购方企业的创新技术的目的，通过并购来提升企业自身在某些领域的技术创新能力。国内已有学者研究证实的并购确会给企业带来创新绩效，尤其是技术并购在制造业企业中，能有效促进并购方企业的创新绩效（张峥和聂思，2016），这也与Ahuja（2001）对国外化工行业的研究结果保持一致。同时技术并购在进行之前，就能有效从知识技术角度明确选择企业的并购目标，可以说企业就是以提升企业技术创新能力为目的去发起并购（张峥和聂思，2016）。获取创新作为企业的并购动机也在Sevilir（2012）的实证结果中的得到证实，企业并购成功之后能为其1~3年的后续经营中带来显著的创新产出，并购规模对企业创新能力的贡献至少是与研发投入处于同等重要的地位。

在经济全球化的背景下,企业面临的同业竞争压力越来越激烈,创新能力又是企业核心竞争力的源泉之一,是区别一个企业的重要标志。而对于那些自主研发能力薄弱却又想迅速提高自身创新能力的企业来说,条条大路通罗马,通过海外并购来获得被并购方的专利技术等知识产权资产,在全球范围展开专利布局,这也不失为一种良策。因此,企业自身的创新能力可以成为解释海外并购动机的新维度,在企业自主研发能力有所欠缺,不能满足其提高技术水平的需求时,企业会倾向通过海外并购的途径直接获得专利技术,从而实现创新能力的突破。基于以上分析,本文提出如下假设:

H:企业自身创新能力越薄弱,其海外并购的规模越大,获取创新能力驱动了企业的海外并购行为。

三、实证研究设计

(一) 样本选择与数据来源

考虑到数据的易获取性,本文以 A 股上市公司为研究对象,其中剔除 ST 公司和金融业公司数据。本文样本期间为 2008—2018 年,选取中国企业活跃在海外并购市场的 10 年为观测区间。

本文中所使用的上市公司专利申请量数据和上市公司海外并购金额数据均来源于中国研究数据服务平台(CNRDS)。其中公司年度专利申请量有 28088 个观测值,公司年度海外并购金额数据有 898 个观测值,最终匹配得到 513 个年度公司样本。本文所需要的其他财务数据取自国泰安 CSMAR 数据库,稳健性检验中所用的专利授权量数据取自中国研究数据服务平台(CNRDS)。为了减轻异常值对回归的影响,对使用的主要变量均进行上下 1% 的缩尾处理。

(二) 模型设定与变量说明

为了研究上市公司的海外并购规模与企业本身的创新能力之间的关系,我们基于以下的实证模型来进行 OLS 回归。

$$MAamount_{i,t} = \alpha + \beta \times PA_{i,t-n} + \delta' Z_{i,t} + Year_t + Industry_t + u_{i,t} \quad 式(1)$$

式(1)中,i 指代公司,t 指代时间,n 可以等于 0,1,2。被解释变量为上市公司的海外并购规模,用海外并购交易的金额 MAamount 衡量,交易金额分别用公司的资产规模和营业收入做标准化处理,以处理并购金额中的规模效应,然后再对标准化之后的并购金额取自然对数。主要解释变量是企业的创新能力,用上市公司在中国的专利申请数量 PA 衡量,在数量上我们将专利申请量加一后取自然对数,加上自然数一是考虑到部分企业的专利申请量为 0,真数为 0 无法取对数的情况。Z 概括了企业特征层面与公司海外并购规模相关的控制变量,它包括了资产规模、经营性现金流、营业收入、资产回报率、市净率、市值与账面价值比、资产负债率,股权集中程度、托宾 Q 和公司年龄。相关控制变量具体解释会在下文中展开。Year 指年份固定效应,捕捉海外并购行为随时间变化的效应,

Industry 指行业固定效应,解释由行业特性影响企业海外并购规模的部分。

既有研究表明,公司的资产规模、市值与账面价值比、现金流、公司股权集中程度等特征均会影响企业的并购行为(Moeller et al.,2004;Chen et al.,2007;吴超鹏等,2008;陈仕华,2013)。借鉴上述文献,在回归分析中本文对上述因素进行了控制,其中公司规模层面控制了总资产规模、经营性现金流、营业收入和资产回报率,除此我们增加了市净率、资产负债率、托宾Q和公司年龄为本文的控制变量。Assets、CFO 和 Sales 分别为总资产、公司经营性现金流和公司营业收入的自然对数值;ROA 为公司净利润与总资产的比率;P/B 为公司每股股价与每股净资产的比率;M/B 为公司总市值与总资产的比率;Leverage 为公司总负债与总资产的比率;Concentration 为公司第一大股东的持股比例,衡量企业的股权集中度;Tobin's Q 是衡量公司成长性的常用指标,为资本市场价值与重置成本的比;FirmAge 为从公司建立到当前年度间隔的年数。其中,公司行业按照2012年证监会行业分类指引(18类)① 进行分类,在回归中本文对行业年度固定效应进行了控制。为减缓反向因果等可能存在的内生性问题,在回归分析时将解释变量专利数量取滞后一期值和滞后二期值。

本文将实证检验涉及的主要变量定义整理在表1中,表1中的部分变量含义都经过数学处理,但考虑变量命名的简洁性,变量名统一不带数学符号。

表1 主要变量定义

变量名	含义	计算方法
MAamount/Assets MAamount/Sales	海外并购交易规模	并购交易金额除以公司总资产后取对数 并购交易金额除以公司营业收入后取对数
PA	创新专利	公司的专利申请量加一后取对数
InPA	独立专利	公司的独立专利申请量加一后取对数
CoPA	联合专利	公司的联合专利申请量加一后取对数
Invent	发明专利	公司的发明专利申请量加一后取对数
Utility	实用新型专利	公司的实用新型专利申请量加一后取对数
Design	外观设计专利	公司的外观设计专利申请量加一后取对数
AcqPA	专利授权量	公司的专利授权量加一后取对数
Dummy_MA	海外并购哑变量	有海外并购事件:1 无:0
Assets	资产规模	公司的总资产取对数
CFO	经营性现金流	公司的经营性现金流量取对数
Sales	营业收入	公司的营业收入取对数
ROA	资产回报率	净利润/公司总资产

---

① 证监会行业分类指引2012版:农、林、牧、渔业(A)、采矿业(B)、制造业(C)、电力、热力、燃气及水生产和供应业(D)、建筑业(E)、批发和零售业(F)、交通运输、仓储和邮政业(G)、住宿和餐饮业(H)、信息传输、软件和信息技术服务业(I)、金融业(J)、租赁和商务服务业(L)、科学研究和技术服务业(M)、水利、环境和公共设施管理业(N)、居民服务、修理和其他服务业(O)、教育(P)、卫生和社会工作(Q)、文化、体育和娱乐业(R)、综合(S)。

续表

变量名	含义	计算方法
SOE	国有企业哑变量	国有企业：1 民营企业：0
P/B	市净率	公司每股股价/每股净资产
M/B	市值与账面价值比	总市值/公司总资产
Leverage	资产负债率	总负债/公司总资产
Concentration	股权集中程度	公司第一大股东的持股比例
Tobin's Q	托宾q	资本市场价值/重置成本
FirmAge	公司年龄	从公司建立到当前年度间隔的年数
Year	年份	年度控制变量
Industry	行业	行业控制变量

（三）数据统计描述

表2报告了主要变量的描述性统计结果，为了更为直观地展示专利等变量的描述统计，这里统一以变量原始数据的量纲为准，如专利申请量以个数展示。我们对主要变量进行了上下1%的缩尾处理，以减少异常值的影响。企业海外并购交易金额平均为2.49亿元，中位数仅为0.28亿元，企业并购规模差异较大，小部分企业积极活跃在海外并购市场中，是大规模交易中的主要角色。样本公司每年平均申请专利数量为221个，中位数为28个，企业之间的专利数量差异显著，创新能力高低不齐。其中每年申请的独立专利平均为160个，联合专利60个。并且发明专利每年平均为117个，实用新型89个，外观设计14个。显然公司申请的专利中，独立专利占比更高，发明专利和实用新型占比更高。平均来说，样本公司的资产规模为520.73亿元，营业收入为438.71亿元，经营性现金流为43.3亿元。资产回报率平均为6%。市净率平均为4.19。市值与账面价值比的均值为0.48，上四分位数值为0.65，均小于1，表明现在A股上市公司中的大部分公司均处于价值被低估的阶段，成长空间较大。公司的平均资产负债率为45%，第一大股东持股比例平均为35.43%，托宾Q均值为2.44，公司年龄平均为18年。

表2 描述性统计

Variables	25%	Median	Mean	75%	SD	N
MAamount (million)	6.19	27.5	248.99	114.25	824.05	513
PA	7.00	28.00	221.35	84.00	822.96	513
InPA	6.00	23.00	160.88	69.00	558.46	513
CoPA	0.00	0.00	60.46	5.00	467.88	513
Invent	3.00	11.00	117.50	35.00	540.79	513
Utility	1.00	10.00	89.57	39.00	326.61	513
Design	0.00	0.00	14.27	5.00	67.55	513
Asset (million)	2711.23	5890.60	52073.14	18368.00	222254.60	513
Sales (million)	1201.21	3059.48	43870.70	11157.08	243824.30	513

续表

Variables	25%	Median	Mean	75%	SD	N
CFO（million）	110.43	302.26	4330.00	1071.40	25869.14	513
ROA	0.03	0.06	0.07	0.09	0.05	513
SOE	0.00	0.00	0.33	1.00	0.47	513
P/B	2.16	3.38	4.19	5.15	3.18	513
M/B	0.28	0.43	0.48	0.65	0.26	513
Leverage	0.30	0.46	0.45	0.62	0.20	513
Concentration（%）	22.57	32.97	35.43	45.38	15.96	513
Tobin's Q	0.99	1.90	2.44	3.23	2.010	513
FirmAge	15.00	19.00	18.86	22.00	5.29	513

四、实证结果与分析

（一）海外并购前后创新能力的差异检验

按照企业发起海外并购的时间，本文将专利数量样本划分为"并购前"和"并购后"两组，分别代表企业海外并购前后的创新能力。单变量检验中的专利变量以原始数据的量纲为准，单位为个。

表3报告了"并购前"和"并购后"两组间专利数量的单变量检验结果，数据显示，"并购后"组所有衡量创新能力的变量均在1%水平上显著大于"并购前"组。可见在海外并购事件后，企业的专利总数和各类型下的专利数量均有显著增加，创新能力确有显著提高，单变量检验结果印证了Sevilir（2012）的结论，也为本文关于企业自身创新能力对其海外并购行为的研究提供了支持。

表3 单变量检验

变量	并购前		并购后		均值T检验	中值Z检验
	均值	中值	均值	中值		
PA	46.14	7.00	156.78	23.00	-11.86***	-14.19***
InPA	38.97	6.00	116.66	19.00	-10.96***	-13.36***
CoPA	7.17	0.00	40.12	0.00	-7.84***	-9.83***
Invent	21.31	2.00	79.74	8.00	-10.22***	-13.87***
Utility	20.03	2.00	65.26	8.00	-11.81***	-12.33***
Design	4.80	0.00	11.78	0.00	-6.69***	-8.82***

注：***表示1%的显著性水平。

（二）创新能力对发起海外并购决策的影响

在探讨企业自身创新能力如何影响海外并购规模之前，本文先从它如何影响企业海外并购决策这个问题入手。从逻辑上来说，企业是先做出发起并购的决策，然后再去考虑并购的规模。所以本文首先需要明晰企业自身的创新能力对其发起并购决策有什么样的影响，换言之，什么样创新能力的企业会倾向参与到海外并购市场中以求获得专利技术等知识产权资产。

本文采用 Logistic 模型来研究企业自身创新能力对其海外并购决策的影响，判别在众多样本企业中，自身专利数量处于何种水平的企业会选择发起海外并购。本文按照专利数量的下四分位、中位数和上分位数将不同创新能力的企业区分为四组，同时生成了哑变量 Dummy_MA，观测到有海外并购金额的样本变量取 1，没有观测到有海外并购金额和海外并购金额为 0 的样本变量取 0。$PAt-1$ 是滞后一期的专利申请量加一之后的自然对数，考虑到有样本公司的专利申请量为 0 的情况，所以加一以解决真数为 0 不能取对数的问题。根据因果关系，我们想要探究的是企业自身的专利数量是否会影响未来的海外并购决策，故将专利数量滞后一期，更容易看出两者之间的关系。

在企业规模上，我们控制了总资产的数额，变量 Assets 是总资产的自然对数。既有文献有探讨过产权性质在企业海外并购溢价中的影响，借鉴之下我们生成了企业产权性质哑变量 SOE，国有企业取值为 1，民营企业取值为 0，以此控制产权性质在企业海外并购选择中的影响（孙淑伟和何贤杰，2017）。此外我们还控制了企业的资产回报率 ROA，为公司净利润与总资产的比率；M/B 为公司总市值与总资产的比率；Concentration 为公司第一大股东的持股比例；Tobin's Q 是衡量公司成长性的常用指标，为资本市场价值与重置成本的比；FirmAge 为从公司建立到当前年度间隔的年数；在 Logistic 回归中我们对行业和年度固定效应也进行了控制。

表 4 报告了 Logistic 回归结果，表中的第（1）列至第（4）列即是按照专利数量的四分位数和中位数分为四组之后分别对海外并购哑变量和滞后一期的专利数量进行 Logistic 回归的结果。从第（2）列可见，专利水平在25%~50%的企业中，企业的专利数量对企业选择海外并购有正向影响，在5%的水平上显著。从第（3）列可见，专利水平在50%~75%的企业中，企业的专利数量和企业选择海外并购在10%的显著水平上呈正相关关系。而在第（1）列和第（4）列中，专利水平在0~25%和75%~100%这两端的企业，没有发现专利数量对企业海外并购的选择有显著影响。也就是说相对于自身创新能力很低和很高的企业，创新能力处于中间水平的企业会受自身现有创新能力不足的现状影响，有动力参与到海外并购中去。

这也很好解释，通过兼并收购来获得被并购方的专利是有技术整合风险的，吉利集团并购沃尔沃就是一个很好的例子。吉利集团作为国内本土的汽车企业，在并购外企沃尔沃之后之所以能获得很好的并购绩效，正是因为吉利自身具有很强的自主研发能力。在吉利拥有较好的自身创新情况下，通过对沃尔沃技术能力的消化和吸收，最终达到了提升技术水平的目的，实现了企业海外并购之后的技术协同。所以通过海外并购来获得被并购方的专利技术这条路径也不是适合所有的企业，企业走这条路径需要考虑到自身是否有消化和整合技术的能力，在有自主研发创新能力做支撑的情况下，再通过海外并购来获得更多的专利技术，对于提升企业整体创新能力才有"锦上添花"的作用。自主创新能力较弱的企业，由于没有自身研发条件作为支撑，一定程度上没有足够的能力去消化、整合技术资源,实现企业技术水平的提升,故企业不会采用通过海外并购获取专利的决策。而自主创新能力较强的企业,有强大的自主研发能力作为技术支撑,海外并购路径对他们来说也不是"性价比"之选。是故,创新能力属于中间梯队的企业,既有进一步提升技术水平的需求,又有一定的技术资源整合能力,才会有动力参与到海外并购活动中去。

表4 专利数量是否影响企业选择海外并购

VARIABLES	Dummy_MA			
	(1)	(2)	(3)	(4)
PA_{t-1}	0.0730	0.177**	0.148*	0.0346
	(0.552)	(1.965)	(1.737)	(0.587)
Assets	0.998***	0.634***	0.547***	0.524***
	(6.963)	(5.074)	(4.770)	(7.361)
SOE	-1.352***	-0.844***	-0.688***	-0.574***
	(-4.316)	(-3.234)	(-3.146)	(-3.767)
ROA	-2.225	-1.645	0.251	0.686
	(-1.249)	(-0.963)	(0.148)	(0.510)
M/B	-4.490***	-3.354***	-2.881***	-0.909*
	(-4.626)	(-3.876)	(-4.040)	(-1.796)
Concentration	-0.003	-0.005	0.001	-0.011**
	(-0.391)	(-0.662)	(0.235)	(-2.536)
Tobin's Q	-0.082	-0.036	-0.006	-0.021
	(-1.244)	(-0.603)	(-0.115)	(-0.331)
FirmAge	-0.025	-0.012	-0.017	-0.035***
	(-1.177)	(-0.598)	(-0.991)	(-2.796)
Year	控制	控制	控制	控制
Industry	控制	控制	控制	控制
Constant	-23.99***	-17.55***	-15.18***	-13.62***
	(-7.606)	(-6.270)	(-5.819)	(-7.545)
Observations	4620	4053	4530	5346

注:***、**与*分别表示系数在1%、5%与10%水平上显著,括号内为t值。

(三)创新能力对海外并购规模的影响

在探讨了创新能力对企业发起海外并购决策的影响之后,本文进一步研究创新能力对企业海外并购规模的影响。本文对企业海外并购金额规模采用了两种标准化处理以解决规模效应带来的问题,专利水平除了当期数值外还取了滞后一期与滞后二期的值。

表5报告了式(1)的回归结果,即本文的主回归结果。其中第(1)列至第(3)列的海外并购交易规模是用并购交易金额除以公司总营业收入来衡量,第(4)列至第(6)列是用海外并购交易金额除以公司总资产来衡量,并在标准化之后取自然对数值。

在第（1）列中，本文检验了同期的专利申请数量对于海外并购交易规模的影响，主要解释变量 PA 的系数为负，在 1% 的水平上显著，表明企业当年的专利申请数量与企业当年的海外并购交易规模之间有显著的负相关关系，可见当年专利申请数量少的企业其海外并购规模更大，金额也更高。在第（2）列和第（3）列，本文检验了滞后一期和滞后二期的专利均与其海外交易规模呈显著负向关系，企业的创新能力会显著影响企业的海外并购行为，可见创新能力相对较低的企业会倾向更多地参与到海外并购活动中去。

在第（1）列至第（3）列中，本文还发现企业的总资产规模与企业海外并购交易金额呈正相关，在 1% 的水平上显著，总资产规模大代表企业资产雄厚，而资产实力雄厚往往是企业海外并购的必备条件之一。企业的营业收入规模与企业海外并购交易金额在 1% 的水平呈显著负相关关系，营业收入更多的企业反而海外并购的规模更小，可见在应计制会计中企业的营业收入高并不代表企业的现金流充裕，部分营业收入并不能及时地转化为企业的现金流，从而为企业兼并收购提供助力。企业的资产回报率与其海外并购交易规模在 5% 的水平上呈显著的负相关，由此看来，高资产回报率的企业通常很少选择通过海外并购去扩大规模，而资产回报率尚低的企业会在海外并购途径上寻求出路，通过扩大经营规模或者多元化经营等方式从而提升企业价值。此外，企业的市值与账面价值比与海外并购交易规模在 10% 的水平上负相关，市值与账面价值比低的企业往往是成长型企业，尚处在被市场低估的阶段，在企业的发展壮大过程中会选择去海外并购从而扩大自身实力，而市值与账面价值比相对较高的成熟型企业在公司经营和发展策略上已具有成熟之态，因此较少选择兼并收购这种粗放的发展方式。企业的托宾 Q 值与海外并购交易规模在 10% 的水平上呈显著正相关，当托宾 Q 值小于 1 时，即企业市价小于企业重置成本，企业将倾向于通过收购来实现企业扩张。

在第（4）列至第（6）列的检验中，本文用公司总资产来对并购交易规模做标准化处理。在当期的专利申请数量与海外并购交易规模两者中，解释变量 PA 在 1% 的水平上显著负相关，滞后一期的专利申请数量在 10% 的水平上显著负相关，滞后两期的专利申请数量在 5% 的水平上显著负相关。这个结果与（1）列至第（3）列的检验结果大致相同。

回归结果证实企业的创新能力是影响企业海外并购行为的一个重要因素，在控制了诸多控制变量之后，创新能力与海外并购规模呈负相关关系，创新能力相对较低的企业越倾向进行海外并购交易，在自主创新能力不显的情况下，通过海外并购直接获取被并购方的专利技术未尝不是一种方式。

表 5　　　　　　　　　　　　专利数量与海外并购规模

VARIABLES	MAamount/Sales			MAamount/Assets		
	(1)	(2)	(3)	(4)	(5)	(6)
PA	-0.227*** (-3.783)			-0.212*** (-3.421)		
PA_{t-1}		-0.125** (-1.969)			-0.112* (-1.701)	

续表

VARIABLES	MAamount/Sales			MAamount/Assets		
	(1)	(2)	(3)	(4)	(5)	(6)
PA_{t-2}			-0.171**			-0.151**
			(-2.528)			(-2.146)
Assets	0.978***	0.953***	0.966***	-0.003	-0.023	-0.005
	(5.098)	(4.809)	(4.592)	(-0.016)	(-0.111)	(-0.023)
CFO	0.064	0.070	0.075	0.083	0.091	0.097
	(0.773)	(0.797)	(0.823)	(0.971)	(0.998)	(1.025)
Sales	-1.196***	-1.260***	-1.269***	-0.247	-0.309*	-0.328*
	(-7.031)	(-7.171)	(-6.746)	(-1.398)	(-1.697)	(-1.677)
ROA	-4.317**	-4.840**	-5.312**	-4.449**	-5.006**	-5.472**
	(-2.027)	(-2.193)	(-2.251)	(-2.015)	(-2.188)	(-2.227)
M/B	-1.505*	-1.546*	-1.234	-1.552*	-1.625*	-1.348
	(-1.899)	(-1.843)	(-1.382)	(-1.890)	(-1.869)	(-1.450)
P/B	0.016	0.005	0.020	0.019	0.008	0.022
	(0.298)	(0.088)	(0.326)	(0.335)	(0.132)	(0.347)
Leverage	0.766	0.956	1.060	0.857	1.035	1.161
	(1.059)	(1.251)	(1.310)	(1.144)	(1.308)	(1.379)
Concentration	0.002	0.001	0.001	0.002	0.001	0.002
	(0.345)	(0.157)	(0.213)	(0.398)	(0.227)	(0.287)
Tobin's Q	0.066*	0.072*	0.081**	0.065*	0.072*	0.080*
	(1.792)	(1.910)	(2.057)	(1.726)	(1.837)	(1.961)
FirmAge	0.023	0.025	0.012	0.026	0.027	0.015
	(1.388)	(1.423)	(0.611)	(1.498)	(1.520)	(0.738)
Year	控制	控制	控制	控制	控制	控制
Industry	控制	控制	控制	控制	控制	控制
Constant	-1.919	-1.453	-0.248	-1.773	-1.496	-0.165
	(-0.750)	(-0.533)	(-0.084)	(-0.669)	(-0.529)	(-0.054)
Observations	598	569	513	598	569	513
R-squared	0.325	0.313	0.321	0.209	0.196	0.208

注：***、**与*分别表示系数在1%、5%与10%水平上显著，括号内为t值。

五、进一步分析

本文的进一步分析中将创新能力这个指标剥离开来，专利数量可以进一步细分为独立专利和联合专利，也可以分为发明专利、实用新型专利与外观设计专利。在分组回归结果中，可以更清晰地看出是什么类型的专利在影响海外并购规模时贡献更大。

企业专利申请量数据可以分为独立专利和联合专利两种，顾名思义，独立专利是公司当年独立进行申请的专利，而联合专利是公司当年与其他实体联合申请的专利。我们将专利申请数量样本分为独立专利和联合专利两个子样本，分别与当期的海外并购交易规模进行 OLS 回归。由于独立专利和联合专利互为竞争性变量，在以独立专利数量为主要解释变量时我们对联合专利加以控制，反之亦然。回归结果发现在控制了竞争性变量独立专利申请量后，企业联合专利申请量仍然对海外并购规模有显著负向影响。

$$MAamount_{i,t} = \alpha + \beta \times CoPA_{i,t} + \gamma InPA_{i,t} + \delta' Z_{i,t} + Year_t + Industry_t + u_{i,t} \quad \text{式}（2）$$

表 6 报告了式（2）的回归结果，主要解释变量为企业联合专利申请数。对于被解释变量海外并购金额我们采用了两种标准化处理以解决规模效应，其中第（1）列至第（3）列的海外并购交易规模是用公司总营业收入来进行标准化处理，第（4）列至第（6）列是用公司总资产来标准化处理，标准化之后统一取自然对数值。控制变量除了上述公司特征层面的变量，我们还对竞争性变量独立专利申请量加以控制，此外同样控制了年度和行业固定效应。

在第（1）列中，我们检验了同期的联合专利申请数量对于海外并购交易规模的影响，主要解释变量 CoPA 的系数为负，在 10% 的水平上显著，在第（2）列和第（3）列，检验了滞后一期和滞后二期的联合专利申请量对于海外并购交易规模的影响，解释变量 $CoPA_{t-1}$ 和 $CoPA_{t-2}$ 的系数为负，分别在 10% 和 5% 水平上显著。结果表明在控制了独立专利申请量之后，企业当期、滞后一期与滞后二期的联合专利申请量仍然对海外交易规模有显著的负向影响。

在回归中控制联合专利之后，未发现独立专利申请量仍然显著影响海外交易并购规模，而反之，控制了独立专利的影响后，联合专利申请量仍然与海外并购金额呈显著的负相关关系。可见，在企业专利申请量总体中，对海外并购规模影响力更大的还是企业的联合专利申请量。相较于独立专利，联合专利更少的企业会倾向通过海外并购获取专利，联合专利代表了衡量企业创新能力的最低底线。独立专利数量少的企业还没有迫切的需求去并购专利技术，而联合专利数量甚至都少的企业，其自主研发能力可见一斑，也就不奇怪有动机走上海外并购获取专利技术的道路了。

表 6　　　　　　　　　　联合专利数量与海外并购规模

VARIABLES	MAamount/Sales			MAamount/Assets		
	（1）	（2）	（3）	（4）	（5）	（6）
CoPA	-0.131*			-0.113		
	(-1.901)			(-1.580)		
$CoPA_{t-1}$		-0.126*			-0.106	
		(-1.756)			(-1.420)	
$CoPA_{t-2}$			-0.184**			-0.167**
			(-2.352)			(-2.050)
InPA	-0.190***			-0.180***		
	(-3.191)			(-2.915)		

续表

VARIABLES	MAamount/Sales			MAamount/Assets		
	(1)	(2)	(3)	(4)	(5)	(6)
$lnPA_{t-1}$		-0.106*			-0.099	
		(-1.715)			(-1.541)	
$lnPA_{t-2}$			-0.096			-0.082
			(-1.467)			(-1.208)
Assets	1.016***	0.994***	1.002***	0.032	0.014	0.028
	(5.279)	(5.004)	(4.756)	(0.159)	(0.0671)	(0.126)
CFO	0.059	0.064	0.067	0.077	0.084	0.089
	(0.713)	(0.733)	(0.742)	(0.906)	(0.924)	(0.942)
Sales	-1.208***	-1.251***	-1.275***	-0.260	-0.303*	-0.336*
	(-7.119)	(-7.148)	(-6.800)	(-1.479)	(-1.668)	(-1.721)
ROA	-4.682**	-5.260**	-5.678**	-4.833**	-5.435**	-5.862**
	(-2.181)	(-2.365)	(-2.392)	(-2.171)	(-2.356)	(-2.371)
M/B	-1.207	-1.255	-0.857	-1.261	-1.336	-0.975
	(-1.526)	(-1.498)	(-0.962)	(-1.538)	(-1.537)	(-1.051)
P/B	0.015	0.001	0.007	0.013	-0.001	0.004
	(0.239)	(0.012)	(0.101)	(0.191)	(-0.010)	(0.055)
Leverage	0.834	1.039	1.256	0.988	1.173	1.417
	(1.014)	(1.207)	(1.376)	(1.158)	(1.315)	(1.491)
Concentration	0.002	0.001	0.002	0.002	0.001	0.002
	(0.280)	(0.123)	(0.291)	(0.324)	(0.176)	(0.337)
Tobin's Q	0.128	0.147	0.182	0.139	0.157	0.193*
	(1.239)	(1.379)	(1.637)	(1.300)	(1.419)	(1.664)
FirmAge	0.027	0.027	0.018	0.029*	0.030	0.020
	(1.581)	(1.565)	(0.938)	(1.661)	(1.638)	(1.029)
Year	控制	控制	控制	控制	控制	控制
Industry	控制	控制	控制	控制	控制	控制
Constant	-2.712	-2.684	-1.283	-2.450	-2.584	-1.095
	(-1.043)	(-0.963)	(-0.427)	(-0.909)	(-0.893)	(-0.350)
Observations	598	569	513	598	569	513
R-squared	0.327	0.316	0.324	0.210	0.198	0.211

注：***、**与*分别表示系数在1%、5%与10%水平上显著，括号内为t值。

此外，按照我国专利法中对专利的类型，也可将企业专利申请数量样本分为发明专利、实用新型和外观设计3个子样本，分别与滞后一期与滞后两期的海外并购交易规模进行OLS回归，将式（1）中的PA分别替换为发明专利（Invent）、实用新型（Utility）和外观设计（Design）。

表7报告了发明专利、实用新型和外观设计数量与海外并购规模的OLS回归结果，我们对企业海外并购金额规模采用了标准化的处理，用并购交易金额除以公司总营业收入之后再取自然对数来衡量。

在第（1）列本文检验了滞后一期的发明专利申请量对于海外并购交易规模的影响，解释变量$Invent_{t-1}$的系数为负，在5%的水平上显著。在第（2）列本文检验了滞后一期的实用新型专利申请量对于海外并购交易规模的影响，发现滞后一期的实用新型专利也同样在5%的水平上显著。第（4）列和第（5）列滞后二期的结果也同样是如此，滞后二期的发明专利申请量与企业海外并购规模在5%的水平上呈负相关，滞后二期的实用新型申请量与企业海外并购规模在1%的水平上呈负相关。结果表明企业前一年和前两年的发明专利和实用新型申请量与企业当年的海外并购交易规模之间有显著的负相关关系，而滞后一期和二期的外观设计专利申请量与企业海外并购规模没有明显的显著相关关系。

可见在影响企业海外并购的路径中，相较于外观设计专利，发明专利和实用新型的影响力更大，而较少的发明专利和实用新型更能给予企业以动力参与到海外并购中去，通过并购以谋求技术升级。因此，在衡量企业创新水平时，发明专利和实用新型的信息含量相较外观设计而言更高。这也印证了在学术界在衡量企业的创新能力时区分对待发明专利、实用新型和外观设计的做法，一般来说，用发明专利衡量创新水平时权重最高，实用新型次之，外观设计通常做折价处理，权重最低。

表7 发明专利、实用新型、外观设计与海外并购规模

VARIABLES	MAamount/Sales					
	(1)	(2)	(3)	(4)	(5)	(6)
$Invent_{t-1}$	-0.156** (-2.365)					
$Utility_{t-1}$		-0.120** (-2.043)				
$Design_{t-1}$			-0.092 (-1.328)			
$Invent_{t-2}$				-0.157** (-2.269)		
$Utility_{t-2}$					-0.180*** (-2.809)	
$Design_{t-2}$						-0.035 (-0.461)
Assets	1.050*** (5.258)	0.996*** (5.014)	0.996*** (5.004)	1.054*** (4.955)	1.019*** (4.829)	1.011*** (4.745)
CFO	0.078 (0.897)	0.066 (0.752)	0.062 (0.706)	0.082 (0.905)	0.070 (0.780)	0.064 (0.708)

续表

VARIABLES	MAamount/Sales					
	(1)	(2)	(3)	(4)	(5)	(6)
Sales	-1.301***	-1.297***	-1.325***	-1.335***	-1.300***	-1.394***
	(-7.458)	(-7.385)	(-7.560)	(-7.135)	(-6.922)	(-7.462)
ROA	-5.433**	-5.319**	-5.332**	-6.020**	-5.885**	-5.580**
	(-2.459)	(-2.406)	(-2.404)	(-2.535)	(-2.492)	(-2.345)
M/B	-1.761**	-1.658*	-1.840**	-1.479	-1.329	-1.636*
	(-2.090)	(-1.956)	(-2.177)	(-1.639)	(-1.471)	(-1.807)
P/B	-0.028	-0.023	-0.023	-0.007	-0.004	-0.011
	(-0.453)	(-0.367)	(-0.371)	(-0.109)	(-0.060)	(-0.173)
Leverage	1.165	1.306*	1.274	1.259	1.411*	1.513*
	(1.469)	(1.651)	(1.605)	(1.487)	(1.684)	(1.794)
Concentration	-7.44e-05	0.001	3.40e-06	0.0004	0.001	0.0003
	(-0.013)	(0.105)	(0.001)	(0.061)	(0.123)	(0.049)
Tobin's Q	0.140**	0.136**	0.135**	0.140**	0.144**	0.137**
	(2.368)	(2.295)	(2.269)	(2.311)	(2.372)	(2.238)
FirmAge	0.024	0.026	0.029*	0.015	0.014	0.020
	(1.399)	(1.515)	(1.698)	(0.799)	(0.721)	(1.079)
Year	控制	控制	控制	控制	控制	控制
Industry	控制	控制	控制	控制	控制	控制
Constant	-2.760	-1.712	-1.097	-0.916	-0.911	1.420
	(-0.983)	(-0.634)	(-0.409)	(-0.303)	(-0.310)	(0.492)
Observations	569	569	569	513	513	513
R-squared	0.318	0.316	0.313	0.322	0.325	0.315

注：***、**与*分别表示系数在1%、5%与10%水平上显著，括号内为t值。

六、稳健性检验

在本文第三部分的主回归中衡量企业的创新水平采用的是企业的专利申请量，即企业当年申请的专利数量，为了进一步验证结果的可靠性，本文用专利的授权量即企业当年获得的专利数量替换衡量企业的创新水平，以此作为稳健性检验。企业的申请专利需要一定的时间经过授权审批才能成为企业的授权专利，所以在衡量企业创新能力上，授权专利要稍稍滞后于申请专利，但也是学界主流的衡量创新能力的指标。

稳健性检验中，对于海外并购金额的标准化处理以及控制变量都与主回归无异，仅仅将解释变量替换成企业的专利授权量，AcqPA为企业的专利授权量加一后的自然对数值。表8第（1）列至第（3）列结果显示，用企业的总营业收入对海外并购金额标准化处理之后，企业当期的专利授权量与海外并购金额在5%的水平上呈显著的负相关关系，滞后一期的专利授权量在1%的水平上显著,滞后二期的专利授权量在5%的水平上显著。第(4)列至第(6)列的结果也分别在5%和10%的水平上显著。这样看来,企业当期、滞后一期与滞后二期的专利授权量均与其海外交易规模呈显著负向关系,企业的创新能力会显著影响企业的海外并购行为。可见自身创新能力相对较低的企业会倾向更多地参与到海外并购活动中去,这也有力地支持了主回归的结果。

表8 专利授权数与海外并购规模

VARIABLES	MAamount/Sales			MAamount/Assets		
	(1)	(2)	(3)	(4)	(5)	(6)
AcqPA	-0.147**			-0.129**		
	(-2.393)			(-2.029)		
$AcqPA_{t-1}$		-0.169***			-0.151**	
		(-2.726)			(-2.340)	
$AcqPA_{t-2}$			-0.158**			-0.134*
			(-2.362)			(-1.922)
Assets	0.899***	0.895***	0.926***	-0.079	-0.077	-0.044
	(4.643)	(4.514)	(4.377)	(-0.393)	(-0.373)	(-0.198)
CFO	0.134	0.143	0.137	0.150	0.158	0.155
	(1.522)	(1.533)	(1.417)	(1.638)	(1.641)	(1.541)
Sales	-1.269***	-1.238***	-1.297***	-0.319*	-0.290	-0.356*
	(-7.429)	(-7.041)	(-6.921)	(-1.803)	(-1.587)	(-1.825)
ROA	-4.691**	-5.337**	-5.588**	-4.793**	-5.468**	-5.734**
	(-2.180)	(-2.419)	(-2.362)	(-2.151)	(-2.389)	(-2.328)
M/B	-1.411*	-1.427*	-1.186	-1.460*	-1.505*	-1.297
	(-1.773)	(-1.711)	(-1.331)	(-1.771)	(-1.740)	(-1.399)
P/B	0.015	0.007	0.019	0.019	0.010	0.022
	(0.281)	(0.113)	(0.317)	(0.327)	(0.165)	(0.350)
Leverage	0.884	0.894	1.128	0.965	0.965	1.209
	(1.224)	(1.185)	(1.409)	(1.291)	(1.233)	(1.450)
Concentration	0.002	0.002	0.002	0.003	0.002	0.002
	(0.421)	(0.277)	(0.249)	(0.480)	(0.354)	(0.337)
Tobin's Q	0.064*	0.076**	0.083**	0.064*	0.075*	0.082**
	(1.736)	(2.026)	(2.129)	(1.678)	(1.936)	(2.016)
FirmAge	0.024	0.024	0.013	0.027	0.026	0.016
	(1.448)	(1.373)	(0.684)	(1.564)	(1.476)	(0.809)
Year	控制	控制	控制	控制	控制	控制
Industry	控制	控制	控制	控制	控制	控制
Constant	-0.184	-2.151	-0.123	-0.065	-2.150	-0.003
	(-0.073)	(-0.788)	(-0.042)	(-0.025)	(-0.760)	(-0.001)
Observations	598	569	513	598	569	513
R-squared	0.317	0.320	0.322	0.201	0.203	0.209

注:***、**与*分别表示系数在1%、5%与10%水平上显著,括号内为t值。

七、结论

最近 10 年的海外并购事件不仅具有数量多、金额大的特点,而且并购事件中越来越多地涉及专利权等知识产权资产,通过并购在较短时间内直接获得被并购企业的专有技术和创新能力,从而提高自身的创新水平,是现在很多企业发起并购的动机。由此产生了这样一个问题:企业自身的创新能力会影响其海外并购行为吗?是否是自身创新能力欠缺才更偏好并购创新的道路?

本文实证考察了 2008—2018 年中国上市公司的海外并购事件,通过 OLS 回归模型,对企业自身的创新能力与其海外并购的规模进行了研究。实证结果显示企业的专利申请数量与其海外并购规模呈显著的负相关关系,表明自主创新能力较低的企业更偏好参与到企业海外并购中去。此外,在分组回归中,发现企业的联合专利相较于独立专利来说对企业海外并购规模的影响更大,发明专利和实用新型相较于外观设计来说对企业海外并购规模的影响更大。稳健性检验中用专利授权量衡量企业的创新能力,结果与主回归结果一致,进一步支持了本文的结论。

总而言之,条条大路通罗马,对于自身创新能力不足的企业,通过海外并购来获得专利技术不失为一条实现技术升级的道路。在企业自身有一定技术整合能力的基础上,创新水平又稍显不足,处于这种情形的企业会偏好参与到海外并购中去,并且企业自身的创新能力与海外并购规模呈显著的负相关关系,自身专利数量较少的企业海外并购的规模更大。换言之,自主创新能力不足的企业有动力通过海外并购途径获得专利技术,实现技术升级,企业的创新能力确实是其海外并购行为的重要影响因素。

参考文献

[1] 陈仕华,姜广省,卢昌崇. 董事联结、目标公司选择与并购绩效——基于并购双方之间信息不对称的研究视角 [J]. 管理世界,2013 (12):117 - 132,187 - 188.

[2] 方芳,闫晓彤. 中国上市公司并购绩效与思考 [J]. 经济理论与经济管理,2002 (8):43 - 48.

[3] 黎平海,李瑶,闻拓莉. 我国企业海外并购的特点、动因及影响因素分析 [J]. 经济问题探索,2009 (2):74 - 79.

[4] 李良成. 吉利并购沃尔沃的风险与并购后整合战略分析 [J]. 企业经济,2011 (1):25 - 28.

[5] 李凌. 中国企业海外并购动机分析 [J]. 对外经贸,2016 (5):52 - 56.

[6] 李青原. 资产专用性与公司纵向并购财富效应:来自我国上市公司的经验证据 [J]. 南开管理评论,2011,14 (6):116 - 127.

[7] 李伟. 企业跨国并购问题研究综述 [J]. 经济研究参考,2018 (30):48 - 59.

[8] 李自杰,李毅,曹保林. 金融危机下中国企业海外并购的特征、问题及对策研究——基于对外经济贸易大学跨国并购数据库中国企业海外并购的实证分析 [J]. 经济

问题探索, 2010 (4): 152 - 157.

[9] 孙淑伟, 何贤杰, 赵瑞光, 等. 中国企业海外并购溢价研究 [J]. 南开管理评论, 2017, 20 (3): 77 - 89.

[10] 唐晓华, 高鹏. 全球价值链视角下中国制造业企业海外并购的动因与趋势分析 [J]. 经济问题探索, 2019 (3): 92 - 98.

[11] 王艳, 阚铄. 企业文化与并购绩效 [J]. 管理世界, 2014 (11): 146 - 157, 163.

[12] 吴超鹏, 吴世农, 郑方镳. 管理者行为与连续并购绩效的理论与实证研究 [J]. 管理世界, 2008 (7): 126 - 133, 188.

[13] 吴刚. 浅析中国企业海外并购的发展前景 [J]. 经济研究导刊, 2016 (13): 176 - 177.

[14] 于开乐, 王铁民. 基于并购的开放式创新对企业自主创新的影响——南汽并购罗孚经验及一般启示 [J]. 管理世界, 2008 (04): 150 - 159 + 166.

[15] 张娟. 政府在中国企业跨国并购中的作用分析: 基于"一带一路"的视角 [J]. 国际贸易, 2017 (2): 49 - 52.

[16] 张维, 齐安甜. 企业并购理论研究评述 [J]. 南开管理评论, 2002 (2): 21 - 26.

[17] 张学勇, 柳依依, 罗丹, 陈锐. 创新能力对上市公司并购业绩的影响 [J]. 金融研究, 2017 (3): 159 - 175.

[18] 张峥, 聂思. 中国制造业上市公司并购创新绩效研究 [J]. 科研管理, 2016, 37 (4): 36 - 43.

[19] Ahuja G, Katila R. Technological acquisitions and the innovation performance of acquiring firms: a longitudinal study [J]. Strategic Management Journal, 2001, 22 (3): 197 - 220.

[20] Bena J, Li K. Corporate Innovations and Mergers and Acquisitions [J]. Journal of Finance, 2014 (69).

[21] Moeller S B, Schlingemann F P, René M Stulz. Firm size and the gains from acquisitions [J]. Journal of Financial Economics, 2004, 73 (2): 201 - 228.

[22] Sevilir M, Tian X. Acquiring Innovation [J]. SSRN Electronic Journal, 2012 (4).

审计费用会受到年报问询函监管的影响吗

作者：王钰

会计学院会基 1601 班　　指导老师：詹雷

一、引言

问询函是交易所针对上市公司相关信息披露公告过程中未达到"直接监管标准"的相关问题发出的函件，是一项非处罚性监管措施[①]，且部分函件还要求中介机构（如审计师）对相关问题进行书面回复。问询函形式的监管现象已逐渐成为资本市场监管的重要手段[②]。

此外，审计师"看门人"意识也备受关注。2014 年证监会表示，应当发挥中介机构在上市公司监管中的作用[③]。那么，年度报告问询函这种监管措施是否会影响审计费用呢？

本文研究上交所发放的年度报告问询函对审计费用的影响。之所以选取上交所而非深交所或两所的所有问询函，是因为上交所会在官网公布全部监管问询函而深交所只公开部分函件，且深交所 2015 年公开年报问询函而上交所 2016 年公开，将两所的上市公司作为样本可能导致收函样本与总体数据不匹配。之所以研究年度报告问询函，是因为年度报告中的财务会计报告应当经具有执业资格的会计师事务所审计[④]，年报审计对审计费用的影响更为直接。

本文基于审计师定价决策，研究公司收到上交所年报问询函对本年度审计费用的影响。结果显示，未发现收函公司的审计费用显著高于未收函公司，在 2017 年收函和审计意见非标显著提高了年报问询监管对审计收费的正向影响。进一步分析未发现问询函中的文本内容特征和公司延期回复情况对审计费用有显著影响。此外，公司被问询概率越高，审计费用越高。

本文后续安排如下：第一部分为研究背景，第二部分为文献综述，第三部分描述研究

[①] 陈运森. 强化监管问询，增加信息披露违法违规成本 [N]. 中国证券报，2019 – 5 – 17.
[②] 今年已有超 400 家公司收年报问询，最权威的财报解读尽在其中 [OL]. 财富·解读，2019 – 5 – 27.
[③] 证监会微讲堂（三）：建立健全良性高效的上市公司监管机制.
[④] 中国证券监督管理委员会. 上市公司信息披露管理办法 [Z]. 2017.

设计，第四部分报告实证结果，第五部分进行总结并提出建议。

二、研究背景

目前，我国越来越强调交易所一线监管的职能，交易所的监管处罚措施也得到重视。近年来，交易所加大了使用非行政处罚性监管的力度，本文研究的年报问询函就属于其中一种非处罚性监管措施。

2016 年 2 月 23 日，上交所首次发放的年报问询函。在此过程中，上交所重点挖掘企业年报透露出来的风险①。2017 年中国证券报表示，上交所对上市公司年度报告进行深入详细地询问，主要关注关联交易、业绩不合理或矛盾、交易合理性、业绩承诺和重组标的的"三高"后遗症等可能体现公司重大风险的异常点，并提醒投资者注意②。2018 年中国证券报报道上交所完成年报问询工作，表示总体来看，今年上交所的事后审核目的在于对风险隐患进行充分揭露③。但也有媒体报道称，发放问询函可能会变成交易所和公司之间"函来函往"的拉锯战④。

三、文献综述

（一）问询函的经济后果

目前有关问询函经济后果的研究集中在市场反应、审计质量提升和信披改善上。

第一，市场对公司收函表现出激烈反应，但在反应的方向上，现有研究有不同的结论。陈运森等（2018）以及陶雄华和曹松威（2018）发现公司收函被认为是"坏消息"，市场有显著为负的反应。而杨海波和李建勇（2018）却得出了相反的结论。第二，问询函有助于提升审计质量。陶雄华和曹松威（2019）以及王艳艳等（2019）发现交易所年报问询函提升了审计质量。第三，问询函可以改善信息披露。李晓溪等（2019）发现被问询的交易的新修订报告书中信息披露更为详细。

（二）审计费用的影响因素

Simunic（1980）认为审计收费包括风险补偿和审计资源成本两部分。据此，本文认为审计费用受到客户存在的风险和审计成本两个方面。

1. 客户存在的风险

现有文献表明，审计师在工作中会充分考客户风险，并以此调整审计费用。

张继勋等（2005）及 Lyon et al.（2005）认为上市公司风险因子会显著提高审计费用。冯延超和梁莱歆（2010）发现事务所会充分了解被审计单位的法律风险。宋衍蘅和何

---

① 上交所发首份 2015 年年报问询函，透出监管新动向 [N]. 上海证券报，2016 - 2 - 24.
② 上交所完成 2016 年年报事后审核 [OL]. 中国工商银行网站.
③ 上交所完成 2017 年年报审核 共发审核问询函 170 余份 [OL]. 新华网.
④ 深交所去年下发问询函 3618 份，回复不"达标"将被现场检查 [OL]. 新浪财经.

玉润（2008）表示注册会计师关注重点是上市公司盈余管理行为被查处的风险，而非该项行为本身。

2. 审计资源成本

除风险外，审计师还会根据审计过程中的工作量调整收费。

Anderson et al.（1994）指出内部审计成本和审计费用具有显著正相关关系。冯延超和梁莱歆（2010）认为当审计师调整审计工作量的行为将通过审计收费的增加来得到补偿。

（三）问询函和审计收费间的关系

目前国内外文献得出的有关公司收函与审计收费的关系的结论普遍为收函会提高公司审计收费。

Gietzmann et al.（2014）、殷红（2019）和陈硕等（2018）发现在审计客户收到意见信后，审计师会上调审计收费。陈运森等（2018）表示是否收函、收函总数和同一财务报告被问询次数显著提高了收函公司的审计费用。米莉等（2019）发现对于被频繁质询和收到与会计信息有关的问询函的公司，其审计费用增加更为显著。

（四）文献述评

问询函的相关研究集中于对问询函引起的市场反应和审计质量的提升等方面上，结论一般支持市场和审计师认可问询函的监管措施。在审计费用的影响因素方面，学者们基于 Simunic 审计定价模型并不断拓展，认为审计师在定价中会充分考虑客户风险和审计成本。

目前国内的研究存在一定不足之处。一方面，学者们选取沪深两市上市公司作为观测数据，忽略了深交所仅公开一部分问询函而上交所公开全部问询函的政策规定，此外深交所公开年报问询函的时间早于上交所，在一定期间内选择两个交易所的公司做观测数据可能导致收函样本和总体数据不匹配。另一方面，现有研究主要针对是否收函、收函总数、问询财报次数、问询函提出的问题数量等数字特征进行研究，且在调节变量上，仅从审计师变更角度考察其对年报问询监管和审计收费之间关系的影响。本文的贡献之处在于对现有文献进行了补充，仅选择全部披露年报问询函的上交所，使收函样本和总体数据间的关系更加密切，其次，考虑年度、审计师和公司特征等调节变量对两者关系的影响。同时，还探究了问询函文本内容特征、公司被问询概率和公司延期回复情况是否影响审计费用。

四、研究设计

（一）研究假设

1. 年度财务报告问询函对审计费用的影响

本文认为问询函主要通过提高审计师面临风险和增大审计投入来影响审计师定价决

策。在审计风险方面,理论上,审计师为避免被监管机构处罚,在进行审计工作时会考虑客户存在的风险,而收函说明公司存在风险。审计师可能将这种风险传递给客户,表现形式可能为提高对该客户的审计收费。在审计师工作量方面,Bills et al. (2019) 表示意见函最常提及的指标和审计工作直接相关,Gietzmann et al. (2014) 指出公司会针对特定的问题让审计师帮忙及时回复 SEC 意见函,从而增加审计成本。理论上,问询函的内容与审计工作直接相关,审计师在获悉客户收到上一年度报告问询函后,为避免被监管机构处罚,可能会在本年度更加勤勉尽责,例如增加审计程序、延长工作时间等。审计投入增大可能反映在审计费用的提高上。基于以上两点,本文提出假设 H1:

H1:相比于未收函公司,收到上交所发出的年度财务报告问询函的公司的审计费用更高。

2. 影响问询函和审计费用之间关系的因素

除了探讨公司收函对审计费用产生的直接影响之外,本文还探究影响两者间关系的因素。本文基于政策背景和前人文献,从年度、审计师特征、公司特征和公司信息环境四个方面选取了调节变量,并提出相应假设。

在年度方面,本文选取样本所在年份是否为 2017 年 YEAR17 为调节变量。随着时间的推移,审计师可能会更加重视问询函,预期在 2017 年,收到函件的公司审计费用会增加。据此,本文提出假设 H2a:

H2a:相比于 2016 年,在 2017 年收函会强化收到年报问询函对审计费用间的正向影响。

在审计师特征方面,本文选取了是否四大 BIG4 为调节变量。理论上,若发生审计失败,四大事务所建立起来的良好服务质量和声誉受到损害的程度要大于非四大。因此"四大"事务所得知客户收到意见函后,可能会重新评估客户风险并更谨慎地开展审计工作。据此,本文提出假设 H2b:

H2b:相比于非四大,审计师为四大会强化收到年报问询函对审计费用间的正向影响。

在公司特征方面,选取当年审计意见是否非标 OP 和是否国企 SOE 为调节变量。在审计意见上,Lennox (1999) 表明财务风险高的公司获得非标的意见概率更大。本文认为,公司本年度收到非标审计意见,且又收到问询函,审计师会要求客户支付更高的费用来弥补风险溢价和工作量。据此,本文提出假设 H2c:

H2c:相比于标准意见,非标审计意见会强化收到年报问询函对审计费用间的正向影响。

在产权性质方面,陈小林和潘克勤 (2007) 发现"四大"认为政治关系较弱的上市公司审计费用更高。基于此,本文预期公司产权性质为非国有的情况下,收到函件的公司审计费用会增加。本文提出假设 H2d:

H2d:相比于国有公司,产权性质非国有会强化收到年报问询函对审计费用间的正向影响。

在公司信息环境方面,选取分析师关注度 ANALYST 为调节变量。理论上,分析师关注度低表明客户信息环境较差,在此情况下客户收到了问询函,审计师可能会认为公司风险更高并增加审计工作量,进而影响对客户的审计定价。本文提出假设 H2e:

H2e：相比于分析师关注度较高的公司，关注度较低会强化收到年报问询函对审计费用间的正向影响。

（二）模型构建和变量选择

针对 H1，本文设计了 OLS 式（1）来检验假设 H1：

$$AUDFEE_t = \alpha_0 + \alpha_1 CL_t + \alpha_2 LOSS_t + \alpha_3 ROA_t + \alpha_4 SIZE_t + \alpha_5 GROWTH_t + \alpha_6 TOP1_t + \alpha_7 DUAL_t + \alpha_8 LEV_t + \alpha_9 CUR_t + \alpha_{10} CHANGE_t + \alpha_{11} IND + \alpha_{12} YEAR + \varepsilon \quad \text{式（1）}$$

因假设检验的是 t 年收到问询函对 t 年标准化审计费用的影响，所以控制变量选取 t 年度的数据。主要变量的名称、衡量指标和定义如下，其中控制变量参考了前人已有文献，并控制了行业和年度的固定效应。

为验证假设 H2，本文设计了式（2），其中 T 代表调节变量：

$$AUDFEE_t = \alpha_0 + \alpha_1 CL_t + \alpha_2 CL_t \times T_t + \alpha_3 T_t + \alpha_4 LOSS_t + \alpha_5 ROA_t + \alpha_6 SIZE_t + \alpha_7 GROWTH_t + \alpha_8 TOP1_t + \alpha_9 DUAL_t + \alpha_{10} LEV_t + \alpha_{11} CUR_t + \alpha_{12} CHANGE_t + \alpha_{13} IND + \alpha_{14} YEAR + \varepsilon \quad \text{式（2）}$$

主要变量的名称、衡量指标和定义如表 1 所示。

表 1　　　　　　　　　变量名称、衡量指标和变量定义

变量名称		衡量指标	变量定义
因变量	AUDFEE	审计费用	审计费用金额除以当年营业收入
自变量	CL	是否收到问询函	当年有无收到年报问询函，有 =1，无 =0
调节变量	YEAR17	样本所处年份是否为 2017 年	是 =1，否 =0
	BIG4	会计事务所是否为四大	是 =1，否 =0
	OP	审计意见类型	非标准审计意见 =1，标准审计意见 =0
	SOE	股权性质	国企 =1，非国企 =0
	ANALYST	分析师关注度	以当年上市公司分析师团队跟踪数量的均值分组，大于该均值 =1，否则 =0
控制变量	LOSS	是否亏损	营业利润小于零 =1，大于等于零 =0
	ROA	营利能力	净利润/总资产余额
	SIZE	公司规模	资产总计的自然对数
	GROWTH	营业收入增长率	（营业总收入本年本期金额 − 营业总收入上年同期金额）/营业总收入上年同期金额
	TOP1	第一大股东持股比率	第一大股东持股比率
	DUAL	两职合一	董事长与总经理兼任情况，不同 =1，同一人 =0
	LEV	资产负债率	负债合计/资产总计
	CUR	流动比率	流动资产/流动负债
	CHANGE	是否更换审计师	更换 =1，未更换 =0
	IND	行业	2012 版证监会行业分类
	YEAR	年度	被问询事件发生的年度

（三）样本选择

本文的年度报告问询函源自手工整理，文件来源为公司在指定网站披露的公告文件①。本文选择上证 A 股的上市公司，在剔除金融行业和变量数据缺失或异常的公司后，得到了 2016 年和 2017 年共 2067 个公司—年度观测值，其中，两年内共有 237 个样本收到问询函，占总体比重为 11.47%，剩余 1830 个未收函。函件内提及的指标为手工整理，其他变量的数据均来源于 CSMAR 数据库。

五、实证研究

（一）描述性统计

1. 问询函分布特征

表 2 分年度统计了上交所发放的年度报告问询函的分布特征。

表 2　　　　　　　　　　年度报告问询函分布特征

年度	观测数	占比（%）
2016	102	43.04
2017	135	56.96
总计	237	100

从表中可以看出，2017 年函件数量为 135 件，占比接近 57%，高于 2016 年函件数量占比 43%，表明上交所在 2017 年发出了更多函件，该项非处罚性监管措施逐渐得到上交所的重视。

2. 主要变量描述性统计

表 3 列示了主要变量描述性统计的结果。

从表 3 中可以得出，全样本中审计费用占营业收入比重的均值为 0.00073，最小值 0.00001，最大值 0.06812，表明平均而言审计费用占营业收入的比重减少，且不同的公司审计费用占营收比重的变化值差异较大。

---

① 理论上，文件来源应当为上交所官网监管问询板块披露的对公司发放定期报告事后审核意见函的文件。但本文在手工整理阶段发现上交所官网的监管问询板块披露的年度报告问询函数量和中国证券报报道的数量相差较大。上交所官网披露的 2016 年和 2017 年分别有 76 封和 124 封年报问询函，但中国证券报发布的《上交所加强年报信披监管问询》表示上交所发布了 130 份 2015 年年报事后监管问询函，中国证券报发布的《上交所完成 2016 年年报事后审核》表示上交所发布了 160 余封 2017 年年报事后审核工作。通过拨打上交所 400 投资者服务热线，与上交所维护中心的客服多次沟通，本文认为中国证券报披露的年报问询函数量正确，并在客服的建议下更换检索问询函的方法，即直接在上交所官网界面搜索特定年度的年报问询函（如搜索 2016 年发出的年报问询函，则检索字样为"2015 年报问询"）。为节省人力且尽量保证函件搜集的完整性和准确性，本文选择了公司披露的关于收到年度报告事后审核意见函的公告文件作为数据来源，该公告中涵盖了上交所发出的问询函的全部内容，为防止重复搜集某一问询函，本文依照每封问询函的上证公函号码进行整理。

表 3　　　　　　　　　　　　　主要变量描述性统计

变量名称	样本量	均值	中值	最小值	最大值	标准差
AUDFEE	2067	0.00073	0.00028	0.00001	0.06812	0.00287
CL	2067	0.11466	0	0	1	0.31869
LOSS	2067	0.11611	0	0	1	0.32043
ROA	2067	0.03255	0.03288	-3.91108	0.34411	0.1233
SIZE	2067	22.68391	22.55986	17.77854	28.06991	1.42034
GROWTH	2067	0.41199	0.11601	-0.95329	96.02369	3.10632
TOP1	2067	0.3673	0.3507	0.0442	0.8909	0.15521
DUAL	2067	0.80116	1	0	1	0.39922
LEV	2067	0.47376	0.46608	0.02807	2.57854	0.21688
CUR	2067	2.06352	1.49933	0.0715	43.48111	2.40308
CHANGE	2067	0.08224	0	0	1	0.2748

（二）单变量检验

本文按照未收函和收函样本分组进行了单变量检验。表4列示了检验结果。

表 4　　　　　　　　　　　　　单变量检验结果

变量名称	未收函			收函			均值检验
	样本量	均值	中值	样本量	均值	中值	t 值
AUDFEE	1830	0.00066	0.00027	237	0.00127	0.00039	-3.1126***
LOSS	1830	0.09781	0	237	0.25738	0	-7.3042***
ROA	1830	0.03629	0.03435	237	0.00367	0.01794	3.8453***
SIZE	1830	22.71068	22.56919	237	22.47722	22.45547	2.3837**
GROWTH	1830	0.4039	0.11642	237	0.47448	0.11018	-0.3291
TOP1	1830	0.37313	0.3596	237	0.3223	0.30361	4.7689***
DUAL	1830	0.8	1	237	0.81013	1	-0.3674
LEV	1830	0.46423	0.4575	237	0.5473	0.54715	-5.5883***
CUR	1830	2.09202	1.52744	237	1.8434	1.25741	1.4991
CHANGE	1830	0.0776	0	237	0.11814	0	-2.1392**

注：**、***分别表示在5％、1％的显著性水平。

从表4可以得出未收函的公司审计费用均值为0.00066，而收函公司的审计费用均值为0.00127，单变量检验显示收函样本的审计费用显著高于未收函样本，与前文预测的情况一致。

（三）主要变量的相关性分析

表5列示了主要变量的皮尔逊相关分析结果。

表 5   相关系数表

	AUDFEE	CL	LOSS	ROA	SIZE	GROWTH	TOP1	DUAL	LEV	CUR	CHANGE
AUDFEE	1										
CL	0.068***	1									
LOSS	0.156***	0.159***	1								
ROA	-0.165***	-0.084***	-0.339***	1							
SIZE	-0.237***	-0.052**	-0.129***	0.03	1						
GROWTH	-0.017	0.007	-0.021	0.026	0.036	1					
TOP1	-0.133***	-0.104***	-0.127***	0.086***	0.239***	-0.001	1				
DUAL	-0.042*	0.008	0.014	-0.055**	0.150***	-0.034	0.034	1			
LEV	-0.031	0.122***	0.239***	-0.364***	0.445***	0.040*	-0.009	0.124***	1		
CUR	0.082***	-0.033	-0.113***	0.109***	-0.284***	-0.015	-0.007	-0.133***	-0.509***	1	
CHANGE	0.015	0.047**	0.067***	-0.043**	0.011	0.129***	0.026	-0.005	0.044**	-0.034	1

注：*、**、***分别表示在10%、5%、1%的显著性水平。

从表 5 中可以看出，本年度审计费用和是否收函间的相关系数为 0.068，在 1% 水平上显著为正，初步表明相比于未收函公司，收函公司的审计费用会得到提高，与前文预测一致。

（四）多元回归分析

1. 收到年度财务报告问询函对审计费用的影响

针对假设 H1，本文构建了模型 1，表 6 第（4）列列示了其回归结果。

表 6　　　　　　　　收到年度财务报告问询函对审计费用的影响

变量名称	（1）	（2）	（3）	（4）
CL	0.0006***	0.0006***	0.0003	0.0003
	(3.1126)	(2.8791)	(1.3031)	(1.3681)
LOSS			0.0007***	0.0008***
			(3.3068)	(3.8142)
ROA			−0.0029***	−0.0029***
			(−5.2325)	(−5.2209)
SIZE			−0.0004***	−0.0005***
			(−7.7026)	(−8.8356)
GROWTH			−0.0000	−0.0000
			(−0.3124)	(−0.2405)
TOP1			−0.0011***	−0.0012***
			(−2.8227)	(−2.8903)
DUAL			−0.0001	−0.0001
			(−0.6307)	(−0.5048)
LEV			0.0003	−0.0002
			(0.647)	(−0.6093)
CUR			0.0001**	0.0000
			(2.2873)	(1.4916)
CHANGE			0.0001	0.0001
			(0.4167)	(0.6557)
IND	未控制	控制	未控制	控制
YEAR	未控制	控制	未控制	控制
_cons	0.0007***	0.0011**	0.0100***	0.0115***
	(9.8448)	(2.0129)	(9.1822)	(9.3941)
N	2067	2067	2067	2067
R^2_a	0.0042	0.0067	0.0902	0.1044
F	9.6882	1.775	21.489	9.9173

注：(1) **、*** 分别表示在 5%、1% 的显著性水平；(2) 括号内为 t 统计量。

表6 的第（1）列和第（2）列是否收函的系数均为 0.0006，在 1% 水平上显著为正，而加入控制变量后，第（3）列和第（4）列的是否收函的系数均不显著，假设 H1 没有得到验证。

2. 影响收到年度财务报告问询函和审计费用的关系的因素

针对假设 H2，本文利用模型 2，表 7 列示了其检验结果。

表 7　　影响收到年度财务报告问询函和审计费用的关系的因素

	（1）YEAR17	（2）BIG4	（3）OP	（4）SOE	（5）ANALYST
CL	-0.0003 (-0.9974)	0.0003** -1.7387	-0.0000 (-0.1942)	0.0005** (2.0186)	0.0004* (1.8316)
CL × T	0.0010*** (2.5833)	-0.0011 (-1.3257)	0.0019*** (2.8911)	-0.0006 (-1.5926)	-0.0005 (-1.2194)
T	-0.0000 (-0.2412)	0.0014*** (6.1444)	0.0011** (2.5170)	-0.0002* (-1.6842)	0.0001 (1.0016)
LOSS	0.0008*** (3.7892)	0.0008*** (3.7917)	0.0006*** (2.8584)	0.0009*** (4.0052)	0.0008*** (3.8251)
ROA	-0.0029*** (-5.1748)	-0.0028*** (-5.1426)	-0.0026*** (-4.7153)	-0.0028*** (-5.1021)	-0.0029*** (-5.2621)
SIZE	-0.0005*** (-8.7897)	-0.0006*** (-10.2817)	-0.0004*** (-7.9579)	-0.0005*** (-8.5998)	-0.0005*** (-8.5251)
GROWTH	-0.0000 (-0.2266)	-0.0000 (-0.2380)	-0.0000 (-0.1982)	-0.0000 (-0.3868)	-0.0000 (-0.2643)
TOP1	-0.0012*** (-2.9431)	-0.0014*** (-3.3407)	-0.0011*** (-2.7959)	-0.0010** (-2.3460)	-0.0012*** (-2.8696)
DUAL	-0.0001 (-0.5345)	-0.0001 (-0.3510)	-0.0001 (-0.3293)	0.0000 (0.0492)	-0.0001 (-0.4806)
LEV	-0.0003 (-0.6197)	-0.0001 (-0.2315)	-0.0008* (-1.8188)	-0.0001 (-0.3230)	-0.0002 (-0.5953)
CUR	0.0000 (1.5543)	0.0000 (1.5917)	0.0000 (1.1818)	0.0000 (1.4634)	0.0000 (1.4860)
CHANGE	0.0002 (0.7028)	0.0001 (0.4792)	0.0001 (0.2539)	0.0002 (0.7318)	0.0001 (0.6255)
IND	控制	控制	控制	控制	控制
YEAR	未控制	控制	控制	控制	控制
_cons	0.0115*** (9.4294)	0.0136*** (10.7566)	0.0108*** (8.8124)	0.0113*** (9.204)	0.0118*** (9.221)
N	2067	2067	2067	2067	2067
R^2_a	0.1069	0.1198	0.119	0.107	0.1044
F	9.8281	10.698	10.6197	9.5321	9.3023

注：（1）*、**、***分别表示在 10%、5%、1% 的显著性水平；（2）括号内为 t 统计量。

表 7 结果显示，CL×YEAR17 的系数为 0.0010，在 1% 水平上显著为正，CL 和 CL×YEAR17 的系数相加显著大于 0，说明在 2017 年的样本中，收函公司的审计费用占营收比重显著比未收函公司高。结果表明在发放问询函的第二年，审计师已经在逐渐重视上交所发放的年度报告问询函，具体表现为客户的审计费用占比的提高，假设 H2a 得到验证。CL×OP 的系数为 0.0019，在 1% 水平上显著为正，CL 和 CL×OP 的系数相加显著大于 0，说明在审计意见非标的样本中，收函公司的审计费用占营收比重显著比未收函公司高。结果表明若审计师给客户出具非标审计意见，又得知了该客户已经被上交所"盯上"，则审计师认为审计风险和工作量增大，并将其通过增加审计费用的形式传递给客户。H2c 得到验证。此外，在 2017 年或者获得非标审计意见的公司样本中，假设 H1 得到验证。其他交乘项均不显著，假设 H2b、H2d 和 H2e 未得到验证。

（五）进一步分析

1. 问询函和公司特征对审计费用的影响

目前尚未有研究问询函文本内容和公司是否延期对审计费用的影响的文献。对此，本文对年报问询函进行手工整理，提炼每封问询函中提及的指标，并整理了公司延期回复情况，得出相应数量统计，如表 8 所示：

表 8　年报问询函函件关注指标和公司特征数量统计

问询函文本特征	2016 年		2017 年	
	数量	占比（%）	数量	占比（%）
需要审计师核查	67	65.69	121	89.63
营业收入	83	81.37	104	77.04
风险	73	71.57	104	77.04
关联方	48	47.06	88	65.19
应收账款	53	51.96	80	59.26
税	9	8.82	24	17.78
公司特征				
延期回复的公司	61	59.80	121	89.63
总计	102	100	135	100

从表 8 中可以看出，发放年报问询函的第一年就有 65.69% 的问询函中提及需要审计师核查说明，在 2017 年该比例已高达 89.63%，即上交所非常关注审计师对财务报告的审计责任。此外，公司延期回复的比例大大增加，在 2017 年已高达 89.63%，表明无法按时回复的公司比例越来越高。

为进一步研究问询函文本内容对审计费用的影响，本文基于收到函件的样本观测建立式（3）：

$$AUDFEE_t = \alpha_0 + \alpha_1 C_t + \alpha_2 LOSS_t + \alpha_3 ROA_t + \alpha_4 SIZE_t + \alpha_5 GROWTH_t + \alpha_6 TOP1_t + \alpha_7 DUAL_t + \alpha_8 LEV_t + \alpha_9 CUR_t + \alpha_{10} CHANGE_t + \alpha_{11} IND + \alpha_{12} YEAR + \varepsilon \quad 式（3）$$

式（3）中自变量 C 代表函件关注指标，包括是否需要审计师核查 VER、是否提及营业收入 REV、是否提及风险 RISK、是否提及关联方 RLTP、是否提及应收账款 AR、是否提及税 TAX 和公司是否延期回函 DELAY，则是取 1，否则取 0。其他控制变量的定义同模型 1 一致。回归结果如表 9 所示。

表 9　　　　　　　　问询函关注指标和公司特征对审计费用的影响①

变量名称	(1) VER	(2) REV	(3) RISK	(4) RLTP	(5) AR	(6) TAX	(7) DELAY
C	0.0003 (0.6715)	0.0003 (0.4732)	0.0006 (1.1822)	0.0002 (0.4866)	-0.0005 (-1.0878)	-0.0007 (-0.9926)	0.0004 (0.6805)
控制变量	控制	控制	控制	控制	控制	控制	控制
IND	控制	控制	控制	控制	控制	控制	控制
YEAR	控制	控制	控制	控制	控制	控制	控制
_cons	0.0256*** (5.2434)	0.0260*** (5.3643)	0.0261*** (5.4017)	0.0259*** (5.3247)	0.0257*** (5.3008)	0.0260*** (5.3858)	0.0259*** (5.3449)
N	237	237	237	237	237	237	237
R^2_a	0.3062	0.3055	0.3093	0.3055	0.3086	0.308	0.3063
F	5.1665	5.1519	5.2274	5.1527	5.2136	5.2009	5.1673

注：(1) ***表示在 1% 的显著性水平；(2) 括号内为 t 统计量。

表 9 显示以上自变量的系数均不显著，未发现问询函文本特征的监管效果，且未发现公司延期回复并未对审计费用占比的提高产生影响，说明审计师在定价决策中不会对问询函内的文本内容和公司是否延期回复过度关注。

2. 收函概率对审计费用的影响

已有学者对公司特征和收到问询函的概率进行研究，如 Cassell et al. (2013) 发现具有营利能力差、业务复杂、审计公司规模小和公司治理存在缺陷的特征的公司更易受到 SEC 意见函。理论上，公司存在的风险越多，审计师可能感知企业被问询的概率增大，从而提高审计收费，但以上假设还有待验证。

为探究收函概率对审计费用的影响，建立 logit 和 probit 模型，用上一期数据来预测公司收函的概率。控制变量参考刘柏，卢家锐 (2019)，选取公司规模 (SIZE)、资产负债率 (LEV)、总资产收益率 (ROA)、是否为四大审计 (BIG4)、股权性质 (SOE)、审计意见 (OP)、公司的盈亏水平 (LOSS)、流动比率 (CUR) 和审计业务的复杂程度 (AUD)。根据下列模型在全样本中对解释变量进行拟合，进而得到被问询概率 PCLL (logit 模型回归结果) 和 PCLP (probit 模型回归结果)。

$$CL_t = \alpha_0 + \alpha_1 SIZE_{t-1} + \alpha_2 LEV_{t-1} + \alpha_3 ROA_{t-1} + \alpha_4 CUR_{t-1} + \alpha_5 AUD_{t-1} + \alpha_6 LOSS_{t-1} + \alpha_7 BIG4_{t-1} + \alpha_8 SOE_{t-1} + \alpha_9 OP_{t-1} + \alpha_{10} IND + \alpha_{11} YEAR + \varepsilon \quad 式(4)$$

后将经过上述步骤得到的概率值作为自变量，在问询公司子样本内代入式 (1) 进行检验，其中自变量 PCL 表示 PCLL 和 PCLP：

---

① 因篇幅原因，本表并未展示控制变量系数和 t 值，有需求的读者可联系作者获取。

$$AUDFEE_t = \alpha_0 + \alpha_1 PCL_t + \alpha_2 LOSS_t + \alpha_3 ROA_t + \alpha_4 SIZE_t + \alpha_5 GROWTH_t + \alpha_6 TOP1_t + \alpha_7 DUAL_t + \alpha_8 LEV_t + \alpha_9 CUR_t + \alpha_{10} CHANGE_t + \alpha_{11} IND + \alpha_{12} YEAR + \varepsilon \quad 式（5）$$

表 10 展示了回归结果，Stata 将数据有缺失的样本进行删失处理，因此样本量为 236 个。

表 10　　　　　　　　　　收函概率对审计费用的影响①

变量名称	自变量为 PCLL			自变量为 PCLP		
	（1）	（2）	（3）	（4）	（5）	（6）
PCL	0.0097***	0.0069***	0.0074***	0.0100***	0.0069***	0.0073***
	(5.4478)	(3.7986)	(3.4930)	(5.3747)	(3.5992)	(3.2902)
控制变量	控制	控制	控制	控制	控制	控制
IND	控制	未控制	控制	控制	未控制	控制
YEAR	控制	未控制	控制	控制	未控制	控制
_cons	−0.0008	0.0199***	0.0203***	−0.0009	0.0202***	0.0205***
	(−0.3449)	(4.4456)	(4.0726)	(−0.4043)	(4.4790)	(4.0768)
N	236	236	236	236	236	236
R^2_a	0.0763	0.3768	0.3425	0.0733	0.3729	0.3384
F	2.2126	15.2076	5.8972	2.162	14.9753	5.8086

注：（1）***表示在1%的显著性水平；（2）括号内为 t 统计量。

表 10 的第三列和第六列展示了模型 5 回归结果，可得 PCLL 的系数为 0.0074，PCLP 的系数为 0.0073，均在 1% 水平上显著为正，表明在已经收到函件的样本中，收函概率越高，审计费用越高，说明审计师会在定价时候考虑公司是否会受到发函的监管措施。

（六）稳健性检验

为增强结果稳健性，本文使用两种方法进行检验。首先，本文更换因变量的衡量方法，使用问询年度审计费用占营收比重相比上年度的观测值的一阶差分作为因变量。其次，为解决样本自选择问题，本文还使用了 PSM 检验，选取营利能力等四个变量和行业作为匹配变量，并控制是否收函。结果均显示本文的主要结果不变②。

六、结论和建议

本文以上海证券交易所 2016—2017 年发放的年度财务报告问询函为研究对象，探究公司收到问询函和本年度审计费用之间的关系。研究结果显示，在 2017 年收函和审计意见非标显著提高了年报问询监管对审计收费的正向影响。进一步分析中未发现问询函中的文本内容和公司延期回复情况对审计费用有显著影响，此外被问询概率越高，审计费用越

---

① 因篇幅原因，本表并未展示控制变量系数和 t 值，有需求的读者可联系作者获取。
② 因篇幅原因，本文在此并未展示稳健性检验表格，有需求的读者可联系作者获取。

高。本文证明审计师在定价决策中会考虑该项非处罚性监管措施。在今后的年报审核工作中，上交所应当重视发放年度报告问询函，不断提高年度报告问询函的信息含量，帮助公司提高年报信息披露质量，增强对审计师的财报审计责任的重视，从而推动创新监管和监管转型工作，发挥交易所的一线监管职能。

参考文献

［1］陈硕，张然，陈思. 证券交易所年报问询函影响了审计收费吗？——基于沪深股市上市公司的经验证据［J］. 经济经纬，2018，35（4）：158-164.

［2］陈运森，邓祎璐，李哲. 非处罚性监管具有信息含量吗？——基于问询函的证据［J］. 金融研究，2018（4）：155-171.

［3］陈运森，邓祎璐，李哲. 非行政处罚性监管能改进审计质量吗？——基于财务报告问询函的证据［J］. 审计研究，2018（5）：82-88.

［4］陈小林，潘克勤. 法律环境、政治关系与审计定价——来自中国证券市场的经验证据［J］. 财贸经济，2007（S1）：90-95.

［5］冯延超，梁莱歆. 上市公司法律风险、审计收费及非标准审计意见——来自中国上市公司的经验证据［J］. 审计研究，2010（3）：75-81.

［6］李晓溪，杨国超，饶品贵. 交易所问询函有监管作用吗？——基于并购重组报告书的文本分析［J］. 经济研究，2019，54（5）：181-198.

［7］刘柏，卢家锐. 交易所一线监管能甄别资本市场风险吗？——基于年报问询函的证据［J］. 财经研究，2019，45（7）：45-58.

［8］米莉，黄婧，何丽娜. 证券交易所非处罚性监管会影响审计师定价决策吗？——基于问询函的经验证据［J］. 审计与经济研究，2019，34（4）：57-65.

［9］宋衍蘅. 审计风险、审计定价与相对谈判能力——以受监管部门处罚或调查的公司为例［J］. 会计研究，2011（2）：79-84+97.

［10］陶雄华，曹松威. 我国证券交易所问询函的公告效应分析［J］. 统计与决策，2018，34（23）：167-170.

［11］陶雄华，曹松威. 证券交易所非处罚性监管与审计质量——基于年报问询函信息效应和监督效应的分析［J］. 审计与经济研究，2019，34（2）：8-18.

［12］王艳艳，谢婧怡，王迪. 非处罚性监管影响了审计质量吗？——基于年报问询函的经验证据［J］. 财务研究，2019（4）：62-73.

［13］杨海波，李建勇. 问询监管的市场反应——基于深交所数据的实证分析［J］. 北京工商大学学报（社会科学版），2018，33（2）：84-93.

［14］殷红. 年报问询监管、审计风险与审计定价——基于锚定效应理论的视角［J］. 中国注册会计师，2019（12）：3，22-29.

［15］张继勋，陈颖，吴璇. 风险因素对我国上市公司审计收费影响的分析——沪市2003年报的数据［J］. 审计研究，2005（4）：34-38.

［16］Anderson T et al. The Pricing of Audit Services: Further Evidence from the Canadian

Market. Accounting and Business Research, 1994, 24 (95): 195 – 207.

[17] Bills K L et al. The Spillover Effect of SEC Comment Letters through Audit Firms: Evidence from Subjective Accounting Areas [EB/OL]. https://papers.ssrn.com/sol3/papers.cfm? abstract_id = 3349191, 2019 – 5 – 22.

[18] Gietzmann M B et al. External Auditor Reassessment of Client Business Risk Following the Issuance of a Comment Letter by the SEC. European Accounting Review, 2014, 23 (1).

[19] Lennox C S. The Accuracy and Incremental Information Content of Audit Reports in Predicting Bankruptcy. Journal of Business Finance & Accounting, 1999.

[20] Lyon J D et al. The Importance of Business Risk in Setting Audit Fees: Evidence from Cases of Client Misconduct. Journal of Accounting Research, 2005, 43 (1): 133 – 151.

[21] Simunic D A. The Pricing of Audit Services: Theory and Evidence. Journal of Accounting Research, 1980, 18 (1).

第二部分
中南财经政法大学会计学院2018
年大学生创新创业项目成果介绍

DR-IPO 双轨制背景下独角兽企业归 A 的障碍性因素分析及优化路径探究

会计学院会计学专业，工商管理学院市场营销专业，财政税务学院税收学专业，
金融学院金融学专业

张雅婷　李兰兰　陈婉霖　徐　贤
指导老师：张志宏

大创项目编号：201810520097

摘　要：近年来，独角兽企业的发展势头迅猛，IPO 发行向独角兽企业倾斜、监管层鼓励海外上市独角兽企业通过 CDR 方式回归 A 股成为市场关注的焦点。小米集团率先申请 CDR 快速过审，但最终推迟发行也引起热烈讨论。独角兽企业回归 A 股之路该如何走？本小组以 CDR-IPO 双轨制为背景，通过对小米集团的案例研究，分析其 CDR 归 A 一波三折的原因，从中探析独角兽企业回归 A 股市场的障碍性因素；其次通过 AHP 模型层次分析法比较各项因素的权重，找到最大障碍；最后提炼总结案例启示，从独角兽企业、监管制度以及市场环境多方面提出优化建议，从而为独角兽企业顺利回归 A 股市场提供一定的参考和借鉴。

主要成果展示：本项目的研究大致遵循这样的思路：首先是通过文献进行概念界定和现状分析，由此筛选出各个可能的障碍性因素，选取率先尝试 CDR 的小米集团作为案例分析对象，在调研中获取企业、投资者和市场数据，通过 AHP 层次模型对各个障碍性因素进行评估，然后进行帕累托改进或对症下药解决问题，总结归纳出我们的意见和建议。其中现状分析、通过模型进行障碍性因素分析以及优化路径的探究，是我们主要的研究内容，也是本项目的重点。

本项目研究中使用了文献分析法、田野调查法、案例分析法等方法获取障碍性因素的资料和信息，使用模型分析法、综合分析法等方式来处理整合数据，并探究独角兽企业归 A 的优化路径。

本项目的特色和创新点主要在于：(1) 时效性，独角兽归 A 正处于试点阶段，我们的研究非常及时；(2) 研究对象具有代表性，我们将研究对象确立为独角兽企业，并选择

尝试通过 CDR 方式进入 A 股市场，但最终延迟上会的小米集团，探讨其回归 A 股市场的障碍因素，更具代表性。在研究方向上，我们聚焦独角兽企业回归 A 股的障碍，由小及大，层层展开；在现实性方面，独角兽企业上市，正面临着我们所研究的障碍，探究优化路径是具有现实意义的；在研究方法上，我们采用 AHP 层次分析法细分与处理，最终得出其中的突出影响因素；在学科交叉性上，我们小组成员来自会计、金融、财税、市场营销不同专业，基于不同视角看问题，信息多元视角全面。

结构性去杠杆背景下地方政府融资平台发展瓶颈与风险研究

——以上海国盛集团为例

会计学院会计学（CPA Canada 班）专业，财务管理专业

李嘉怡　徐悦林　王若琳　邱思睿　杨朝锐
指导老师：曾小青

大创项目编号：201810520098

摘　要：地方政府融资平台经历爆发式发展后，其政府担保、地方政府注资等特殊融资形式给地方政府带来了较大的隐性债务风险。在近年去杠杆工作逐步实施的背景下，政府出台的各项政策法规使融资平台正面临着市场化转型的难题。本结项报告聚焦地方政府融资平台市场化转型过程中的瓶颈与风险，选取上海城投集团为例，首先基于绩效指标评价模型评估公司整体实力，从各项指标打分情况分析融资困难的原因，其次缩小研究视野，着重分析公司财务指标和债务情况。最后，整合公司相关研究，为政府平台融资困难的原因进行探索，并为地方政府融资平台未来转型与发展提出建议。

主要成果展示：本项目通过历时1年多的政策追踪、文献阅读与访谈、调研，对地方政府融资平台的市场化转型过程中的风险与融资问题进行了系统深入的理解与研究，形成了政策综述、访谈纪要、研究论文等多项成果。项目成果主要包括四个方面：（1）文献综述与政策综述。小组通过对文献观点的提炼总结、对出台政策按照时间线的梳理，形成了对地方政府融资平台融资问题的一篇文献综述和对中央政策方向的一篇政策综述，为研究选题及其政策总体情况提供了全面的综述资料；（2）访谈纪要。地方政府融资平台是一个与实务结合极其紧密的话题，小组在研究过程中始终注意理论与实务的结合，并积极组织与政府相关人员的访谈工作，顺利完成了访谈，并整理为一篇访谈纪要，为地方政府及融资平台两者债务关系提供最贴近实务的资料。（3）调查报告。通过实地走访一家地方政府融资平台，小组对其财务状况、经营状况

有了更详细的了解。后期的案例分析从层次分析打分和财务指标分析两个层次展开,综合评价了案例公司的各项风险及财务状况,形成了对该公司情况的调查报告。

(4) 研究论文。结合以上的访谈、调查等研究成果,小组通过整理升华,在指导老师的引导下完成了一篇研究论文《市场化转型中地方政府平台融资问题研究——以上海城投集团为例》。

"PPP+乡村振兴"背景下农产品城乡对接模式现状及对策研究

会计学院会计学专业,财务管理专业,金融学院投资学专业,
工商管理学院市场营销专业

曹书怡　邹婧琦　毛贝仪　张益源　熊利凡
指导老师:金静红

大创项目编号:201810520099

摘　要:近年来,我国PPP项目迅猛发展,在此基础上,各地政府也出台相应政策支持农业PPP项目的发展,新型农产品城乡对接模式逐渐崭露头角。然而现有的农产品城乡对接模式在发展过程中仍然存在一定的弊端以及问题,以致该种模式虽已出现,但却并未得到大规模普及与发展。因此,我们团队将以韶关市生鲜菜网有限公司的新型农产品城乡对接模式为例,通过实地调研探究我国农产品城乡对接模式的发展现状,利用Logistics模型、DEA数据包络分析法等模型对物流模式、供应链管理、客户满意度以及营利模式做出分析。同时,就该模式在发展过程中遇到的困难结合调研结果以及理论知识给出我们的建议,为该模式的推广应用提出参考建议。

主要成果展示:首先,我们将通过网络书籍、文献资料、咨询老师以及询问韶关当地的同学了解农产品城乡对接模式基本情况。大致了解国内农产品销售模式的发展演变进程及自身特点,查询了解国内关于支持建设农产品新型销售模式的一系列政策,分析得出我国农产品销售模式的未来发展趋势及农产品城乡对接模式中可能出现的问题和对策。

其次,我们进行实地调研。以选择消费者、当地政府,以农产品城乡对接模式为主要销售模式的农户及企业为主线,前往广东省韶关市发放调查问卷、进行走访调研,透视农产品城乡对接模式的核心优势,特别是在营利方面其相对传统销售模式有何不同。了解社会各界对于农产品城乡对接模式发展的意见建议,探究其推广方法和对策。

最后,我们利用Logistics模型和DEA数据包络分析法对实地调研的结果数据和相

关材料进行分析和整理，总结得出农产品城乡对接是何种经营模式。以韶关市生鲜菜网为例研究农产品城乡对接模式的营利方式，并找出其中的重点环节——物流系统，并就如何降低农产品城乡对接模式的成本、提高消费者满意度、完善供应链模式提出建议。

大智移云下，互联网企业的业财一体化财务管理模式的探究

——以阿里巴巴为例

会计学院会计学（ACCA班）专业，会计学（注册会计师方向）专业，
会计学（中澳班）专业，财务管理专业

孟汉铭　修潇凯　万子硕　史博一　薛子权
指导老师：施先旺　季小琴

大创项目编号：201810520100

摘　要： "大智移云"这个概念不仅反映了几种技术的互相融合和当下各个产业的变革趋势。本课题研究了财务在新技术下的工作流程、组织、信息系统乃至财务的整体运作新模式。业财一体化的学术研究中，本课题研究了资金流、物流和信息流的"三流合一"；通过架构合理的信息系统，财务会计与管理会计可以一体化。在技术的迅速发展过程中，数据资产、业财一体化的概念重新构建了管理会计体系，促进业财一体化发展。本结项报告以阿里巴巴和华为这类优秀的具有技术领先性的企业为案例，首先对大智移云下的财务管理模式进行了探究，进而对该模式进行全面的成熟度数据分析，对其面临的风险进行分析，最后从该模式的效益方面做出分析。

主要成果展示： 从互联网领域切入，有利于对业财一体化做出前瞻性的评价。财务与业务一体化背景下企业的运营离不开内部的信息系统，而互联网企业相对于其他类型的企业来说，更是高度依赖内部信息数据的搜集和反馈。财务与业务一体化的模式变革，在互联网企业中的运营与建设中更为明显。

　　本项目主要成果是通过小组成员调研阿里数据中心，通过广州阿里进行实地访谈、电话访谈与询问、查看相关新闻、进行问卷调查、询问老师意见等方式，完成了调研任务，并汇总成最终的成果。

　　以阿里巴巴为出发点进行探究，是基于阿里为国内互联网巨头，阿里巴巴集团在互联

网商业模式上不断创新，其业务模式和业务生态引领了全中国的互联网行业。当然其发展也无法脱离财务的助力。为全方位深入了解阿里巴巴业财一体化财务管理模式的运用与实施，我们对阿里巴巴进行了为期一日的实地考察；部分团队成员加入阿里巴巴实习，并做了访谈与问卷的记录、分析与探究。我们还在业财一体化问题上咨询企业管理专业人员，丰富了研究过程和研究成果。

在研究的初期，小组仅仅通过打分、AHP 等方法只对阿里巴巴业财一体化财务管理模式进行评价，研究对象单一无对照。针对这一问题，小组决定引入一个类互联网公司进行对比——将华为公司模式作为对照，从而进行进一步的研究。

乡村振兴战略背景下，人才定点帮扶效果调查研究

——以武汉"能人回乡工程"为例

会计学院会计学（中澳班）专业，会计学
（注册会计师方向）专业，会计学专业，
财政税务学院税收学专业

刘子一　吴婉君　曲　鹏　周　磊　孙思睿
指导教师：孙贤林　喻良涛

项目编号：201810520101

摘　要：本项目立足于当前全面开展乡村振兴战略的背景，以武汉市"三乡工程"中的"能人回乡"项目为切入点，以武汉市黄陂区的木兰花乡景区和江夏区小朱湾作为调研地点。能人回乡导师团项目开展一年多以来，我们发现该项目取得了较为明显的成效，获得了中央的高度关注，为全国的乡村振兴工作起到了一个示范性作用。本组成员通过体验观察和调查研究了解到了农业的发展状况、人才定点帮扶乡村发展的现状、并通过实地调研、对比分析、问卷调查、访谈调查、文献研究等多种方法来研究人才定点帮扶机制的效果，观察其不足之处和发展过程中的重难点，通过个案分析，研究该模式的普适性和推广的可行性。

主要成果展示：本组通过查阅政府报告、新闻报纸、学术论文等文献资料，并询问指导老师后，最终选择了"武汉市能人回乡导师团"作为我们的课题切入点。之后，我们通过对本校创业学院的老师，同时也是能人导师团成员之一的喻良涛老师进行采访调查，确立了探讨人才定点帮扶的经济效果和该模式普适性和推广可行性的研究方向。对于问题的研究，我们首先查阅了大量的相关文献材料来了解项目背景、建立知识的体系框架。其次，我们通过实地调研、问卷调查和专家访谈等方式对该项目的经济效果和利弊进行分析。最后通过对比分析和数据建模研究该模式的普适性和推广的可行性，希望能够对其他政府试验人才定点帮扶乡村模式起到一个借鉴作用。

本项目采取以下研究方法：①文献研究法：通过查阅大量人才帮扶乡村发展资料，了解乡村发展的难点和人才定点帮扶的发展现状；②实地调研法：进行实地考察，观察当地的发展状况并采访当地民众询问他们的看法和感受；③访谈调查法；对武汉能人回乡导师团的成员进行访谈，了解他们的工作开展状况，采访相关政府决策者，询问他们对于人才定点帮扶的看法；④对比分析法：通过项目实施前后变化的纵向对比，以及与其他人才帮扶项目的横向对比，了解该项目的影响和经济效益，探究推广模式。

本项目具有以下创新点：选题关注社会热点，时效性高；多学科交叉，科学性高；项目实施务实，可操作性强；分析方法多样。

互联网+背景下文化产业的营利模式创新

——基于哔哩哔哩公司的研究

会计学院会计学（CPA Canada）专业

王梦婷　涂可灏　余文秀　谭子优　姜卓君
指导老师：李四海　曾小青

项目编号：201810520102

摘　要：本项目选取国内互联网文化气质最为浓厚的视频网站——哔哩哔哩公司为例，集中阐述了互联网文创企业的发展历程及现状，围绕哔哩哔哩公司进行营利模式分析及评估，通过问卷调查的形式分析互联网文化消费需求与消费者的受教育水平之间的密切联系，了解消费者使用公司产品现状及满意度，运用AHP-模糊综合评价法通过专家打分对营利模式进行绩效评价，最后综合提出改进建议，对产业未来的市场格局及决策方案做了总结。

主要成果展示：互联网文化企业蓬勃发展，吸引了大量资本投入其中；动漫产业逐步发展、走向正轨；互联网企业度过了2014—2016年的野蛮生长期，进入了发展瓶颈阶段。虽然有爱奇艺、抖音、斗鱼这一类视频与直播企业进入大众视野，成为资本追逐的焦点，但是传统的广告植入、会员收费，直播打赏模式无法填补营运成本和版权费用带来的巨大"窟窿"，这些互联网文化企业面临盈利困境。2018年以来，许多企业做出了自制内容、扩展渠道的尝试。在这种情况下探讨互联网文化企业的营利模式与发展前景，是具有现实意义的。

本项目运用模糊综合评价法、从多角度对利润点、利润源、利润杠杆、利润屏障和营利组织等角度对营利模式进行探究，从营利模式的评价中窥见未来产业的市场格局。本文采取案例分析与实践探究结合、定性分析与定量分析结合、实证分析和规范分析相结合的研究方法，结合经济学、管理学等学科理论知识，多角度探究，给互联网文化产业的平台方提供了未来前景与战略决策的参考。

精准扶贫背景下 PPP 模式捆绑开发机制的效果及优化研究

——以特困县内乡县与上市公司牧原股份合作扶贫为例

会计学院财务管理专业，刑事司法学院刑法学专业

齐晓莹　章意杨　李　萌　梅芷涵

指导老师：郭　飞

大创项目编号：201810520103

摘　要：PPP 扶贫模式打破了传统的政府"漫灌式"粗放输血式扶贫模式以及贫困户低效率"自救式"主动脱贫方式，通过资金链将私人企业与公共项目捆绑在一起，实现多方资源的整合，在解决贫困地区财政扶贫资金短缺问题的同时，也实现了促进企业发展、带动区域经济增长的多赢局面。本文对相关理论进行研究，深入分析特困县贫困户的脱贫过程中 PPP 扶贫模式起到的作用，并探索该模式下扶贫工作的绩效。

主要成果展示：我们利用会计学院财会专业知识，发挥中南财经政法大学经济、管理、法律一体化发展，学科相互交融的突出优势，立足于政府、企业和贫困户三方角度，针对 PPP 模式应用于精准扶贫方面，分析新型扶贫方案的效用及缺点，扬长补短，对 PPP 扶贫模式的推广应用具有积极意义，也具有很强的社会意义。

视角新颖。我们主张在精准扶贫背景下的一种新型扶贫模式——PPP 扶贫的效用及优化路径，管理学、经济学、统计学、法学的知识在本项目上的交叉运用增强了项目的专业性和科学性。方法创新，我们采取问卷调查、文献分析、实地访谈和专家学者访谈的方法进行调研。

本项目在调研报告中也明确了当下的形势：从大扶贫格局来看，解决地区性贫困问题的任务仍然艰巨。从本次实地调研情况来看，PPP 扶贫有理论依据及较强的可行性，完善的资金结构和扶贫机制会大大提高区域扶贫工作的效果，将 PPP 模式运用到与其相适应的

地区扶贫工作中，会带来较好的扶贫效果以及一定的社会效益。在目前脱贫攻坚的新形势下，政府在充分发挥主导性优势的同时，应积极调动社会各界人士以及各项资源，同时应遵循市场经济规律，加强与企业的合作，因地制宜，提高理论与当地经济结构的契合度，促进贫困地区经济与龙头企业扶贫事业深度融合，共同发展。

低成本制造业发展转型与模式构建

会计学院会计学（CPA Canada 班）专业，会计学（拔尖创新实验班）专业

朱 洪　陈中怡　尚淑敏

指导老师：王 华

大创项目编号：201810520104

摘　要：过去中国的高速经济增长很大程度上是"低成本竞争"战略推动的。但在用地日渐紧张、劳动力成本和能源价格不断上涨、资源税费上调、人民币升值压力加大以及环境成本攀升等因素的影响下，过去依赖低成本要素的发展模式已经无法持续增长。再加之消费者观念逐渐向品质化、个性化靠拢，传统中小型制造业低技术、同质化、严重依赖廉价资源的发展模式变得越来越不可持续，企业生存越来越困难，转型升级迫在眉睫。本课题为达到研究目的，深入中小企业的最前沿，从企业的管理者手中获得了宝贵的一线资料，较为系统地分析了阻碍中小企业转型升级的原因，并给出了针对性意见，对今后中小企业的转型升级策略提供了有益参考。

主要成果展示：现有研究多聚焦于中国制造业发展转型这一宏大专题，鲜有文献具体深入到服装制造行业。因此，结合实际情况，我们锁定了服装制造这一行业，通过实地调研和问卷调查，总结分析了中国服装制造业的基本现状。同时基于中小型服装制造厂的独特视角，深入剖析了其面临的困境及其背后的深层原因。最后聚焦解决措施，我们以服装制造业为思考起点，从政府、中小型制造业等多个角度提出突破困局的可行路径。

本项目针对中小型企业面临的转型升级过程中的困难，选取了武穴服装厂为研究对象，首先运用统计学、宏观经济学、计量经济学等专业知识，对中国宏观经济数据的分析，并交叉运用统计学、微观经济学、会计学、社会学等技术，具体分析武穴各服装厂在转型升级过程中所遇到的具体困难，得出了关于武穴服装厂现状的报告。通过对报告的进一步分析，本项目为武穴服装厂及所代表的中小型制造业提供了自身改进与政府支持两大方面的转型意见。

环保税对高污染行业收益及转型升级影响探析

会计学院财务管理专业，信息与安全工程学院电子商务专业

王军彦　胡　颖　谢文毅　王梦颜
指导老师：张志宏

大创项目编号：201810520105

> **摘　要**：2018年初，排污费退出舞台，环保税正式施行。近些年，我国高污染行业的转型重视程度加大，以及排污费弊端对高污染行业转型的推动作用存在一定局限性，环保税被赋予了重大责任。本项目从环保税进入第一个申报期开始，截至项目结束，环保税已施行近两年。项目组成员通过走访高污染企业、环保部门以及税务部门来获取第一手信息，及时搜集整合相关文献，力图解决环保税到底是否推动了高污染行业升级转型以及怎么推动的问题，并根据所得信息对当前环保税本身设计以及其征管体系的进一步完善提出建议。
>
> **主要成果展示**：本项目研究的思路如下：先对比各个省份环保税与排污费收费标准及两者的优惠政策，可看出大部分省份的环保税税负高于排污费，减排优惠也大于排污费，对应其"多排多缴，少排少缴，不排不缴"的原则，理论上推动企业进行升级转型减排；其次，通过不同行业的案例分析，定量分析环保税对不同行业成本或竞争格局等因素的影响，分析其催化企业减排的具体影响路径，从而得出环保税对不同行业绿色转型是否有推动作用；最后，根据实地调研、案例分析以及以往文献，对环保税如何进一步推动高污染行业减排升级达成政策目标，提出的建议分为两部分，一部分是对环保税本身设计如应税污染物范围的建议，另一部分是对其征管体系如纳税人申报流程的建议。

项目组的研究方法主要为案例研究、文献调查和对比分析这三种方法。其中案例研究是在探究环保税对不同行业减排的影响路径时使用，通过研究案例来找寻环保税对企业的成本、竞争格局等因素的直接影响，从而分析得出环保税对减排的间接影响。

研究创新点在于判断环保税对减排的影响时加入了案例及财务数据的分析，更加定量化，找寻其影响路径，从而判断其影响的存在与否。此外，本文也较为详细地分析了各个省份排污费和环保税的政策差异，以及在案例分析中也同时测算了排污费和环保税，对比得出排污费改税对企业税负的影响，而不是直接定性得出，更加规范和具有说服力。

在线短租交易平台的商业模式和服务质量探究

——以"小猪短租"为例

会计学院会计学（注册会计师方向）专业，法学院法学专业，
信息与安全工程学院电子商务专业

陈敏嘉　李炳瑶　刘　泽　赵泽宇　赵敏妤
指导老师：王　芳　陈　峻

大创项目编号：201810520107

摘　要： 在"分享经济"的时代背景下，在线短租平台逐渐兴起。然而，由于房源品质的良莠不齐、房东素质无法量化、用户线上线下存在差别体验等问题，还存在一些安全隐患，线上线下的服务质量管理，成为在线短租平台的一大难题，这些方面的问题已对在线短租市场的发展产生了不小影响。

针对线房屋短租行业线上线下服务质量方面所出现的问题，从用户视角通过问卷、访谈等进行服务质量的调研，再用调研得出的数据，进行定量分析得到目前在线短租在服务质量方面亟待改进的痛点。最后，给出改进服务质量的有效措施，提出相应的建议，把具体的措施反馈到商业模式，降低平台和客户风险，谋求利益最大化。

主要成果展示： 本项目的研究思路是，分析在线短租平台现有的商业模式，并根据用户视角的服务质量调研的结果，对商业模式进行优化。线短租平台如何采取有效措施改进服务质量，提出改进建议，优化商业模式，降低平台和客户风险，谋求利益最大化。

本项目研究采取以下研究方法：一是文献分析法。小组成员将通过查阅文献了解国内外在线短租平台的发展现状。并通过小猪短租这一典型代表的官网了解其商业模式等。二是问卷调研法。通过针对在线短租平台用户的调查问卷，了解用户的偏好及其理由。三是IPA定量分析法。采取IPA分析法来定量研究，将重要性与满意度的平均得分制图于一个

二维矩阵中，横纵坐标轴的位置由均值决定，能够量化有关指标数据，实践性强，可操作性强。

　　研究创新点具体如下：一是项目选题新颖。在线房屋短租市场的快速发展阶段，用户体验视角下的服务质量问题亟待解决。而目前国内对此问题的研究较少。本课题立足新兴行业产生的实际问题，具有现实意义。二是研究内容创新。本课题将商业模式和服务质量结合起来，探究商业模式与服务质量相互影响、相互反馈的新道路，找出并完善线下线上服务质量的缺陷，具有首创精神。三是研究方法独特。针对服务质量的探究采取 IPA（Importance – Performance Analysis）分析法来定量研究。采用 IPA 分析法从重要度和满意度来评价在线短租平台的服务质量，量化有关指标数据，实践性强，可操作性强。

货币基金网络直销"T+0到账"运营风险和应对策略研究

会计学院会计学(CPA Canada班)专业,财务管理专业

李晨瑶　王义龙　刘清羽
指导教师:张志宏

大创项目编号:201810520108

摘　要:在过去数年里,货币基金经历了从爆发增长到逐渐降温的过程。本文运用传统的风险分析理论,对货币基金网络直销"T+0到账"运营风险进行风险识别,风险分析,并在此基础上提出应对措施。以"余额宝"为研究对象,我们发现了外部环境风险、流动性风险、还本付息风险、投资风险、利率风险、结算风险和经营风险,认为基金公司应通过完善运营风险自我评估,优化运营风险行动计划,加强内部监管,关注关键性运营风险指标,完善运营风险事件与损失分析的应对策略,降低"T+0到账"模式的运营风险,推动货币基金更好地发展。

主要成果展示:探讨余额宝"T+0"模式的发展现状,探讨余额宝在运营过程中存在的风险问题。从外部环境风险、流动风险、还本付息风险、投资风险、利率风险、结算风险和经营风险等方面讨论"T+0"赎回可能给基金公司带来的风险,同时从企业内外部分析风险产生的原因,而这些风险又受市场环境影响,不同时期对企业影响范围与程度不同,所以需要长期对余额宝风险进行监测分析。

对余额宝运营风险提出可能的应对策略。在面临如此之多运营风险的情况下,余额宝自身提出了一些解决方案去应对,但其实际实施效果是否有力减轻了运营风险有待探究与分析。同时我们从改善公司盈利、改善公司内部管理、寻求外部机构协助以转移风险等角度,提出我们的应对策略以增加公司风险应对能力,并在后期对这些应对策略的可行性进行研究。

研究方法具体如下:文献分析法,比较分析法,描述统计法。

创新点具体如下:我们在决定具体研究对象时,不根据货币基金规模或者知名度去选择研究对象,而是根据风险暴露程度以及与互联网的融合程度去选择研究对象,虽然最后

我们选取的研究对象还是余额宝，但是我们与其他人依据标准不同。同时，在这次项目中我们结合金融创新实践与风险分散理论，提出了采用伞形基金的模式去运营余额宝，根据余额宝用户的风险偏好去推荐其适合的基金。而现实生活中支付宝也的确采取了类似措施对余额宝进行分流，降低规模风险，这一措施被证明具有很强的现实意义，本文对于货币基金降低经营风险，化解金融系统性风险也有着重要价值。

风险视角下养老地产REITs融资模式本土化可行性研究

会计学院财务管理专业，会计学专业，金融学院投资学专业，
财政税务学院财政学专业

陈　松　陈安祺　徐子芥　呆放
指导老师：谭艳艳

大创项目编号：201810520109

摘　要：随着我国老龄化程度的加快，养老地产越来越受到投资者的青睐。目前，发展养老地产的一大瓶颈就是融资难。本项目旨在探讨引入房地产投资信托基金（REITs）融资模式，以拓宽养老地产融资渠道。首先，我们分析了REITs融资模式的特点，结合国外的发展经验，进一步从成本和风险视角出发，分析在我国发展养老地产REITs融资模式的可能性。我们通过问卷调查以及数学建模，分析了人们的投资需求，以及对于养老地产REITs模式的态度。另外，我们选取一个养老地产项目，进行了实地调研。通过理论分析和实地走访，我们探讨了养老地产REITs模式本土化的可行性。

主要成果展示：本项目通过对美国养老地产REITs模式具体运作流程的研究，进一步探索其在中国本土化的可行性，主要研究方向是养老地产REITs模式引入国内的风险防范。项目旨在从资金的供给和需求两个角度，通过理论分析和实证研究对养老地产REITs模式本土化的风险进行系统地归类、衡量和评估，并根据研究结果提出合理化的对策和建议。具体而言，我们的调研分为两部分，首先通过问卷调查的形式了解国内民众的投资需求，进而推测不同群体对REITs模式的接受程度。我们也会将调查数据进行量化分析，通过建立模型进一步测度该模式的风险。之后，为了了解养老地产项目的实际经营和融资情况，了解其对于REITs模式的态度，我们实地走访了山东青岛的一个养老地产项目，获取了很多有价值的信息。

总体而言，养老地产REITs模式在国内尚处于起步阶段，可供研究的案例屈指可数。而我们的项目则创造性地结合国外REITs模式发展的经验，利用现有的REITs运作模式，

采用数学建模的方式，测算养老地产引入 REITs 融资模式的风险收益。同时，我们还选取了一个典型的养老地产项目，通过实地走访，了解我国养老地产的发展现状。因此，本项目切点小、视角新，前瞻性强，对于养老地产 REITs 模式在我国的落地生根具有一定的理论和现实意义。

游戏化营销中游戏元素的效果及作用机制研究

——以蚂蚁森林为例

会计学院会计学（拔尖创新实验班）专业，经济学院经济学专业，
工商管理学院国际经济与贸易专业，贸易经济专业

李青 韩晓青 李晨达 陆逸 肖磊

指导老师：张文兰

大创项目编号：201810520110

摘 要：随着商业竞争日益激烈，商家的营销手段也日趋创新。游戏化营销作为一种创新的营销方式，具有互动性、趣味性、受众参与度高、影响范围广等优势，因而受到商家的青睐。但在学术界，游戏化营销严重滞后于实践，本文在现有研究的基础上以蚂蚁森林为例分析游戏化元素的营销效果及其作用机制。有助于丰富游戏化营销的理论，同时对于游戏化营销的实践探索具有一定的启示意义。

主要成果展示：研究思路：本文首先提出问题——游戏化营销中各类游戏元素发挥着怎样的营销效果？游戏化营销的作用机制又是怎样的？其次，我们广泛阅读国内外关于游戏化、游戏化营销、游戏元素的文献，为我们的研究奠定了坚实的理论基础，也为我们提供了研究思维和方法上的指导。我们选取蚂蚁森林作为案例，一方面通过问卷调查收集数据，另一方面基于现有理论提出模型假设，在对数据进行分析统计后得出研究结论，同时我们也注意到本文研究的不足之处。

研究方法具体如下：综合运用多种研究方法，包括文献研究法、问卷调查法、案例研究法、统计法与建模法。

研究创新点具体如下：（1）研究视角新颖：不同于传统的企业角度，我们小组创造性地从消费者感知和行为角度进行游戏元素的营销效果和作用机制研究。（2）研究方法别致：我们小组采用模型分析法，通过累计 logit 模型对游戏化元素的营销效果进行量化分

析，基于 TAM 模型和心流理论分别从外因和内因驱动角度提出游戏化元素作用机制模型，分析游戏化元素如何影响消费者的感知和行为。（3）学科交叉性强：交叉运用管理学、经济学、统计学、心理学的知识增强项目的专业性和科学性。（4）研究系统性强：理论与实践相结合，课程研究与评估体系综合研究相统一。

患者直销模式在中端药市场应用的可行性研究

——基于鲁宾斯坦恩模型的思想

会计学院会计学专业,会计学(注册会计师方向)专业

胡 臻 谭 蓉 毛慧颖 吴 彤
指导老师:操 巍 魏福成

项目编号:201810520111

摘 要: 目前,我国医药改革正在如火如荼地进行。"医药分家""处方外流""4+7带量采购"等一系列政策出台,药店纷纷转型。患者直销(Direct To Patient)模式成为目前最受关注的新型药房模式之一。DTP模式即在取得制药企业销售许可的药房中,患者凭医生开具的处方单直接在药房购买药品,并享受专业的用药指导以及配送等服务的新型药房模式。但是,医药分家尚未彻底,处方外流市场尚未完全打开;医保对新药店模式持观望态度,DTP药店的客人承担极大的自费负担。DTP模式发展受到阻碍。本文借用鲁宾斯坦恩讨价还价模型尝试解决DTP模式的两个问题,在DTP药房与医院、DTP药房与商业保险之间建立讨价还价模型,最终求得均衡解。研究结论是DTP药房可以与医院达成处方共享合作,稳固DTP模式;DTP药房与商业保险在双方都对药价预期较低时达成协议,将商业保险纳入DTP模式的同时也将DTP模式推入中端药市场。

主要成果展示: 研究思路具体如下:本项目通过对DTP模式在中端药市场上可行性问题的分析,建立了DTP药房与医院以及DTP药房与商业保险之间的讨价还价模型,利用逆向归纳法解出两个模型的数学解,将数学解实际化,对DTP模式在中端药市场的发展可行性提出建议。

研究方法具体如下:文献研究法、问卷调查法、实地访谈、数据分析法、模型分析法。

研究创新点具体如下：一方面，本项目将DTP模式看作一个全方位的患者服务平台，结合实际着重选取DTP药房与医院以及DTP药房与商业保险之间的关系进行研究，以此作为DTP模式在中端药市场发展的可行性问题的切入点。DTP模式是一个全方位的患者服务平台，其所看重的是DTP药房作为DTP模式的核心与其他方的合作关系处理。另一方面，本项目不仅从定性的角度研究患者直销模式（DTP）的发展问题，还采用了符合DTP模式特点的鲁宾斯坦恩博弈模型定量地将以往宽泛的DTP模式发展分析推进到DTP模式在中端药市场的发展问题的解决。

新收入准则对房地产行业的影响及应对

——以碧桂园集团为例

会计学院财务管理专业，会计学专业，信息与安全工程学院信息管理与信息系统专业

胡扬帆　杨雪年　邓昕怡　刘怡茵　张慧敏
指导老师：邓　伟　谭艳艳

大创项目编号：XDC2018093

摘　要：新收入准则于2017年7月颁布，规定境内外同时上市的企业以及在境外上市的企业，自2018年1月1日起强制执行新准则；其他境内上市企业2020年1月1日执行。同样，中国香港上市公司自2018年开始执行HKFRS15号准则，该准则与中国内地新收入准则一致，预计对房地产、社会服务、电信等行业有较大影响。而房企碧桂园控股有限公司自2017年半年报的编制起就采用新收入准则，为新准则的全面落地提供了非常有价值的题材。为探究新准则对其收入、费用、利润的影响，本文运用数学模型和财务分析发现：由于房地产行业业务期间较长，新收入准则主要影响企业收入的跨期分配。碧桂园的收入显著提高、销售费用率下降、利润大幅上升。

主要成果展示：碧桂园由于提前采用新准则，已有两份可供参考的年报。为探究新准则对房地产企业造成了哪些影响，我们基于碧桂园的案例进行测算。首先，查找资料以了解我国新准则颁布的背景；其次，阅读文献和财报、查找数据、咨询专家学者并在武汉碧桂园进行实地调研，以获取更有质量的信息；最后，根据获得的数据和记录整合分析，建立数学模型进行测算，得出结论。同时了解在应用新收入准则过程中可能存在的问题，并站在房地产开发商的角度提出相应解决措施。

研究方法具体如下：（1）文献研究法：查找大量文献，如财政部的文件、相关解读和论文，进行知识储备。（2）数据分析法：通过分析碧桂园的财务数据，进行横向和纵向对比，归纳得出结论。（3）财务分析法：从财务分析指标和市场反应探究采用新收入准则的经济后果。（4）调研访谈：在武汉的碧桂园进行调研，对碧桂园负责人及专家学者进行访

谈。(5) 数学建模：用碧桂园 2017 年旧准则下的收入和历史数据建立模型，得到 2018 年剔除新准则影响后的收入，并对比和披露值的差异。

研究创新点具体如下：(1) 选题创新——"新收入准则" + "房地产行业"。选题符合国内的政策和经济形势，具有极强的时效性，是社会关注的热点。(2) 切入点创新——"碧桂园企业"。房地产行业受新收入准则的影响较大，而碧桂园又是该行业的龙头企业，并成为应用新收入准则的"领跑者"，案例切入点新颖。(3) 调研意义创新——"宏观" + "微观"。宏观层面上，在收入确认趋同于国际会计准则的同时，提出反映我国经济特点的相关议题。微观层面上，有利于较快确定好企业稳定的收入确认计量模式，尽快适应收入确认制度的改革。

C2B 模式下以拼多多为例的商业模式分析及改善意见

会计学院会计学（注册会计师方向）专业，会计学专业，
统计与数学学院统计学专业

叶小心　刘思怡　邹祎凡　莫尚云　杨雯捷
指导老师：陈丽红　熊会兵

大创项目编号：XDC2018094

摘　要：在国家电子商务政策的支持推动下，及电商行业中的新型社交化发展、长尾用户的爆发、C2B 模式的兴起等多元因素的发展中，以拼多多公司为代表的结合 C2B 的社交电商平台开始迅速崛起。

本项目从商业模式以及营销策略展开分析，通过实地调研获取数据，再运用四要素模型及 SPSS 软件深入探究该类平台的商业模式，试图探究拼多多是怎样在淘宝和京东的包夹之下，利用社交电商的新型商业模式，通过精准定位以及品牌营销，走出一条自己的发展之路。同时，本项目也会为平台提供建议与分析，并拓展互联网环境下的新领域和消费分级。

主要成果展示：本项目从四部分阐述课题研究结论。第一部分为理论基础与知识，即阐述在研究过程中运用到的理论知识，如 C2B、社交电商、商业模式等相关概念。第二部分为行业现状与现行问题，客观地分析 C2B 背景下社交电商行业现状，讨论拼多多现有商业模式的特色及存在哪些不足与问题，以引出后续研究与解决方案。第三部分为研究假设与模型，通过运用四要素模型、SPSS 统计软件等多种方法，对拼多多进行分析。第四部分和第五部分为发现问题与原因剖析，结合 C2B 背景下社交电商行业背景与拼多多公司的发展现状，通过调研过程中的调查与走访，探寻导致问题的本质缘由。第六部分为提出建议，即综合前面所有部分的分析与探究，从多方面为拼多多公司商业模式的持续发展提出相应的改进建议。

研究方法具体包括：实地访谈法。本实践小组为了得到更加精准且详细的调查结果采取了实地调研法，成员通过访问交谈等方式向被访问者了解实际情况、存在的问题等状

况。调研地点分别是深圳和武汉。深圳之行主要的地点为位于南山区腾讯大厦的拼多多办事处。武汉之行主要的地点为武汉市工商行政管理局汉阳分局。针对不同的地点,做出了不同的询问方案及调查内容。

研究创新点具体包括:首先,在模型选择上,本项目应用了四要素分析模型,评价体系有创新。其次,在研究角度上,拼多多为选择C2B模式而打破传统模式迅速占据市场的新型平台,目前国内对其商业模式的研究相对较少,更多的是新闻媒体对其营销方式和经营成果的介绍,本次调研的研究角度新锐。

新零售背景下生鲜电商的发展路径优化
——以盒马鲜生为例

会计学院会计学（CPA Canada 班）专业，会计学（ACCA 班）专业，
会计学专业，会计学（注册会计师方向）专业

吕璐瑶　张思琦　徐雪婷　蒲　曦　陈嘉毅
指导老师：陈　辉　龚　翔

大创项目编号：XDC2018095

摘　要： 自2016年马云提出"新零售"以来，生鲜电商行业经历了翻天覆地的变化，属于纯电商的时代已经过去，与此同时新零售却发展迅速，其"线上+线下+物流"的模式具有很高的优势，可以说新零售开辟了生鲜电商转型的新思路。本研究将以盒马鲜生为例，研究其营利模式及其存在的问题，并将理论分析与实地调研相结合，为生鲜电商的发展提出建设性的意见。

主要成果展示： 本项目以传统生鲜电商发展困境亟待突破、新零售开辟电商转型新思路以及核心零售业态下的生鲜电商面临问题为研究背景，进一步确定研究内容。我们首先从传统生鲜电商面临的问题入手，然后分析新零售生鲜电商的典型代表盒马鲜生的商业模式，将传统生鲜电商、O2O生鲜电商和新零售生鲜电商进行对比分析，进一步分析新零售优势，为传统生鲜电商的发展提出建议——新零售是其转型的风向标。分析过去生鲜电商的转型之路，我们探索了新零售业态下的生鲜电商存在的问题，主要运用了 FAHP 和 AHP 分析法，发现问题后对其发展路径进行优化。

研究方法具体包括：（1）问卷调查法。在调查准备阶段，本小组发放调查问卷调查消费者对盒马鲜生的满意度以及消费者在选择生鲜电商时考虑因素的重要程度。得到相关数据进行模型的相关计算及分析。（2）访谈调查法。本调研小组将在实地调研中对盒马鲜生的相关负责人进行访谈，向他们深入了解盒马鲜生的销售状况等。从而对它的问题做出更为详细的分析，提出有针对性的优化建议。（3）模型研究法。本小组成员将采用层次分析法和模糊层次评价法，将定性分析和定量分析相结合，从消费者的角度对盒马鲜生进行绩效

评价，发现其问题，从而提出优化方案。

研究创新点具体包括：研究对象的创新，新零售是新出来的热点关键词，生鲜电商的发展速度又十分快，对其相关领域的研究较少。研究方法的创新，本次课题我们除了常规的问卷调查，访谈调查基础的调查方式之外，更是结合了 AHP 层次分析法，通过模型的建立与演算得出更加有科学依据、有说服力的结果，让我们的调研更加规范化，具有创新性。

扶贫攻坚背景下远程医疗平台运行效果分析及其完善建议探讨

——以湘南山区为例的现状调查

会计学院会计学（拔尖创新实验班）专业，财务管理专业，
会计学（ACCA班）专业，金融学院保险精算专业

郑含章　彭忆昆　毛雨桑　王可文

指导老师：肖　浩

大创项目编号：XDC2018096

摘　要：远程医疗的发展为降低偏远地区因病致贫返贫率提供了理想方案。然而，由于我国远程医疗服务的发展历史尚短，体系不够完善，远程医疗在实地中运用的效果缺乏记录与评估。因此，本次研究通过实地调研来获得远程医疗服务接受者对于平台运行效果的反馈对于远程医疗模式的进一步发展普及具有重大意义。本次项目首先通过文献回顾我国远程医疗服务质量的影响因素，建立服务质量差距模型。通过在长沙实地调研收集相关数据，在模型基础上分析群众和医护人员服务质量感知，讨论目前湖南地区远程医疗平台运行效果并探究未来的改进措施。

主要成果展示：首先通过文献研究和咨询专家总结出影响服务差距模型的潜变量，通过设计调研方案获取该潜变量。通过实地调研获取困难群众和医务人员对该项目服务质量的期望感知和实际感知，运用服务质量差距模型分析调研中获取的数据和资料得出结论。

在前期准备阶段，我们主要采用的方法是文献研究法，总结影响远程医疗服务质量的因素，为后续的质量评估做准备。在实地调研阶段，我们根据目标人群特征设计了调研方案，主要通过访谈法与调研对象参与项目的患病困难群众进行有效的交流沟通，通过线上匿名问卷调查法，收集由医护人员对其提供的服务质量进行自我评估。我们主要采用2GAP模型分析。将困难群众参与项目前的期望感知，与参与后的实际感知进行对比，得

出 GAP1，将困难群众参与项目后的实际感知与提供服务的医护人员对服务质量的自我感知进行对比，得出 GAP2。我们在数据收集工作完成后，用模型差异分析方法将采用配对样本 T 检验对 GAP1 进行分析，采用独立样本 T 检验对 GAP2 进行分析，通过各个潜变量之间均值差的正负和 Sig（双侧）值的大小判断远程医疗服务质量。均值差为正，说明现阶段远程医疗服务质量较好，否则说明该潜变量下的远程医疗服务质量仍需提高。

本项目研究从新角度来解决因病致贫的迫切问题，立足实际情况，了解真实情况，进而得出合理的项目完善方案，并给出相应的对策和建议。

基于双一流学科建设背景下财经类专业拔尖创新实验班培养模式的研究

——以我校拔创班和上财金融实验班为例

会计学院会计学（拔尖创新实验班）专业，会计学（注册会计师方向）专业，
刑事司法学院职务侦察专业，金融学院投资学专业

许霞萱　王一茗　李泽睿　刘成宇　贾扬升

指导老师：郭　飞

大创项目编号：XDC2018097

> **摘　要**：在科技创新、信息巨变的当下，日趋激烈的国际竞争在很大程度上就是人才的竞争。中南财经政法大学作为"双一流"优势学科建设高等院校，早在2010年就已经嗅到了财会行业人才转型的发展要求，2011年建立了湖北省教育厅批准设立的管理学科中唯一的省级拔尖班，2015年30人毕业，2016年进行第2次招生，并于2017—2019年继续招生。自2018年来更名为荆楚卓越经管人才班（以下仍沿用拔创班）。
>
> 然而随着政策的落地，在拔尖创新实验班前期发展阶段，会计学院师生却在班级实际发展过程中发现了诸多问题。因此，我组成员萌生了对我国高等财经类院校财会专业拔尖创新人才培养模式的探究的想法，期望可以通过我组成员的调研发现问题，吸取前期同类专业院校开班经验，求同存异，为我校拔创班的改善建言献策，最终期望总结出一套一般性的适应于本科财经类院校培养拔尖创新人才的模式机制。
>
> **主要成果展示**：本次创新试验项目的研究有利于针对会基1601班现存的问题，对症下药，为会计学院拔尖创新实验班体制构建提供宝贵经验，积累教训。通过对现有的一个班级的改进，最终力求实现财经类其他专业乃至其他高等院校的推广，同时提高我校竞争力和人才自身的行业竞争力，为我校及其他财经类高等院校早日完成"双一流"建设目标打下坚实基础。

我们通过文献研究法研读国内外相关学者的文献，集合他们的观点；访谈我校我院的各位老师以及校内外学生，集思广益；并将上述两者结合，提出了我们对于经管类本科创新型人才应该如何培养的培养方案。

区块链背景下现代农业的发展性研究分析

会计学院财务管理专业，会计学专业，会计学（注册会计师方向）专业，
财政税务学院财政学专业

黄明慧　黄竞择　杨邵雁　张语凝　郑琪珺

指导老师：王　征

大创项目编号：XDC2018098

摘　要：十九大报告提出要推动现代农业可持续发展，推动农业发展方式转变，提高农产品质量安全水平，区块链因其去中心化等特点，为现代农业的发展提供了推动力。本项目进行了区块链背景下现代农业的发展性研究分析，希望能够促进二者的结合，促进现代农业的发展。项目主要从区块链对农业供应链和农业金融两方面展开讨论，因区块链应用的实例比较少，故选取了两个比较具有代表性的例子来支撑我们的研究。

主要成果展示：本项目从现实需求出发，联系到当下学术热点确定选题，从现象的表面入手，探清区块链的真实发展状况，再深入分析潜在问题及原因，最后得出结论，提出相应意见和建议。

研究方法具体包括：（1）调查方法：①问卷调查法。本项目在线上制作问卷发布，再经由媒体宣传转发，获得大量有效数据并进行归类整理；线下则主要由成员手动发放，获取对问题的看法，同时邀请相关领域专家填写，获取专业人士看法。②访谈法。本次访谈对象是区块链领域的专家及善粮味道、麦浪金服负责人，意在获取对区块链和现代农业关系的看法，采用电话访谈了解区块链相关政策的制定情况。③文献检索法。本项目借助媒体等了解当今社会时事热点及目前国内外已取得研究成果的状况，对信息进行归类整理，解读分析，提供了有力的信息支持。（2）分析方法。通过和调研项目有关的人员（即有关公司管理人员）面对面地交谈来了解他们的供应链渠道，来获取研究案例，分析善粮味道与麦浪金服在引用区块链之后竞争力的改善情况。

研究创新点具体包括：一是选题贴合学术新热点。本项目选题新颖，紧扣时事热点，研究角度更加另辟蹊径，能够产生管中窥豹的效果，为新时代农业的业态发展提供风向

标。二是区块链与农业的创新结合。本项目与其他研究区块链的项目所不同的是能够另辟蹊径地将区块链与农业结合起来,为农业打造发展的契机。三是农业与金融科技的贯通。金融科技通过利用科技手段创新传统金融行业提供的产品和服务,提升效率并有效降低成本,本项目将农业与金融科技相结合,有助于农业金融的发展。

区块链技术与会计行业变革研究

会计学院财务管理专业，会计学（注册会计师方向）专业，
金融学院工程管理专业

侯　兰　李宏群　陈羽佳　国慧志　甘宇航
指导老师：张志宏　冉明东

大创项目编号：XDC2018099

摘　要：现代信息技术充斥着社会的每个角落，会计信息化的发展成为大势所趋。但是，当前会计信息造假问题严重，造假现象层出不穷。而将区块链技术引入会计行业，利用区块链技术创建一套保证会计数据信息真实可靠的系统，以此大大降低财务舞弊、会计造假的可能性，防范会计失真事件的发生。本项目对会计行业的现状和风险问题进行了分析，研究了将区块链技术应用于会计行业的适用性以及影响。

主要成果展示：首先，提出要研究的问题"区块链技术的发展对会计行业将产生颠覆性的影响，会计行业应怎样应对冲击和挑战，并通过变革迎来新的发展转折点？"其次，我们围绕此问题通过查阅资料深入了解区块链技术，了解区块链技术在会计领域的应用现状。再次，通过实地调研、发放问卷、实地访谈等形式，探究区块链对会计行业的影响，以及目前应用过程中存在的问题。最后，整理数据与资料，得出结论，为促进区块链在会计行业的应用提出相应的意见与建议。

研究方法具体包括：一是文献研究法。了解区块链+财会的发展现状，了解区块链在财会领域目前所处的困境和面临的挑战。二是问卷调查与访谈法。对高校学生发放调查问卷，了解高校培养方案的不足之处，提出改善建议。对会计从业人员进行访谈，了解区块链在财会领域目前面临的挑战及其优势所在；对政府相关部门的访谈，了解政府相关法律政策等。三是比较分析法。将传统财务审计行业和区块链+财会进行各方面的对比，探讨分析目前区块链技术的优劣势和其发展空间。

研究创新点具体包括：一是学科交叉：本项目以会计学为基础，融合经济、金融等学科知识，在社会学、法学、管理学的指导下，将计算机技术作为手段，探求区块链技术的

发展对会计行业的变革影响。二是选题创新：区块链技术特点可能对会计行业产生颠覆变化，区块链技术作为近年来的新生事物，在诸多领域均可应用。因此，本项目的研究视野长远，极具现实意义。三是方法特别：本组综合问卷、访谈、文献、数据及学科交叉分析等方法，探讨区块链技术的发展对会计行业的影响及对策。

互联网背景下农村普惠金融减贫效果的实证研究

——以武汉城市圈为例

会计学院会计学（ACCA 班）专业，会计学（中澳班）专业，会计学专业，
工商管理学院农林经济与管理专业

李英剑　杨　燕　李　想　邵雨捷

指导老师：季小琴

大创项目编号：XDC2018101

摘　要：为了解互联网普惠金融对武汉周边县区贫困地区居民收入的影响，本文，首先在居民调查数据的基础上，分析了互联网普惠金融对居民生活的影响，并对问卷调查结果进行了描述性统计。在利用 SWOT 模型分析互联网普惠金融以及分析互联网普惠金融对贫困地区居民减贫机制的基础上，利用动态面板模型和面板门槛模型，评估了互联网普惠金融对农民收入的影响，得出了两者之间显著正相关和非线性的关系。总结了互联网普惠金融发展的经验，最后提出了一系列政策建议，为以后的政策制定提供了借鉴。

主要成果展示：研究思路具体包括：我组成员首先对研究课题进行了定量分析：通过 SWOT 模型对互联网普惠金融进行了分析，并在此基础上结合问卷、访谈、文献回顾等等方法完成了较为全面的定性分析。在定量分析中，我们先基于层次分析法，对地区普惠金融水平进行测度，并借助数学模型对普惠金融的减贫效果进行分析。最后根据分析结论给出了切实可行的政策建议。

研究方法具体包括：（1）文献分析法：主要对网络及财经刊物中的有关文献资料进行梳理归纳，针对国内外涉及此项目的图书期刊、专论、研究报告、政府出版物、现行法规等进行整理。以此作为拟定指数构建、调查问卷、实地调研和回归分析的基础。（2）问卷调查法：通过对武汉城市圈中贫困县的农户发放问卷调查表，了解他们的收入状况以及对

农村互联网金融产品的可获得性与接受程度。(3) 实地考察与访谈方法：我们小组将在武汉周边县区中走访各类线下金融网点并对当地政府和金融从业人员进行访谈，了解现存普惠金融的发展现状与主流产品。(4) 构建指数与回归模型进行量化分析的方法。

创新点具体包括：(1) 视角创新：结合贫困农户收入、普惠金融发展指数等数据分析数字普惠金融产生的减贫效果，紧贴当今热点助力精准扶贫。(2) 方法创新：采用建模和数据分析等方式进行定量分析，通过SWOT模型和实地调查等方式进行定性分析。(3) 学科交叉性强：从国家金融扶贫政策、农村金融发展现状和贫困现状等多方面进行考察，融合了法学、经济学和管理学多门学科。(4) 操作性强：利用数据分析贫困减缓中关联性最强的农民收入衡量减贫效果，与农村和农户直接对接调查农村互联网金融在其他方面的减贫效应，可实施性强。

网络视频平台的发展瓶颈研究

——以部分国内平台为例

会计学院会计学（ACCA班）专业，会计学（注册会计师方向）专业，会计学专业

赵翔国　陈敏嘉　黄竞择　朱雪雯

指导老师：王昌锐　袁　满

大创项目编号：XDC2018105

摘　要：本项目主要对我国三大主要视频网络平台（腾讯、爱奇艺、优酷）进行分析，针对其在广告方面和内容方面存在的痛点对我国网络视频平台进行研究。本文采用对比分析、假设分析、文献研究、定性与定量结合分析等方法，来探求新形势下在线视频平台如何突破现有的瓶颈，实现新的发展。

主要成果展示：本项目选取国内目前典型的视频网站为研究对象，基于其发展历程，综合会计学、市场营销学以及运筹学等学科的研究方式，运用PEST模型和价值链模型等模型，通过分析这些网站的运营模式以及市场环境来探究其已经产生以及将来可能会产生的发展风险，并通过联系其他新兴的网络视频平台的发展，给出优化建议，从而解决其遇到的发展瓶颈。

IPO 新政背景下对新经济企业回归 A 股的研究

——以百度为例

会计学院会计学专业，会计学（注册会计师方向）专业，
信息与安全工程学院计算机科学与技术专业

李悦雯　任　越　张　懿　王纪馨　仝月榕

指导老师：王　芳　陈　峻

项目编号：XDC2018106

摘　要：在 IPO 新政背景下，结合 SWOT 模型，利用实证分析研究新经济企业回归 A 股的可能性和模式。首先，我们通过实证分析美国 IPO 数量与纳斯达克指数、美国国内生产总值等宏观因素的相关性，其次，建立美国 IPO 数量与纳斯达克指数的 PDL 模型，探究新经济企业选择美国上市的动机，得出新经济企业在美国股市融资的优势，并分析新经济企业海外融资遇到的问题和 IPO 新政的目的，以百度为例利用 SWOT 模型分析新经济企业如何通过回归获益。最后，得出新经济企业在 IPO 新政背景下回归 A 股的可能性与模式的结论。

主要成果展示：首先探究新经济企业要到海外上市的原因，为本小组进一步通过对比国内环境，分析国内金融环境的优势和不足提供前期理论依据。最后在此基础上进一步分析在 IPO 新政出台的情况下，新经济企业对于是否在 A 股首次公开募股的战略决策。初步调研阶段，本小组搜集了新经济企业最初在海外上市的宏观原因。调研阶段本小组将根据百度的详细情况进一步分析。本小组主要利用文献研究方法，结合政策背景，经济形势，深入分析。比如，百度海外上市时的法律规定、金融体系状况和企业发展情况等访谈方面，以访谈和问卷方法为辅，得出更为全面的调研结果。

研究方法具体包括：综合运用了文献研究法、数据调查法、数据分析法、实地考察法、问卷调查法、访谈问题法、数理模型分析法、模型建立法——SWOT 分析等方法。

研究创新点具体包括：(1) 选题新颖。关注社会热点，立足专业知识。团队针对最近颁布的 IPO 新政，以百度为例分析新经济企业在面对 IPO 新政时对回归 A 股持有的态度以及新经济企业回归后对我国股市的影响。(2) 方法创新。团队综合采用 SWOT 模型、问卷调查、访谈及数据分析等方法从多个角度进行 IPO 新政对新经济企业回归影响的分析。(3) 学科交叉。本项目交叉运用统计学、管理学、金融学和会计学等多种学科知识。

裁员背景下商业银行运营模式探究及创新思维

——基于中间业务和无人智能化的视角

会计学院会计学（CPA Canada 班）专业

周子琪　王安娜　陈思卓　张　帆

指导老师：王　征

项目编号：XDC2018107

摘　要：银保监会编制的《中国银行业信息科技"十三五"发展规划监管指导意见》指出："银行业应提高自身基础资源和应用部署的自动化水平，实现快速交付、动态调整、弹性部署，降低人工操作风险，自动化部署比例不低于75%"，这充分体现了银行业智能化的新潮与时代要求，并且随着人工智能在银行业的应用，银行可以以此为契机，利用智能化大数据分析、云计算等创新自身业务，拓展中间业务的价值，来提高营收，突破银行业瓶颈，创造更多的金融服务和社会价值，本项目以银行裁员作为切入点，探究商业银行人工智能和中间业务的发展现状，并提出相关的建议和对策，具有前瞻性和创新性。

主要成果展示：本研究充分考虑了银行开展中间业务的优势以及面对的问题和解决方案；经过实践调查，真实了解银行智能化和中间业务发展现状，掌握大众对此的了解、态度、需求与评价；通过财务报表分析等信息对银行的营利能力和业务水平进行了分析，论证银行发展人工智能的可行性和重要性，增加了研究的可信度，指出发展中遇到的问题，并从银行自身和国家角度提出相关可行性建议。

综上，本项目主要采用了实地调研访问、问卷调查法和财务分析法的方式，选取了中国银行、中国建设银行、中国工商银行、民生银行和光大银行等银行作为银行代表，得出《银行人工智能和中间业务现状》的结项报告。